Samuel P. Oliner, Kathleen M. Lee

WILHELM BACHNER – ein Jude bei der Reichsbahn

Aus dem Amerikanischen
von Anna Kaiser

Bleicher
Verlag

Die amerikanische Originalausgabe von »Wilhelm Bachner – ein Jude bei der Reichsbahn« erschien 1996 unter dem Titel »Who Shall Live. The Wilhelm Bachner Story« bei Academy Chicago Publishers, Chicago/USA.

Die Deutsche Bibliothek – CIP Einheitsaufnahme

Oliner, Samuel P.:
Wilhelm Bachner : ein Jude bei der Reichsbahn /
Samuel P. Oliner/Kathleen M. Lee. Aus dem Amerikan.
von Anna Kaiser. – 1. Aufl. – Gerlingen : Bleicher, 1999
Einheitssacht.: Who shall live <dt.>
ISBN 3-88350-661-3

Lektorat: Jens Dittmar
Umschlag: Buchgestaltung Reichert, Stuttgart
Foto © Tony Stone Bilderwelten
Gesamtherstellung: Maisch + Queck, Gerlingen
ISBN 3-88350-661-3

Am Anfang des Jahres geschrieben
und am Versöhnungstag gesiegelt:
wieviele vergehn und wieviele entstehn,
wer leben wird und wer sterben wird,
wer an seinem Ziel und wer vor seinem Ziel,
wer durch Feuer und wer durch Wasser,
wer durchs Schwert und wer durch Hunger,
wer durch Erdbeben und wer durch Seuche,
wer durch Erwürgen und wer durch Steinigen -
wer bleibt und wer flieht,
wer ruht und wer zerrissen wird,
wer sicher ist und wer gestraft wird,
wer reich wird und wer verarmt,
wer erhoben wird und wer erniedrigt wird.

Jom Kippur Morgengottesdienst
[*Der Gottesdienst der Synagoge* (Gießen 1927)]

Einleitung

Für unser Projekt über altruistische Persönlichkeiten, eine Studie über die Retter von Juden in dem von den Nazis besetzten Europa, interviewten wir 1983 Wilhelm und Cecile Bachner aus Moraga, Kalifornien. Ihre Namen hatten wir von Überlebenden des Holocaust erhalten, die von Nichtjuden gerettet worden waren. Gleich zu Beginn des Interviews wurde offenkundig, daß Bachner nicht aufgrund der Hilfe anderer überlebt hatte, sondern zu der seltenen Gruppe von Juden gehörte, denen es gelungen war, selbst viele andere zu retten.

Der Standardfragebogen des Projekts wurde beiseitegelegt, und während der folgenden beiden Tage erzählte uns Bachner die faszinierende Geschichte, wie er den Holocaust überlebte, indem er sich hinter der deutschen Reichsbahnbürokratie im Nazi-besetzten Polen verschanzte. Von einer mit Kriegsarbeiten beschäftigten deutschen Baufirma als Ingenieur angestellt, stieg Bachner bald in eine leitende Position auf und begann, Juden aus polnischen Ghettos herauszuholen. Nachdem er ihnen falsche Papiere besorgt hatte, brachte er sie in Arbeitskolonnen unter, die unter seiner Aufsicht standen. Er rettete über fünfzig Menschen vor dem sicheren Tod; die Mehrheit von ihnen überlebte den Krieg.

Das Projekt über altruistische Persönlichkeiten nahm uns in den folgenden Jahren gänzlich in Anspruch und mündete schließlich in die Veröffentlichung des Buches *The Altruistic Personality: Rescuers of Jews in Nazi Europe.*

Als wir im Herbst 1991 zu Bachners Geschichte zurückkehrten, stellten wir zu unserer Bestürzung fest, daß Wilhelm Bachner acht Monate zuvor verstorben war. Seine Geschichte erschien uns jedoch zu bedeutsam, um vergessen zu werden.

Das Interview aus dem Jahre 1983 diente als Basis, von der aus die

Bachner-Geschichte zusammengetragen wurde. Zunächst befragten wir Familienangehörige und noch lebende Mitglieder der Gruppe von Juden, die Bachner gerettet hatte. Anschließend begannen wir, die Aussagen der Überlebenden in Einklang zu bringen mit bekannten Fakten über den Ostfeldzug und über die Arbeit der Baukolonnen, wie jenen der Firma von Johannes Kellner, bei der Bachner beschäftigt war.

Zusätzlich zu den Interviews und der Sichtung von Dokumenten, die sich auf den Krieg und die Besatzung des Ostens beziehen, studierten wir Archivmaterial über die Deutsche Reichsbahn, für die die Firma von Kellner während des Krieges arbeitete, sowie Material über die mobilen Bauzüge, wo Bachner und seine Gruppe die letzten eineinhalb Jahre des Krieges verbrachten.

Über den Holocaust wurden zahlreiche Memoiren und Erzählungen geschrieben. Außerdem gibt es Hunderte von wissenschaftlichen Arbeiten, die fast jeden Aspekt jener schrecklichen Periode der Menschheitsgeschichte beleuchten. Wir haben versucht, beide Formen miteinander zu kombinieren. Die Geschichte des Wilhelm Bachner wird vor dem Hintergrund der historischen Fakten erzählt, in die sie eingebettet ist. Man kann nicht verstehen, was für Juden wie Wilhelm Bachner auf dem Spiel stand, ohne zu begreifen, warum die Deutschen ein ganzes Volk nur um seiner ethnischen Herkunft willen vernichten wollten. Analog hierzu ergeben die Ereignisse dieser Geschichte erst einen Sinn, wenn man sie in den Kontext des Zweiten Weltkriegs in Osteuropa stellt.

Wir haben die Geschichte in Erzählform geschrieben, doch sämtliche Personen, Orte und Ereignisse sind authentisch. Handlung und Dialoge wurden anhand von Interviews, Fachliteratur und im Rahmen unserer Nachforschungen gesichteten Archivmaterials rekonstruiert.

Mit dem Aufschreiben von Wilhelm Bachners Geschichte verfolgten wir einen doppelten Zweck. Zum einen handelt es sich bei Bachner und seinen Helfern um wahre Helden, deren Lebensgeschichte für zukünftige Generationen erhalten werden sollte. Zu viele

Helden des Holocaust sind gestorben, bevor sie der Welt ihre Geschichte mitteilen konnten.

Zum zweiten liefert Bachners Geschichte einen weiteren überzeugenden Beweis, der die gängige These widerlegt, daß Juden widerstandlos in den Tod gingen – wie »Lämmer zur Schlachtbank«.

Der Mythos vom passiven Juden entstand aus verschiedenen Gründen: Schuldgefühle der Alliierten wegen ihres Nichteingreifens; der Wunsch des jungen Staates Israel, den heroischen israelischen Juden von seinem europäischen Vorgänger abzusetzen; sowie tief verwurzelte Klischees vom feigen und stillschweigend duldenden Juden. Einmal etabliert, läßt sich dieser Mythos nur schwer vertreiben.

In den vergangenen Jahren wurden viele Beispiele jüdischen Widerstands während des Holocaust bekannt – so zum Beispiel Fälle von aktiver Beteiligung am Partisanenkampf, ein geheimes Gleisnetz, um Juden über Grenzen zu schmuggeln, und der Widerstand von Einzelpersonen wie Wilhelm Bachner. Bachner und jene, die er rettete, weigerten sich aufzugeben. Als sich eine Überlebenschance bot, ergriffen sie sie und verbrachten alptraumartige Jahre im Untergrund mitten unter ihren potentiellen Mördern, in der ständigen Furcht, daß jeder Tag ihr letzter sein könnte.

Dieses Buch ist der Erinnerung an Juden wie Wilhelm Bachner gewidmet, die uns mit ihrem Überleben Geschichten vom Widerstand einzelner erzählen konnten, ebenso wie der Erinnerung an jene Millionen, die nicht überlebten.

Die Ränke der Frevler

Warum, DU, verbleibst du in der Ferne,
verhehlst dich für die Stunden der Drangsal?
Bei der Hoffart des Frevlers fiebert der Gebeugte,
– verfangen mögen sie sich in den Ränken, die sie spinnen!
Psalm 10:1-2

Die Stimme aus dem Radio wurde regelmäßig vom schrillen Heulen fallender Bomben und dem gedämpften Donner einstürzender Gebäude übertönt, während massive Luftangriffe die Straßen der Stadt in Schutt und Asche legten. Diejenigen, die sich um den Empfänger drängten, zuckten nicht mehr bei jeder Explosion zusammen. Man konnte sich an alles gewöhnen, wenn es lange genug dauerte, dachte Wilhelm Bachner – selbst an die Zerstörung Warschaus. Nach Wochen pausenlosen deutschen Bombardements brach die Stadt allmählich unter Hitlers Zorn zusammen. Zwar leisteten die Polen in jener dritten Septemberwoche 1939 noch Widerstand, doch jeder wußte, daß die Kapitulation der Stadt nur mehr eine Frage von Tagen war. Warschaus Bürgermeister Stefan Starzynski bemühte sich, die Hoffnung und die Moral seiner Bürger aufrechtzuerhalten. Seine Stimme knatterte über den Äther:
»Wir werden uns niemals ergeben. Warschau mag in Flammen stehen, aber wir sind stolz darauf, tapfer zu sterben.«
Rachmaninoffs Zweites Klavierkonzert folgte der Botschaft des Bürgermeisters; doch seine erhebende Melodie erklang nur ein paar Minuten lang, bis eine entfernte Detonation den Empfang jäh unterbrach.
»Sie haben vermutlich den Sender getroffen«, bemerkte jemand nüchtern, als kommentiere er eine alltägliche Begebenheit.
Wilhelm Bachner hatte bei seiner Verlobten Cesia Diamant und de-

ren Familie im Keller des Hauses in der Sienna-Straße 84 Zuflucht gefunden. Sie waren seine einzigen Angehörigen in Warschau und gaben ihm jenes Gefühl von Vertrautheit, nach dem man sich in solchen Zeiten um so mehr sehnte. Hatte der Krieg tatsächlich erst vor drei Wochen begonnen? Bachner versuchte, sich an den ersten Angriff zu erinnern; es schien ihm, als sei eine Ewigkeit seitdem verstrichen.

Nach Wochen banger Vorahnungen war der Blitzangriff der Deutschen am 1. September 1939 wie ein Sturm über Polen hinweggefegt. Kurz darauf fielen die ersten Bomben auf die polnische Hauptstadt. Im Lauf der folgenden Tage nahmen die Luftangriffe zu, während die dezimierten, unzureichend bewaffneten polnischen Streitkräfte unter dem Druck des Dritten Reichs zusammenbrachen. Am 8. September rollten deutsche Panzer durch die Tore Warschaus. Unter stakkatoartigem Artilleriefeuer wurde Polens bekannteste Stadt das, was sie schon so häufig gewesen war: eine von allen Seiten belagerte Festung.

Dabei hatte alles so vielversprechend begonnen, dachte Wilhelm Bachner. Als er acht Monate zuvor aus der Provinz nach Warschau gekommen war, winkte ihm eine glänzende Zukunft. Er hatte eine gute Stelle gefunden und die Frau getroffen, die er heiraten wollte. Er freute sich auf ein sorgenfreies Leben in der Stadt, die für polnische Juden wie für polnische Christen gleichermaßen kulturelles Zentrum war. Er hatte eigentlich geplant, seine ersten Hohen Feiertage in Warschau in der berühmten Synagoge in der Tlomackie-Straße zu begehen – statt in einem Keller kauernd mit dem Dröhnen von Bombenexplosionen in den Ohren.

Heute, dem 23. September, war Jom Kippur, der bedeutendste Tag des Jüdischen Kalenders; jener Tag, an dem die Juden die Sünden des vergangenen Jahres sühnten und sich mit Gott und miteinander versöhnten. Die Deutschen hatten das jüdische Viertel an diesem Tag bewußt zu ihrem Angriffsziel gemacht.

»Wofür müssen wir eigentlich büßen?« spottete jemand im Keller, als sich die Bombeneinschläge mehrten.

Cesias Griff um Bachners Arm wurde fester, und er versuchte, sie mit einem Lächeln aufzumuntern. Wenn Bachner in die Vergangenheit zurückblickte, so mußte er sich eingestehen, daß es seit Jahren Warnzeichen gegeben hatte. Als er sein Diplom an der Deutschen Technischen Hochschule von Brünn ablegte, hatten die Deutschen bereits Österreich und das tschechische Sudetenland ins Reich eingegliedert. Jugendlicher Optimismus und eine vielversprechende Karriere als Bauingenieur hatten ihn in eine Selbstzufriedenheit gehüllt, die ihn die drohende Gefahr ignorieren ließ.
Als ihm ein Bekannter aus seiner Heimatstadt Bielsko die Leitung der Firmenfiliale in Warschau anbot, nahm Bachner ohne Zögern an. Dem siebenundzwanzigjährigen, ehrgeizigen Berufsanfänger schien dies genau der richtige Ort für den Karrierestart. Natürlich spukte Hitler in jedermanns Hinterkopf herum, allerdings eher wie ein Kobold in einem Märchen. Juden wie Bachner dagegen verbanden mit dem Führer einen weit erschreckenderen Aspekt. Die Nachricht von Hitlers Machtergreifung 1933 und seinem Judenhaß hatte sich von Synagoge zu Synagoge verbreitet. Als sich die Berichte über Mißhandlungen von Juden in Deutschland häuften, hoffte Bachner – wie viele andere – egozentrisch, der Diktator werde sich mit den bereits annektierten deutschsprachigen Gebieten zufriedengeben. Vielleicht würde ihn die Kriegsdrohung Frankreichs und Großbritanniens von weiteren territorialen Übergriffen abhalten.
Tief in seinem Innern – mußte sich Bachner eingestehen – identifizierte er sich mit der deutschen Kultur. Seine Heimatstadt Bielsko hatte vor dem Ersten Weltkrieg zur k.u.k.-Monarchie gehört, und er war sowohl zu Hause als auch in der Schule deutschsprachig aufgewachsen. Seine Familie war an die österreichische Kultur assimiliert, und er selbst bewunderte die typisch deutsche Organisations- und Leistungsfähigkeit. Die Ausschreitungen der Nazis gegen die Juden waren zweifellos erschreckend, spiegelten jedoch kaum die deutsche Kultur insgesamt wider; so wie der Antisemitismus der Polen zwar ein unbestreitbarer Bestandteil der polnischen Geschichte war, aber keineswegs die Karriere eines kompetenten, fleißigen jü-

dischen Ingenieurs wie ihn gefährden würde. Inzwischen allerdings, nach der Brutalität des deutschen Überfalls, begannen Bachner dieselben bösen Vorahnungen zu beschleichen, wie sie viele ältere Juden bereits seit Monaten äußerten.

Er schaute zu Cesia hinab, die an seiner Seite kauerte. Die kleine, zierliche Statur ließ sie viel jünger als vierundzwanzig wirken. Obwohl sie noch an ihren Eltern und Brüdern hing, verließ sie sich immer stärker auf Bachners Rat und Unterstützung. Die erste Begegnung im letzten Frühling und das romantische Werben des Sommers schienen einem anderen Zeitalter anzugehören. Wie hätte er damals, als er sie auf der Tanzfläche bewunderte, ahnen können, daß er das schöne Mädchen schon bald in einem feuchten, von pausenlosen Explosionen erschütterten Keller zu trösten versuchen würde?

Plötzlich meldete sich das Radio wieder; hinter knisternden Störungen waren jedoch weder polnische Durchhalteparolen noch Musik von Chopin oder Rachmaninoff zu hören, sondern ein Redeschwall in gutturalem Deutsch. Bachner beugte sich über das Gerät und lauschte angespannt. Die Nazis hatten entweder die Rundfunkstation besetzt oder auf derselben Frequenz einen eigenen Sender installiert. Eine barsche, autoritäre Stimme informierte die Bevölkerung von Warschau, daß jeder Versuch des Widerstands zwecklos sei und mit scharfen Vergeltungsmaßnahmen bestraft werde. Bachner fühlte Cesias Hand in seine gleiten. Er drückte sie sanft und versuchte, seine Verlobte zu beruhigen.

»Mach dir keine Sorgen. Es ist alles in Ordnung. Ich werde nicht zulassen, daß dir jemand wehtut.« Selbst während er diese tröstenden Worte sprach, spürte er jene tiefe Leere, die sich seiner im Lauf der letzten drei Wochen bemächtigt hatte, und er hatte das Gefühl, als stürze er in einen dunklen, bodenlosen Abgrund.

***

Die Bombardierung wurde in den folgenden Tagen in Intervallen fortgesetzt. Als sich die Lage einigermaßen beruhigt zu haben schien, schlüpften die Bewohner der Sienna-Straße 84 aus ihrem Schutzraum, um den angerichteten Schaden zu begutachten. Stück für Stück sprachen sich die Neuigkeiten unter den Einwohnern Warschaus herum: »Das Königliche Schloß ist schwer beschädigt. ... Die sowjetische Botschaft wurde völlig zerstört. ... Sie erinnern sich doch sicher an Herrn und Frau Maizel – beide tot, begraben unter den Trümmern ihres Hauses.«

An Straßenecken stellten Frauen Tische auf und teilten Brot, Suppe und Tee an die erschöpften Verteidiger der Stadt aus. War dies auch ein tapferer Akt der Solidarität, so schien sich doch jeder in das Unabänderliche zu fügen: Bald würden die Deutschen die Herren von Warschau sein. Die Infrastruktur der Stadt war unter dem Bombenhagel zusammengebrochen; was zunächst als bloße Unbequemlichkeit empfunden wurde, war inzwischen zu einer Frage des Überlebens geworden. Es gab kein fließendes Wasser, kein Gas und keinen Strom mehr.

Bachner durchstreifte unermüdlich die Straßen, um Eßbares für sich und die Familie Diamant aufzutreiben. Während er zwischen dem auf den Bürgersteigen angehäuften Unrat umherstapfte, preßte er sich ein nasses Taschentuch vor Mund und Nase, um sich vor dem penetranten Gestank nach Abfall, Kloake und verwesendem Fleisch zu schützen. Die erschütternden Bilder konnte er jedoch nicht von sich fernhalten, wie sehr er sich auch bemühte. Obwohl er seinen Blick stur geradeaus gerichtet hielt, sah er aus den Augenwinkeln heraus die abgetrennten menschlichen Gliedmaßen, die seinen Weg säumten. Sein leerer Magen verkrampfte sich, und brennende Säure stieg ihm die Kehle hoch.

Zwischen den Schuttbergen auf den Straßen lagen Überreste verwesender Pferdekadaver, deren Flanken von Aasfressern verstümmelt worden waren, bevor der Zerfall eingesetzt hatte. Verzweifelt vor Hunger hatten sich einige in ihrer Not Fleischstücke aus den verendeten Pferden herausgeschnitten. Bachner gewöhnte sich schnell an das anfänglich so schockierende Bild – ein alltäglicher Anblick in dieser surrealen, verwüsteten Stadt, in der nirgendwo Fleisch zu beschaffen war. Die Verantwortung, für die Ernährung der Familie Diamant sorgen zu müssen, lastete schwer auf ihm, doch Wilhelm Bachner kam dieser Verpflichtung bereitwillig nach. Cesias Brüder Abraham und David schauten regelmäßig vorbei, um sich zu vergewissern, daß die Eltern und die kleine Schwester wohlauf waren. Wenn sie genug zu essen für ihre eigenen Familien hatten, brachten sie ein paar Lebensmittel mit. Doch wann immer das Leben eine seltsame Art von Normalität anzunehmen begann, hörte man wieder das Dröhnen der Bomber, und alle rannten in die Keller zurück, um sich vor dem nächsten Angriff zu schützen.

Am Nachmittag des 27. September klang der Lärm von Artilleriefeuer und Granateinschlägen allmählich ab; schließlich wurde der Beschuß ganz eingestellt. Als sich Bachner und die Familie Diamant aus dem Keller wagten, trafen sie draußen auf eine dichtgedrängte Menschenmenge, in der die Gerüchteküche kochte. Laut einer Version hatten die Deutschen die Stadt eingenommen, laut einer anderen hatten die Polen die Angreifer erfolgreich zurückgeschlagen; einige meinten, England und Frankreich seien Polen, wie versprochen, zu Hilfe gekommen; wieder andere behaupteten, die Verbündeten hätten vor Hitler kapituliert. Je nachdem, mit wem man sprach, war entweder alles in Ordnung oder völlig ausweglos. Zumindest fielen keine Bomben mehr, und dies allein war schon ein Grund, dankbar zu sein. Mit dieser Mischung aus Verwirrung, Angst und Erleichterung im Kopf versuchten Willi und Cesia in jener Nacht Schlaf zu finden.

Am nächsten Morgen wachten sie nicht von den Geräuschen der Belagerung, sondern von denen der Besatzung auf. Mit einer großen Parade demonstrierten die Sieger ihre Macht: Hinter Hunderten von Lastern und Motorrädern marschierten Tausende von Deutschen singend durch Warschaus Straßen. Die Soldaten teilten Brot an die Bevölkerung aus – ein ermutigendes Zeichen. Viele hofften, daß mit der Kapitulation das Schlimmste überstanden sei. Polen war zwar besetzt, aber schließlich war dies nicht das erste Mal: Das Land war jahrhundertelang zwischen preußischen, österreichischen und

russischen Königen und Zaren aufgeteilt worden. Polen hatte jene Epoche überstanden, und es würde auch diese überstehen – so glaubten zumindest viele.
Die meisten Juden befielen böse Vorahnungen beim Einmarsch der Deutschen in Warschau; Gefühle, die sich durch das Vorgehen der Sieger nur allzubald als berechtigt erweisen sollten. Juden mußten mit dem Aufräumen der Straßen beginnen – nicht etwa nur orthodoxe Juden, die leicht anhand ihres Äußeren zu identifizieren waren, sondern ebenso assimilierte Juden und nichtjüdische Polen. Jeder, der in den Augen der Deutschen nicht dem »arischen« Typ entsprach, wurde in die improvisierten Straßenreinigungskolonnen eingezogen. Die Juden wurden nicht nur zum Arbeiten gezwungen, sondern darüber hinaus oft auch noch gequält; sadistische Deutsche wählten mit Vorliebe orthodoxe Juden als Ziel ihrer Mißhandlungen aus. Schläge waren an der Tagesordnung. In der jüdischen Gemeinschaft herrschte Empörung über die täglichen öffentlichen Erniedrigungen, zu denen unter anderem das Abrasieren der Bärte und das Abschneiden der Schläfenlocken von orthodoxen Juden gehörten, die das Pech hatten, deutschen Soldaten über den Weg zu laufen. Doch kaum einer wagte, seinen Unmut laut zu äußern.

***

»Sind Sie ein Jid?« klang es in Warschaus Straßen Tag und Nacht. Eine Bestätigung bedeutete die sofortige Zwangsrekrutierung zum Arbeitseinsatz, eine Verneinung allerdings häufig ebenfalls. Die Deutschen schwangen sich in der besetzten Stadt zu unanfechtbaren Richtern über die ethnische Herkunft auf. Man mußte möglichst vermeiden, überhaupt befragt zu werden. Bachner wirkte trotz seines dunklen Haars und seiner braunen Augen nicht auffällig »jüdisch«. Er legte sich ein typisch »deutsches« Auftreten zu; mit gerader Haltung und festem Schritt versuchte er, seiner 1,65 Meter kleinen Statur einen Anschein von Autorität zu verleihen, und zwang sich dazu, seinem Gegenüber immer direkt in die Augen zu schauen, wenn er angesprochen wurde. Auf diese Weise vermied er gewöhnlich die Zwangsverpflichtung.

Auch polnische Christen bekamen die negativen Auswirkungen der Niederlage zu spüren. Als Slawen wurden sie als minderwertig klassifiziert, wenn auch eine Stufe höher auf der Rassenleiter der Nazis als ihre jüdischen Landsleute. Sie wurden zu frei verfügbarem Eigentum des Reichs. Intellektuelle, Politiker und Kulturschaffende, die keine Nazianhänger waren, wurden inhaftiert. Tausende wurden auf der Straße aufgegriffen und als Zwangsarbeiter nach Deutschland deportiert. Die Juden allerdings durften nicht mal diese untergeordnete Rolle im Reich spielen. Noch ließ man sie im Ungewissen über den ihnen zugedachten Platz in der Naziwelt. Doch die zunehmenden Mißhandlungen durch die Deutschen kündigten bereits Hitlers Absicht an: Europa dauerhaft von den Juden zu befreien.

Obwohl es in Deutschland eine lange Geschichte des Antisemitismus gab, bedurfte es erst eines Adolf Hitler und seiner Nationalsozialistischen Partei, um den traditionellen Haß in seiner gräßlichsten Form zu manifestieren.

In *Mein Kampf* bezeichnete Hitler die Juden als internationale antideutsche Verschwörer, Kriminelle und lebensbedrohliche Seuche. Während seines Aufstiegs zur Macht hob Hitler den antisemitischen Aspekt des nationalsozialistischen Programms gar nicht besonders hervor. Dieser erwies sich jedoch als willkommenes Werkzeug, um die Unzufriedenheit der Deutschen mit dem Status Quo anzuheizen. »Judentum« wurde zum Synonym für Demokratie, Kommunismus und Internationalismus, und Millionen europäischer Juden wurden zu Erzfeinden erklärt.

Als die Deutschen ihre Judenpolitik in Warschau umzusetzen begannen, benutzten sie den auf ihren Befehl gebildeten »Judenrat« als ihr Sprachrohr. Das in seiner personellen Zusammensetzung im wesentlichen mit dem Vorstand der Jüdischen Gemeinde identische Gremium, das früher jüdische Interessen bei der polnischen Regierung vertreten hatte, wurde zum Ausführungsorgan deutscher Erlasse umfunktioniert. Vorsitzender des »Judenrats« wurde der Ingenieur Adam Czerniakow, der von Bürgermeister Starzynski kurz nach Kriegsausbruch auf den Posten des Gemeindevorsitzenden berufen worden war, nachdem sein Vorgänger aus Warschau geflohen war. Mit der Taktik, sich des »Judenrats« zu bedienen, gelang es den Deutschen, die Juden Warschaus und aller anderen besetzten Gebiete zu Beteiligten an ihrer eigenen Unterdrückung zu machen. Wenn Czerniakow auch in bezug auf die Absichten der Nazis eine tragische Kurzsichtigkeit offenbaren sollte, so war er doch keineswegs ein Verräter oder Kollaborateur, sondern ein engagierter Mann, der seine Aufgaben als Sprecher der Juden sehr ernst nahm und sich wiederholt weigerte, ins Ausland zu fliehen.

Durch Czerniakow und den »Judenrat« ließen die Deutschen die die Warschauer Juden betreffenden Erlasse verkünden. Am 6. Oktober wurde die »Umsiedlungspolitik« des Führers bekannt gemacht. Der größte Teil Westpolens sollte ins Deutsche Reich eingegliedert werden und hatte in Zukunft »judenrein« zu sein. Juden aus Deutschland, Österreich, dem tschechischen Sudetenland, Pommern und Schlesien sollten in den besetzten Teil Polens, in das sogenannte Generalgouvernement, »umgesiedelt« werden. Generalgouverneur wurde Hans Frank, Gefolgsmann Hitlers seit den zwanziger Jahren und in der Parteihierarchie bis zum Leiter des Rechtsamtes der NSDAP und Reichsrechtsführer aufgestiegen. Mit dem Verlust seines westlichen Teils an das Dritte Reich, seines östlichen an die Sowjetunion und seiner Mitte an eine Besatzungsmacht hatte Polen de facto aufgehört zu existieren.

Anfang Oktober wurde verkündet, daß alle in jüdischem Besitz befindlichen Firmen »arisiert« und sämtliche jüdischen Guthaben auf polnischen Banken eingefroren würden; alle Rundfunkgeräte mußten den deutschen Behörden ausgehändigt werden. An alle jüdischen Männer zwischen 14 und 60 Jahren erging der Befehl, jederzeit zur Zwangsarbeit zur Verfügung zu stehen. Czerniakow mußte eine exakte Volkszählung unter der jüdischen Bevölkerung durchführen. Jüdische Schulen wurden geschlossen und der Besuch von Synagogen beschränkt.

Bachner gedachte, diesen Herausforderungen mit der gleichen Entschlossenheit zu begegnen, die auch für seine akademische und berufliche Laufbahn kennzeichnend gewesen war. Er hatte immer alle Hindernisse überwunden, die ihm der Antisemitismus in den Weg gelegt hatte, indem er seine Lehrer oder Vorgesetzten mit harter Arbeit, Leistung und guten Manieren überzeugte. Da das Ingenieurbüro seines Förderers Josef Hornrock geschlossen worden war, nahm Bachner jede Arbeit an, die er fand, wobei er häufig auf die handwerklichen Fähigkeiten zurückgriff, die er von seinem Vater gelernt hatte. Auch Cesias Vater mußte sich an die neue Situation anpassen. Da sein Geschäft samt Inventar konfisziert worden war, war er kein wohlhabender Textilkaufmann mehr, sondern mußte jede verfügbare Hilfsarbeit annehmen.

Obwohl sich die Lage für die Juden in Warschau täglich verschlechterte, galt Bachners größte Sorge doch dem Schicksal seiner Familie. Seine beiden jüngeren Schwestern, Anna und Hilde, hatten sich in der polnischen Stadt Lemberg aufgehalten, als jenes Gebiet im September 1939 von der Sowjetunion annektiert wurde; niemand hatte danach etwas von ihnen gehört. Seine Eltern und sein jüngerer Bruder Bruno lebten noch in Bielsko, das inzwischen zum Deutschen Reich gehörte und bald »judenrein« sein sollte. Nach mehreren vergeblichen Nachfragen erfuhr Wilhelm endlich per Brief, daß die Eltern und der Bruder wohlauf waren und sich schweren Herzens entschlossen hatten, Bielsko demnächst zu verlassen. Von den Eltern kam schließlich auch die Nachricht, daß Anna und Hilde laut letzten Informationen in Sicherheit seien. Inmitten all dieser Wirren faßten Willi und Cesia den Entschluß zu heiraten. Denn wer wußte schon, was geschehen würde. Falls ihnen harte Zeiten bevorstanden, falls es ihnen nicht gelang zu überleben, dann wollten sie ihrem Schicksal wenigstens als Mann und Frau ins Auge sehen. Die Hochzeit am 11. Oktober war eine kleine, gedämpfte Feier. Ein Rabbiner kam in die Wohnung der Familie Diamant; eine Zeremonie in einer Synagoge hätte die Aufmerksamkeit der Nazis auf sich gezogen. Nur ein paar Freunde, Cesias Brüder und deren Familien wohnten der

Trauung bei. Doch in den kurzen Augenblicken, in denen die Frischvermählten den Wein teilten und begleitet von »Mazel tow«-Rufen das Glas unter einem improvisierten Hochzeitsbaldachin zertraten, wich die Düsternis aus ihrem Leben und ließ sie von einer langen, glücklichen Zukunft mit vielen Kindern und Enkeln träumen.

***

Den ganzen Oktober und November 1939 über strömten aus dem Reich vertriebene jüdische Flüchtlinge nach Warschau und in die anderen Großstädte des Generalgouvernements. Die Wohnungsknappheit im ausgebombten und noch nicht wiederaufgebauten jüdischen Viertel sowie eine ständig wachsende Bevölkerung führten zu total überfüllten Auffangzentren. Die Jüdische Gemeinde mußte für Unterkunft und Verpflegung der Flüchtlinge zahlen, obwohl jüdische Konten gesperrt blieben und Geld kaum zu beschaffen war. Ansteckende Krankheiten forderten ihren Tribut bei den schwächsten Opfern, den Alten und den Kleinkindern. Mitte November stellten die Deutschen an den Grenzen des jüdischen Viertels Schilder mit der Warnung auf: »Achtung Seuchengefahr! Eintritt verboten!« Die von Czerniakow durchgeführte Volkszählung ergab, daß im November 359 827 Juden in Warschau lebten.

Die Juden wurden weiterhin mit Schlägen, Verhaftungen und willkürlichen Exekutionen terrorisiert. Als Vergeltung für die verhängnisvolle Erschießung eines polnischen Polizisten wurden dreiundfünfzig jüdische Bewohner des Mietshauses, aus dem die Schüsse abgefeuert worden waren, verhaftet, obwohl der Einzeltäter identifiziert war. Für die Freilassung der Männer forderten die Deutschen vom »Judenrat« eine Kaution von 300 000 Zloty. Mit großer Mühe trieb die jüdische Gemeinschaft diese riesige Summe auf und übergab sie am 28. November den deutschen Behörden, nur um zu erfahren, daß die Männer bereits erschossen worden waren. Die Deutschen steckten das Geld dennoch ein. Doch die Auswirkungen all der Beschränkungen, Festnahmen, Ausgehverbote und Willkürakte waren nicht so verheerend wie die des Erlasses vom 23. November 1939, mit dem Generalgouverneur Frank verfügte, daß alle Juden und Jüdinnen über neun Jahre im gesamten Generalgouvernement »eine mindestens zehn Zentimeter breite weiße Armbinde mit dem Zionsstern« am rechten Ärmel ihrer Kleidung zu tragen hätten. Bei Zuwiderhandlung drohten hohe Gefängnisstrafen. Die vorgeschriebene Farbe für den Stern war gelb, mit Ausnahme von Warschau, wo er aus unerfindlichen Gründen blau zu sein hatte. Für die Juden bedeutete die Kennzeichnungspflicht, daß sie sich nicht mehr als polnische Bürger betrachten konnten; sie waren für besondere Mißhandlung durch ihre Naziherren markiert.

Die Praxis, Juden mit einem Identifikationsmerkmal zu kennzeichnen, war nicht neu, sondern bereits im Islam des Mittelalters gebräuchlich; im 14. und 15. Jahrhundert breitete sie sich aufs christliche Europa aus. Obwohl es gelbe Abzeichen und geschlossene jüdische Viertel in Polen nie gegeben hatte, beschwor die Wiederbelebung jener archaischen Diskriminierung die Aura jahrhundertealter Mißhandlung und Ungerechtigkeit herauf.

Bachner wurde durch die Armbinde schmerzlich an eine Mahnung erinnert, die er in seiner Jugend von so vielen alten Juden gehört hatte: »Versuche erst gar nicht, dich zu assimilieren. Du bist Jude, und für Nichtjuden wirst du immer Jude bleiben.« Bachner wußte, daß er die Armbinde tragen mußte, wenn er arbeiten wollte. Dennoch fühlte er sich jeden Morgen aufs neue erniedrigt, wenn er vor Verlassen des Hauses diesen Stoffstreifen überzog.

Viele weigerten sich, die Armbinde zu tragen, weil sie befürchteten, mit ihr noch offener deutschen Feindseligkeiten ausgeliefert zu sein. Andere weigerten sich aus prinzipiellen Gründen. Jeder kennt die Geschichte des Arztes und Autors Janusz Korczak. Korczak, der ein großes jüdisches Waisenhaus in Warschau leitete, war Veteran des Ersten Weltkriegs und bestand darauf, seine polnische Uniform ohne Armbinde zu tragen. Korczak sammelte ungeniert in der ganzen Stadt Spenden für seine Waisen, behielt seine Umgebung jedoch, trotz seines scheinbar unbekümmerten Auftretens, stets wachsam im Auge. Wann immer er den prüfenden Blick eines Deutschen auf sich zog, begann er, bärbeißig vor sich hinzumurmeln oder laut zu singen, so daß ihn alle Welt für einen schwachsinnigen Greis hielt. Als Strafe für die offenkundige Mißachtung einer Vorschrift setzten die Deutschen für jeden Juden, der ohne Armbinde angetroffen wurde, eine Geldbuße von hundert Zloty fest. Die Rechnung ging an den »Judenrat«, und Czerniakow mußte der ohnehin mit schier unüberwindlichen finanziellen Problemen kämpfenden Gemeinde eine weitere Last aufbürden.

***

An einem kalten Januarmorgen des Jahres 1940 wurde Bachner in der Nähe der Sienna-Straße aufgegriffen und in eine Arbeitskolonne gesteckt, die den Schnee der vergangenen Nacht von den Straßen räumen mußte. Wenn er der Zwangsarbeit auch meist erfolgreich aus dem Weg gegangen war, so konnte sich ihr doch niemand auf Dauer entziehen. Selbst der Vorsitzende Czerniakow war bereits mehrmals aufgegriffen worden und hatte die Wachen nicht immer davon überzeugen können, daß er von solchen Pflichten befreit war. Während Bachner vornübergebeugt im bitterkalten Wind Schnee schippte, beobachtete er die deutschen Wachen, die ständig in Bewegung waren, fest mit den Füßen stapften und sich die Hände rieben, um sich warmzuhalten. An einem Mann kam ihm etwas bekannt vor; der Gang erinnerte ihn an jemanden. Als sich der Soldat umdrehte und Bachner sein Gesicht sehen konnte, erkannte er seinen ehemaligen Schulkameraden Heinz Hoinkes aus Bielsko. Sie waren zwar nicht eng befreundet gewesen, hatten jedoch viele Klassen gemeinsam besucht. Heinz hatte seine Schuluniform gegen die der deutschen Wehrmacht vertauscht und bewachte nun seinen früheren Klassenkameraden. Einen flüchtigen Augenblick lang erwog Bachner, sich zu erkennen zu geben, sah dann jedoch ein, daß Heinz ganz sicher nicht der Typ war, der ein Risiko eingehen würde, um einem Juden zu helfen, selbst wenn es sich dabei um einen ehemaligen Schulkameraden handelte. Bachner schaute auf die Binde, die er um den Arm trug; seine Hände, die die Schaufel umklammerten, waren taub vor Kälte. Was würde Heinz denken, wenn er Wilhelm Bachner, den Klassenbesten, als gewöhnlichen Straßenkehrer sähe? Nein, es war sicher für sie beide besser, wenn er sich nicht zu erkennen gab. Also schlug Bachner den Kragen hoch, zog die Mütze über die Augen, wandte sich ab und schippte weiter Schnee, als Heinz an ihm vorbeimarschierte.

Als er in seine Wohnung in der Zlota-Straße 54 zurückkehrte, fand er seine Frau mit verweintem Gesicht und eiskalten, zitternden Händen auf dem Sofa kauernd vor. Seine besorgten Fragen lösten nur neue Tränen aus.

»Komm«, sagte er sanft, richtete sie auf und setzte sich neben sie. »Beruhige dich, Cesia. Was ist so schrecklich, daß du es nicht mal deinem Mann erzählen kannst?«

Cesia holte schluchzend Luft, wischte sich die Augen mit dem feuchten Taschentuch und begann stockend: »Ich habe heute auf dem Markt meine Freundin Sarah getroffen. Sie hat mir erzählt, daß die Deutschen gestern abend in der Wohnung bei ihr gegenüber waren. Sie haben irgendwoher erfahren, daß der Mann Diamantenschleifer ist – und sie wollten welche.«

Bachner schüttelte den Kopf und schloß seine Frau in die Arme. Ihm kam diese Geschichte vertraut vor; zahllose jüdische Familien hatten ihre gesamte Habe an Deutsche verloren, die gewaltsam in ihre Wohnungen eingedrungen waren – nicht selten auf den Tip von polnischen Banditen hin, die sich begeistert an den Plünderungen beteiligten.

»Cesia, Cesia ...« Er drückte sie sanft an sich. »Das ist doch nichts Neues. Warum hat es dich so erschreckt?«

Cesia preßte ihre Lippen zusammen; dann begann sie, leise und zögernd zu sprechen. Sie beschrieb, wie die deutschen Offiziere von der Familie die Herausgabe von Geld, Edelsteinen und anderen Wertgegenständen verlangt hatten, wie sie den Vater und den Bruder dazu gezwungen hatten, die Beute auf einen wartenden Lastwagen zu la-

den und sich danach den beiden Töchtern zugewandt hatten. Cesias Schultern zuckten; die Worte brachen ruckartig aus ihr hervor.
»Sie haben die Eltern und den Bruder in einem Zimmer eingesperrt. Dann mußten sich die beiden jungen Frauen nackt ausziehen und vor den Deutschen tanzen.« Cesia vergrub ihr Gesicht in ihrem Taschentuch.

Willi wartete geduldig. Die stockenden Worte sickerten durch die vor den Mund gepreßten Hände seiner Frau, als sie die Geschichte zu Ende erzählte. Das Flehen der Eltern der Mädchen um Gnade habe sich mit der Musik aus dem Grammophon vermischt, berichtete Cesia. Die Qual habe eine scheinbare Ewigkeit gedauert, bis eines der Mädchen zusammengebrochen sei und die Nazis, des Spiels überdrüssig, die Wohnung verlassen hätten.

»Willi«, schluchzte Cesia. »Was ist, wenn sie hierherkommen, wenn du weg bist? Was soll ich machen? Ich wäre lieber tot. Was geschieht mit uns?«

»Mach dir keine Sorgen.« Er tätschelte ihre Hand besänftigend. »Sie sind hinter größeren Fischen als uns her. Haben wir etwa Juwelen und Silber? Wer sollte unser altes Sofa und unsere wackligen Stühle haben wollen? Wir müßten einem Bettler Geld dafür geben, daß er sie mitnimmt.« Willi kicherte. »Es wird alles gut, hab keine Angst.«

Bachner fand es leichter, Cesias Ängste wegzuwischen, als seine eigenen Befürchtungen zu verdrängen. Die Welt war auf den Kopf gestellt worden. Alte Regeln hatten ihre Gültigkeit verloren. Obwohl er immer davon überzeugt gewesen war, jede Situation meistern zu können und stets auf zwei Füßen zu landen, begann er inzwischen einzusehen, daß seine Zukunft und die seiner Familie nicht mehr in seinen Händen lagen.

Den ganzen Herbst und Winter über hatten neue Verordnungen die Mauern der Stadt geziert; die Deutschen zogen die Schlinge um den Hals der jüdischen Bevölkerung enger. Am 21. Januar 1940 befahl die Gestapo die Registrierung sämtlichen jüdischen Eigentums; ab dem 26. Januar war jegliche Versammlung zum Gottesdienst – selbst außerhalb der Synagoge – verboten. Juden wurde untersagt, mit dem

Zug zu reisen, öffentliche Bibliotheken zu benutzen und Waren von »Ariern« zu kaufen. Als die Nachfrage nach Arbeitskräften stieg, wurden auch diejenigen skrupellos zwangsrekrutiert, für die schwere körperliche Arbeit das Todesurteil bedeutete.

Um solche Härtefälle zu vermindern, bot Czerniakow an, eigene Arbeitskolonnen zusammenzustellen, wenn im Gegenzug die willkürlichen Zwangsrekrutierungen eingestellt würden. Die Deutschen stimmten zu und legten eine tägliche Quote von 350 bis 400 Arbeitern fest. Bereit zum Dienst in einem der vierzehn Arbeitslager rund um Warschau waren in der Regel nur diejenigen, die ohnehin keine andere Wahl hatten: die Ärmsten und die Flüchtlinge aus Westpolen. Czerniakow führte ein Tagebuch, in dem er die wachsenden Schwierigkeiten bei der Erfüllung der Quote sowie die schiere Unmöglichkeit, für jene Arbeiter einen mageren Lohn zusammenzukratzen, festhielt. Gegen Zahlung von hundert Zloty an den »Judenrat« konnte man sich vom Dienst in einer Arbeitskolonne befreien lassen. Czerniakow versuchte vergeblich, den Arbeitern aus dieser Quelle ein zum Überleben ausreichendes Einkommen zu sichern.

***

Der Unterdrückungsapparat der Deutschen war verzweigt und nur schwer durchschaubar. Ihre erste Begegnung mit den neuen Machthabern hatten die Juden mit der gefürchteten »Schutzstaffel«, der SS. Unter Führung von Heinrich Himmler war die schwarz-uniformierte SS in alle Bereiche des Naziregimes eingedrungen. Sie fungierte als Hitlers Leibwache, als Elitekampftruppe in der Wehrmacht, und sie hielt alle Schlüsselstellen der Macht besetzt: Kripo (Kriminalpolizei), Sipo (Sicherheitspolizei), Orpo (Ordnungspolizei) und Gestapo (Geheime Staatspolizei). Es waren die mobilen Sondereinheiten der Gestapo, die Einsatzgruppen, die den »Judenrat« installierten und Generalgouverneur Franks Erlasse durchsetzten.

An der Spitze von Hans Franks Zivilverwaltung stand in der polnischen Hauptstadt der Gouverneur des Distrikts Warschau, SA-Grup-

penführer Dr. Ludwig Fischer. In erster Linie verantwortlich für jüdische Angelegenheiten war jedoch der Beauftragte des Distriktchefs und spätere Stadthauptmann von Warschau, SA-Oberführer Ludwig Leist. Neben der Zivilverwaltung und der SS befanden sich in Warschau auch dort stationiertes Wehrmachtspersonal und deutsche Geschäftsleute, die die wirtschaftlichen Vorteile nutzen wollten, die sich aus dem Raub Polens ziehen ließen. Die meisten Zivilbeamten in Warschau gehörten der SA an, die in den frühen Tagen des Naziregimes den internen Machtkampf gegen die SS verloren hatte. Die »Braunhemden« – wie die SA-Mitglieder genannt wurden – wachten in Warschau eifersüchtig über ihre Macht und nahmen jede Einmischung seitens der SS übel.
Aus diesem Grund reagierte die Zivilverwaltung im Frühjahr 1940 auch mit großer Befriedigung auf Berlins Entscheidung, ihr, und nicht der SS, die Verantwortung für jüdische Angelegenheiten zu übertragen. Die fanatische SS blieb jedoch auf der Lauer, bereit einzugreifen, wann immer sich eine Gelegenheit ergeben sollte.
Anfang April eröffnete sich diese Möglichkeit. Um das jüdische Viertel sollte eine Mauer gezogen werden, um »die Juden gegen Ausschreitungen zu schützen« und die Verbreitung ansteckender Krankheiten einzudämmen. Die Deutschen dementierten zwar, daß die Mauer ein Ghetto einschließen sollte, konnten die Juden jedoch nicht täuschen. Der Name »Ghetto« stammte aus der Gegend von Venedig, wo die Juden 1516 in einen geschlossenen Bezirk gesperrt wurden. Wie auch die späteren europäischen Ghettos wurde das von Venedig errichtet, um die jüdische »Verseuchung« der christlichen Bevölkerung zu begrenzen. Die Juden durften das Ghetto tagsüber zwar verlassen, wurden nachts aber eingeschlossen und von Christen bewacht. Das Ghetto blieb auch während hoher christlicher Feiertage wie der Osterwoche abgeriegelt, wenn der antisemitische Eifer der Bevölkerung, häufig durch glühende Predigten des Klerus angeheizt, nach Rache für die Kreuzigung von Christus dürstete.
Ghettos gehörten in Europa lange der Vergangenheit an; in Polen hatte es sie nie gegeben. Doch Gerüchte über die angebliche Absicht

der Deutschen, jene abscheuliche mittelalterliche Praxis wieder aufleben zu lassen, hatten sich seit Kriegsausbruch hartnäckig gehalten. Als die offizielle Bestätigung dessen erfolgte, löste die Nachricht bei den mutlosen Juden nur mehr Resignation aus. Was die Sache noch schlimmer machte, war, daß die Nazis dem »Judenrat« die Verantwortung sowohl für die Beschaffung des Baumaterials als auch der Arbeitskräfte auferlegten.

Das Joch der Fremden

Unser Erbe ist den Fremden zuteil geworden
und unsere Häuser den Ausländern.
Unser Wasser müssen wir um Geld trinken;
unser Holz muß man bezahlt bringen lassen.
An unserem Hals ist das Joch derer,
die uns treiben;
und wenn wir schon müde sind,
läßt man uns doch keine Ruhe.
Klagelieder des Jeremias 5:2-5

Der Morgen des 13. April 1940 brach klar und sonnig an, nachdem es mehrere Tage lang geregnet hatte. Rund um das jüdische Viertel begannen unterernährte, schäbig gekleidete Männer unter Aufsicht von schicken SS-Offizieren in Schwarz und Silber mit den Ausschachtungsarbeiten für die Mauer. An jenem Tag bahnten sich ein Mann mittleren Alters, seine Frau und sein Sohn vorsichtig ihren Weg durch Warschaus Straßen; nichts an dem Trio wirkte auffällig. Sie trugen die gleiche bunt zusammengewürfelte Kleidung und hatten die gleichen verschreckten Augen wie Tausende anderer Flüchtlinge, die ziellos zwischen den Trümmern ausgebombter Häuser umherirrten. Die Glücklicheren unter ihnen fanden bei einem Verwandten Unterschlupf; wer kein Glück hatte, mußte sich mit einem Platz in einem überfüllten Flüchtlingszentrum begnügen und um seine magere Ration aus den vom »Judenrat« betriebenen Gemeinschaftsküchen kämpfen.

Im Gegensatz zu jenen hatten diese drei Flüchtlinge sehr wohl ein Ziel. Als sie die Zlota-Straße 54 fanden, eilten sie in das Gebäude, klopften an die gesuchte Wohnung und stellten sich entschuldigend einer überraschten Cesia vor. Frau Bachner zog die Besucher schnell herein, nachdem sie sich vergewissert hatte, daß ihnen keine neugie-

rigen Blicke folgten. Nach dem nervösen Austausch von Belanglosigkeiten stürzte sich Cesia auf die Zubereitung von heißem Tee und versicherte den Besuchern, Willi werde bald zurück sein.
Ein paar Minuten später stapfte Bachner mit zwei Laib Brot und einem Kohlkopf mit welken Blättern zur Tür herein.
»Man könnte meinen, ich hätte goldenes Brot und silbernen Kohl gekauft bei dem Preis, den ich dafür bezahlt habe.«
»Willi«, unterbrach ihn eine ungewöhnlich zufrieden wirkende Cesia. »Hör auf, so zu reden. Wir haben Gäste.« Dabei wies sie mit der Hand Richtung Sofa.
Bachner wandte sich um. Seine Verwirrung verwandelte sich schnell in überraschte Wiedersehensfreude.
»Mama, Papa! Was macht ihr hier ... ich meine, wie seid ihr hierhergekommen?« Ohne die Antwort abzuwarten, schloß er die Eltern in die Arme. Danach wandte er sich dem Jungen zu, der noch auf dem Sofa saß und seinen älteren Bruder schüchtern anlächelte. Es war so lange her, seit Willi diese großen, vertrauensvoll zu ihm aufblickenden Augen gesehen hatte.
»Bruno!« Er zog den Bruder an seine Brust. »Du mußt dreißig Zentimeter gewachsen sein, seit ich dich das letzte Mal gesehen habe.« Willi drückte seinen Bruder so fest an sich, daß der sich mit der Beschwerde, er bekomme keine Luft mehr, aus der Umarmung herauszuwinden versuchte. Willi schniefte und blinzelte mit den Augen, um die Tränen der Erleichterung vor seinem kleinen Bruder zu verbergen. Dann beeilte er sich, Festtagsstimmung zu verbreiten und die dunkle Wolke zu verscheuchen, die in der Luft hing.
»Ich hätte es fast vergessen, Bruno: Herzlichen Glückwunsch zu deiner Bar-Mizwa! Wie fühlt man sich, Mama, wenn man weiß, daß sein kleiner Junge ein Mann geworden ist?«
»Man kommt sich ziemlich alt vor; aber bei dem Gedanken, einen verheirateten Sohn zu haben und vielleicht bald Großmutter zu sein, fühle ich mich noch älter«, bemerkte Helena Bachner mit einem Augenzwinkern in Richtung Cesia.
»Glückwunsch euch beiden«, ergänzte Bachners Vater Heinrich.

»Aber warum hattet ihr es so eilig, daß nicht mal eure Familie zur Hochzeit kommen konnte?«

Bachner legte seinen Arm schützend um Cesias Schultern.

»Es war nicht meine Schuld, Papa. Die Deutschen haben uns davon überzeugt, nicht länger zu warten. Weißt du, was man hier in Warschau sagt: ›Hitler ist ein *Schadchen*.‹« Das jiddische Wort für Heiratsvermittler in Verbindung mit Hitler zu hören, ließ sie alle in Gelächter ausbrechen.

»Also, erzählt mal: Was führt euch nach Warschau?« fragte Bachner und fügte mit beschwichtigend erhobener Hand hinzu: »Nicht, daß ich mich etwa nicht freuen würde, euch zu sehen; aber in eurem letzten Brief stand, ihr wärt nach Oswiecim gezogen.«

»Wohin hätten wir sonst gehen sollen, als alle Juden aus Bielsko vertrieben wurden?« Mit einem Seufzer ließ sich der alte Bachner wieder auf dem Sofa nieder und bedeutete seinem Sohn, sich neben ihn zu setzen. »Erinnerst du dich an deine Vettern dort? Wir haben bei ihnen gewohnt.«

»Sie waren wunderbar«, ergänzte Helena. »Sie haben uns sogar bei der Ausrichtung von Brunos Bar-Mizwa-Feier geholfen.«

»Ja«, bekräftigte Heinrich. »Sie haben gesagt: ›Krieg hin oder her, ein Dreizehnjähriger braucht seine Bar-Mizwa.‹ Aber ein paar Wochen später mußten wir auch da wieder weg. Die Nazis bauen die alte Infanteriekaserne außerhalb der Stadt zu einem Gefangenenlager um. Die Stadt heißt auch nicht mehr Oswiecim.« Willis Vater verdrehte die Augen. »Es soll eine deutsche Stadt mit einem schönen deutschen Namen werden: Auschwitz. Wo sollten wir also hin? Wir dachten, am besten nach Warschau zu unserem Sohn, dem berühmten Ingenieur.«

»Von berühmt kann gar keine Rede sein, nicht mal mehr von Ingenieur – eher von Straßenkehrer oder Maurer«, warf Willi ein und ergänzte mit einer Geste auf das Brot und den Kohlkopf hin sarkastisch: »Oder von Beutegeier. Für Juden ist das Leben in Warschau in diesen Tagen nicht leicht.«

»In Bielsko auch nicht«, bemerkte sein Vater kopfschüttelnd.

»Du hättest sie sehen sollen«, begann Bruno, als er seine anfängliche Schüchternheit abgelegt hatte, »alle unsere Nachbarn, die Eltern meiner Schulkameraden.« Der Junge zuckte mit den Schultern. »Und ich hielt sie auch noch für Freunde! Sie kamen jeden Tag zu uns nach Hause, um etwas zu kaufen. ›Ach, ist das nicht schrecklich, daß ihr Juden wegziehen müßt! Ihr könnt doch nicht alles mitnehmen! Laßt uns euch helfen, wir kaufen euch die Sachen ab!‹ sagten sie, als befänden sie sich auf dem Markt – nur daß niemand auf dem Markt die Dinge für den Preis verkauft hätte, zu dem wir sie hergeben mußten.« Mit dieser resignierten Bemerkung endete Brunos Wortschwall.

»Unsere gesamte Habe, Willi«, sagte die Mutter mit bebender Stimme und tränengefüllten Augen. »Sie haben behauptet, sie wollten sie kaufen. Wir hatten doch gar keine andere Wahl, selbst wenn sie uns nichts dafür bezahlt hätten. Alles, was unsere Familie über Generationen besessen hat ... Uns ist nur das geblieben, was wir auf dem Rücken tragen konnten; diese paar Taschen sind das einzige, was wir auf der Welt noch besitzen.«

Willi nahm zum ersten Mal wahr, daß das Haar seiner Mutter nicht mehr den dunkelbraunen, seidigen Glanz besaß, an den er sich erinnerte, sondern im Lauf der kurzen Zeit, seit er Bielsko verlassen hatte, eisgrau geworden war, als hätte ein Strom der Verzweiflung die Farbe weggespült.

»Fang nicht wieder davon an, Helena. Du kannst doch nichts daran ändern. Was geschehen ist, ist geschehen«, bemerkte Heinrich nüchtern. »Jetzt müssen wir erst mal eine Unterkunft finden.«

»Ihr bleibt natürlich bei uns«, erwiderte Willi ohne Zögern. »Wir haben vier Räume. Wir verlieren uns beinahe darin, nicht wahr, Cesia?«

»Natürlich bleibt ihr hier«, bekräftigte Cesia, wenn Willi auch an ihrem zögernden Ton erkannte, daß die Aussicht, mit den ihr unbekannten Schwiegereltern zusammenzuwohnen, ihr Unbehagen bereitete. Dennoch lächelte sie tapfer und bot den Eltern liebenswürdig noch eine Tasse Tee an.

Helena erwiderte das Lächeln der Schwiegertochter, lehnte die zweite Tasse Tee aber dankend ab.
Wilhelm zögerte, bevor er das nächste Thema ansprach.
»Hilde und Anna?« fragte er schließlich vorsichtig. »Gibt es etwas Neues von ihnen?«
Helenas Lächeln verschwand und machte einem Ausdruck tiefer Sorge Platz, als ihr Mann den letzten Stand der Dinge mitteilte.
»Wir haben kurz vor unserer Abreise aus Bielsko einen Brief von Hanka bekommen«, berichtete Heinrich, wobei er liebevoll den Kosenamen der ältesten Tochter Anna gebrauchte. »Es scheint, daß du nicht der einzige bist, der sich verliebt hat. Sie hat einen Mann namens Salek Hershorn geheiratet und ist mit ihm zu seiner Familie in die Ukraine gezogen, in ein Dorf namens Boguslaw. Was Hilde betrifft ... sie hat uns im November geschrieben, daß sie sich für die Ausreise nach Polen angemeldet habe und es kaum erwarten könne, nach Hause zurückzukehren. Seitdem haben wir nichts mehr von ihr gehört.« Der alte Bachner zuckte resigniert mit den Schultern.
Wilhelm versuchte, seine Eltern zu beruhigen, indem er ihnen versicherte, die sechzehnjährige Hilde habe bestimmt von den Lebensbedingungen für Juden in Polen gehört und daraufhin beschlossen, in der Sowjetunion zu bleiben.
»Ihr kennt doch Hilde; sie und ihre Geige können selbst Stalin betören«, ergänzte er lächelnd.
Doch weder Aufheiterungsversuche noch Wiedersehensfreude vermochten die düsteren Gedanken an die Umstände zu verdrängen, die die Familie in Warschau zusammengeführt hatten. Bachner wußte, daß sich die Sturmwolken, die sich über ihnen zusammenzogen, nicht durch oberflächliche Beschwichtigungen und ein aufgesetztes Lächeln vertreiben ließen.
Mit Gefühlen der Freude über die Vereinigung und der Sorge über das Schicksal der von ihnen getrennten Angehörigen richteten sich die neuen Familienmitglieder in der ungewohnten Umgebung ein. Willi und sein Vater nahmen jede verfügbare Arbeit an, um zurechtzukommen. Seine Kenntnisse als Maler verhalfen dem älteren

Bachner zu Gelegenheitsarbeiten beim Wiederaufbau Warschaus. Auf diese Weise gelang es der Familie, sich den Frühling und Sommer 1940 über mühsam durchzuschlagen.

In der Zwischenzeit eroberten die Deutschen ein europäisches Land nach dem anderen. Am 9. April fielen sie in Dänemark und Norwegen ein; am 10. Mai überrollte die Wehrmacht Belgien, die Niederlande und Frankreich. Bis zu diesem Augenblick war im Westen kaum ein Schuß gefallen. Die Briten nannten diese Phase *the phony war*, den »Scheinkrieg«, die Deutschen sprachen von »Sitzkrieg«. Doch dem »Sitzkrieg« folgte nur allzubald der »Blitzkrieg«. Nach dem verheerenden Rückzug der Briten bei Dünkirchen stieß die Wehrmacht Richtung Paris vor. Knapp einen Monat nach dem Einmarsch in Frankreich stand die französische Hauptstadt unter deutscher Kontrolle.

In Warschau erfuhr man von den deutschen Siegen sowohl durch die Propaganda der Besatzungsmacht als auch durch den heimlichen Empfang der BBC. Die Nachrichten ließen die ohnehin düstere Stimmung auf den Nullpunkt sinken. Die Franzosen und die Briten waren für die Polen die letzte vage Hoffnung gewesen, an die sie sich geklammert hatten. Nun mußte man jeden Gedanken an ein schnelles Kriegsende aufgeben. Angesichts der Tatsache, daß sowohl die Vereinigten Staaten als auch die Sowjetunion auf ihrer Neutralität beharrten und Mussolinis Italien sich als Verbündeter Deutschlands erwies, erschien das Dritte Reich allmählich unbesiegbar.

Am 1. August 1940 verfügte Generalgouverneur Frank die »Umsiedlung« aller Krakauer Juden nach Warschau und in andere polnische Städte. In den ersten beiden Augustwochen wurden fast 30 000 jüdische Einwohner und Flüchtlinge zum Verlassen der Stadt gezwungen. Einer dieser Vertriebenen suchte Zuflucht bei den Bachners in Warschau: Eines Nachmittags kündigte ein Klopfen an der Wohnungstür in der Zlota-Straße 54 die Ankunft von Willis achtzehnjährigem Vetter Heniek Buchführer an.

Wie er dort mit der Tasche über der Schulter und der Mütze in beiden Händen verlegen von einem Fuß auf den anderen trat und auf

seinen kleinen Onkel hinabblickte, schien der baumlange Heniek gar nicht durch die Eingangstür zu passen.
»Hallo, Onkel Heinrich, kennst du mich noch? Ich bin Heniek, Leos Sohn.«
»Natürlich kenne ich dich, Heniek. Komm rein, komm rein. Helena«, rief er seiner Frau zu, »Heniek ist hier, der Sohn deines Bruders.«
Helena ließ ihr Nähzeug fallen und eilte herbei, um den Jungen zu umarmen.
»Heniek, was machst du denn hier? Wie hast du uns gefunden? ... Warte, deine Mutter, wo ist deine Mutter?« Sie stellte sich auf die Zehenspitzen, um ihrem Neffen über die Schulter zu schauen. »Kommt sie auch?«
»Laß dem Jungen etwas Zeit, Helena, er ist doch gerade erst angekommen.« Damit zog er Heniek in die Wohnung, setzte ihn an den Tisch und bestürmte ihn nun seinerseits mit Fragen.
Heniek stürzte sich gierig auf den Imbiß aus Brot und Tee, den Helena in aller Eile für ihn zubereitet hatte.
»Mama ist noch in Bielsko. Sie haben ein paar hundert Juden erlaubt, dort zu bleiben. Sie hat euren Brief erhalten; daher weiß ich auch eure Adresse. Wie ich hierhergekommen bin, das ist eine lange Geschichte – es würde die ganze Nacht, oder sogar zwei Nächte dauern, sie zu erzählen.« Heniek schaute sich um; als er die durch die Tür des Nachbarzimmers spähende Cesia entdeckte, warf er Onkel und Tante einen fragenden Blick zu.
»Wie konnte ich das nur vergessen«, entschuldigte sich Helena und zog ihre Schwiegertochter ins Zimmer. »Cesia, das ist mein Neffe Heniek. Heniek, das ist Cesia, Willis Frau.«
Heniek sprang so hastig auf, daß er fast seinen Tee verschüttete, als er die Frau seines Vetters linkisch begrüßte.
»Willi hat oft von dir gesprochen«, sagte Cesia mit einem schüchternen Lächeln. »Er wird sich sicher riesig freuen, daß du hier bist.«
In der Tat war Heniek Willis Lieblingsvetter, und die Zuneigung beruhte auf Gegenseitigkeit. Willi bewunderte die Fähigkeit des Jun-

gen, mit jeder noch so widrigen Situation zurechtzukommen. Er hatte gesehen, wie Heniek sich gegen polnische Rowdies behauptet hatte, die in Bielsko regelmäßig Juden quälten. Kein Wunder, daß dieser kräftige junge Mann allein den Weg ins jüdische Viertel von Warschau gefunden hatte.

Nachdem Willi an jenem Abend nach Hause gekommen war, informierte Heniek die Bachners über die Ereignisse des vergangenen Jahres. Cesia servierte der um den Küchentisch versammelten Familie Tee und dünne Scheiben groben, dunklen Brotes.

»Als die Deutschen in Bielsko einzogen, rieten Nachbarn meiner Mutter, mich nicht aus dem Haus zu lassen«, begann Heniek. »Juden würden geschlagen und zur Zwangsarbeit zusammengetrieben. Im Oktober ordneten die Deutschen an, daß sich jeder Jude zwischen siebzehn und fünfzig am Morgen des 20. am Bahnhof zu melden habe. Unsere Nachbarn, unsere *deutschen* Nachbarn« – Heniek zog zur Betonung seine buschigen Brauen hoch – »wußten, daß ich zu Hause war. Ich mußte gehen.« Der junge Mann trank einen Schluck Tee, bevor er fortfuhr. »Man sagte uns, wir würden nach Lublin geschickt, um dort Lager zu bauen, in die Juden einziehen sollten. Ich dachte, wir würden mit dem Zug fahren, aber sie stopften uns in Lastwagen. Nachdem sie uns ein paar Stunden später in Kattowitz abgesetzt hatten, ließen sie uns durch die ganze Stadt zum Bahnhof laufen. Die Einwohner spuckten uns an und nannten uns ›Judenschweine‹.« Heniek senkte die Augen und nickte, als seine Tante schockiert nach Luft schnappte. »Am Bahnhof trafen wir auf Juden aus Ostrawa. Gemeinsam mit den tschechischen Juden wurden wir in einen Güterzug verladen – dreißig Mann pro Waggon. Wir bekamen nichts zu essen und kaum Wasser. Wer sich beschwerte, wurde geschlagen. Drei Tage und Nächte lang fuhren wir Richtung Osten; niemand wußte, wohin die Reise ging. Als wir am Bahnhof von Nisko bei Lublin eintrafen, dachten wir, wir würden zum Arbeiten geschickt – aber die SS hatte andere Pläne.«

Cesia hörte auf, Willis Vetter noch mehr Tee aufzudrängen, setzte sich neben ihren Mann und ergriff dessen Hand.

»Wir stolperten aus dem Zug. Einige konnten kaum noch stehen. Die Nazis umringten uns, und ein Offizier rief: ›Juden! Auf Befehl Heinrich Himmlers seid ihr zum Tode verurteilt.‹« Henieks Hand zitterte, als er die Teetasse anhob. Das Scheppern der Tasse auf dem Porzellanunterteller hallte in dem totenstillen Raum wider, in dem niemand zu atmen, geschweige denn zu sprechen wagte. Die Familie wartete gespannt, bis Heniek einen Schluck Tee getrunken hatte und nach einem Räuspern weitersprechen konnte.
»›Wir schenken euch euer Leben‹, sagte der Nazi. ›Schenken euch euer Leben‹«, wiederholte Heniek mit einem ungläubigen Kopfschütteln. »›Aber zuerst müßt ihr sämtliche Wertsachen – Gold, Diamanten, Geld – freiwillig abliefern. Jeder, bei dem diese Gegenstände gefunden werden, wird erschossen.‹«
Wilhelm hörte sich die Geschichte seines Vetters in steifer Haltung und mit unbewegter Miene an. Er mußte die aufwallenden Gefühle unterdrücken, um seine Frau nicht noch mehr zu erschrecken. Ihre kleine Hand war in seiner eiskalt geworden. Auch Willi durchzuckte eine eisige Angst, doch diese war gepaart mit glühendem Zorn, der ihm die Röte in die Wangen trieb.
»Wir bekamen fünf Minuten, um unsere Wertsachen abzuliefern«, fuhr Heniek fort, »und sechs Stunden, um uns nach Rußland abzusetzen. Wir standen auf einem Bahnhof am Ende der Welt; um uns herum gab es nichts als Wald. Einer der Juden aus Ostrawa sagte: ›Jungs, ich führe euch. Folgt mir!‹ Als wir in den Wald rannten, hörten wir Schüsse. Ich ... ich schaute mich um.« Heniek versagte die Stimme; seine Augen glänzten tränenfeucht.
Bachner fühlte eine unbändige Wut in sich aufsteigen; nie zuvor hatte er diesen Bär von einem Jungen in einem solchen Zustand der Hilflosigkeit gesehen. Niemals. Nicht in all den Jahren ihrer Jugend. Schweigend reichte er dem Vetter sein Taschentuch. Nach ein paar Minuten faßte sich Heniek wieder und fuhr fort: »Zwei Leute aus Bielsko lagen kaum einen Meter hinter mir tot auf dem Boden. Der eine ... sein Gesicht, es war weg. Die SS hat sie abgeschossen wie Tiere.« Heniek zitterte; er hielt inne, um zu Atem zu kommen.

»Und dann?« drängte Willi, um seinen Vetter von den lebendigen Schreckensbildern abzulenken. »Ihr wart also im Wald. Und was passierte danach?«

»Wir flohen tiefer in den Wald. Wir versuchten, den Deutschen aus dem Weg zu gehen. In den Dörfern kauften wir Essen und fragten nach dem Weg. Ende November erreichten wir schließlich die Grenze und überquerten sie.«

»Und warum, zum Teufel, bist du nicht in Rußland geblieben?« unterbrach Heinrich. »Du wärst dort in Sicherheit.«

»Onkel«, erklärte Heniek geduldig, »Ich habe es versucht. Dreimal habe ich es versucht! Ich habe dreimal die Grenze nach Rußland überquert. Das erste Mal trafen wir auf Milizsoldaten. Sie sprachen sogar Jiddisch, was uns verdammt guttat. Sie steckten uns ins Gefängnis und fragten uns über deutsche Abwehrstellungen aus. Zwei Wochen verbrachten wir in schmutzigen Zellen mit Ratten, Läusen und Flöhen. Danach brachten sie uns zur Grenze zurück und übergaben uns mit dem netten Spruch ›Hier sind eure Juden‹ an die Deutschen. Die Deutschen erwiderten lachend: ›Wir wollen keine Juden, deshalb schicken wir sie zu euch.‹ Kurz darauf schoben uns die Russen über die Grenze bei Belzec ab. Noch zweimal haben wir versucht, nach Rußland zu kommen; beide Male wurden wir geschnappt und nach Polen zurückgeschickt. Allmählich hatte ich das Spiel satt. Ich kam mir vor wie ein Fußball, der ständig von einer Seite der Grenze zur anderen geschossen wird.«

Der Onkel nickte mitfühlend.

»Also«, ergänzte Heniek lakonisch, »gab ich es auf und ging nach Lublin zurück. Die Juden trugen dort bereits den gelben Stern. Ich blieb sieben Tage in der Stadt und sprach mit Juden aus Bielsko, bevor ich beschloß, nach Krakau zu gehen. Ich kannte ein paar Leute da, und ich wollte Mama wiedersehen. Also machte ich mich zu Fuß auf den Weg.«

Bachners Nackenmuskeln fühlten sich steif wie ein Brett an, als er angespannt dem Rest von Henieks Bericht lauschte. In Dęblin mußte der junge Mann eine Pontonbrücke überqueren – die alte Brücke war gesprengt worden. Er hatte Gerüchte gehört, daß die Deutschen jeden Juden, den sie faßten, in die Weichsel warfen. Heniek hatte Glück; seine Ausweispapiere von der Schule waren in seiner Mantelinnentasche versteckt. Das zerknitterte Dokument nannte zwar seinen Namen, enthüllte jedoch nicht, daß er Jude war. Nachdem ihn die Deutschen widerstrebend hatten passieren lassen, schlug sich Heniek nach Krakau durch.

»Und was ist mit deiner Mutter?« forschte Helena. Willi bemerkte, daß ihre Hand zitterte, als sie die Teetasse an die Lippen hob.

»Ich habe Mama im Dezember zum letzten Mal gesehen«, antwortete Heniek. »Ich war in einem Flüchtlingszentrum und hatte eine Blinddarmreizung. Mama erhielt die Erlaubnis, mich für ein paar Tage zu besuchen. Sie hat mir mitgebracht, was von meinen Sachen noch übrig war. Seitdem nur noch ab und zu ein Brief, wenn mal einer durchkommt«, ergänzte er nachdenklich, bevor er das Thema wechselte.

»Ich fand Arbeit in einer Gießerei in Krakau. Es war in Ordnung; ich schlief in der Fabrik und hatte genug zu essen. Aber Anfang dieses Monats verkündeten die Nazis, alle Juden müßten Krakau verlassen; wer bliebe, würde in ein Arbeitslager geschickt. Also schrieb ich Mama und bat sie um Rat. Sie antwortete: ›Geh nach Warschau und such deinen Onkel und deine Tante.‹ Und hier bin ich.« Heniek hob müde die Schultern, als laste die ganze Welt auf ihnen. Auch Willi fühlte dieses Gewicht auf seinen Schultern.

Ungeachtet dessen, daß sie sich von nun an zu sechst vier kleine Räume teilen mußten, empfanden die übrigen fünf Bewohner Heniek als angenehme Ergänzung. Der fleißige junge Mann begleitete seinen Onkel Heinrich oft zu dessen Arbeitsstellen außerhalb des jüdischen Viertels und machte sich als Assistent des Malermeisters nützlich. Die finanzielle Situation der Familie verbesserte sich erheblich, als es Willi durch Vermittlung eines Ingenieurkollegen gelang, den Auftrag für die Malerarbeiten beim Wiederaufbau der italienischen Botschaft im Stadtzentrum zu erwischen. Für Willi war es ein beruhigendes Gefühl zu wissen, daß er, sein Vater und sein Vetter für die nächsten paar Monate eine feste Arbeit hatten. Um sie herum wuchs die Mauer, wenn auch deutsche Beamte dem »Judenrat« weiterhin versicherten, es sei nicht geplant, ein Ghetto zu errichten; die Mauer diene ausschließlich dem Schutz der Juden. Doch mit jedem Stein verstärkten sich die Zweifel der jüdischen Bevölkerung.

Am 7. August 1940 erließ der Beauftragte des Distriktchefs für die Stadt Warschau, SA-Oberführer Leist folgende Anordnung:

> Betr.: Wohngebiet der Juden
>
> (...)
>
> 1. Juden, die in den Bereich der Stadt Warschau zuziehen, dürfen ihren Wohnsitz nur in dem Teil der Stadt nehmen, der durch die Absperrmauer begrenzt wird.
>
> 2. Juden, die im Bezirk der Stadt Warschau ihren Wohnsitz haben, dürfen beim Wechsel ihrer Wohnung eine neue Wohnung nur innerhalb der durch die Absperrmauer eingegrenzten Stadtgebiete nehmen.
>
> 3. Personen, die nichtjüdischer Abstammung sind, dürfen einen neuen Wohnsitz innerhalb des oben bezeichneten Sperrgebietes nicht begründen.
>
> (...)

Die Warschauer Juden, die außerhalb des jüdischen Viertels wohnten, hatten in jener Phase in der Regel gar keine andere Wahl als »umzuziehen«. Die Beschlagnahme jüdischer Wohnungen war inzwischen eine alltägliche Praxis. Die Deutschen begnügten sich nicht mehr mit der Konfiszierung jüdischen Eigentums, sondern besetzten willkürlich Wohnungen und warfen die jüdischen Bewohner mit nichts als dem, was sie auf dem Leib trugen, auf die Straße. Den Unglücklichen blieb nichts weiter übrig, als ins jüdische Viertel zu gehen und sich mit den zahllosen Flüchtlingen um die mageren Almosen des »Judenrats« zu streiten.

Czerniakow protestierte vehement gegen die zunehmende Einschränkung der Bewegungsfreiheit und beantragte außerdem die Freigabe jüdischer Gelder, um Unterkunft und Verpflegung der

Flüchtlinge sowie Arbeitslöhne bezahlen zu können. Als Reaktion erhielt er folgende schriftliche Zurechtweisung durch die Gestapo:

> Auf Seite 9 Absatz 11 Ihres Tätigkeitsberichtes vom 26.7. bis zum 1.8.1940 erlauben Sie sich, die Anordnungen von SA Oberführer Leist zu kritisieren. Ich mache Sie darauf aufmerksam, dass im Wiederholungsfalle mit den schärfsten Massnahmen geantwortet wird.

Außerhalb Polens eskalierte inzwischen der Krieg; die Deutschen schienen unaufhaltbar. Hitler hatte darauf spekuliert, daß Großbritannien nach dem Fall Frankreichs den Frieden mit Deutschland suchen werde, und hatte den Krieg offiziell für beendet erklärt, da alle Kriegsziele erreicht seien. Doch damit unterschätzte er offensichtlich die Entschlossenheit Winston Churchills und der englischen Bevölkerung. Als sich die Briten weigerten zu kapitulieren, wurden Pläne für das »Unternehmen Seelöwe« entworfen, die deutsche Invasion Großbritanniens über den Ärmelkanal.

Da sich die Militärführung jedoch wenig begeistert von der Aussicht auf eine Seeinvasion der stark befestigten Insel zeigte, ließ man die Invasionspläne fallen und änderte die Strategie. Ausgehend von der Annahme, daß massive Luftangriffe auf englische Städte die Briten zur Aufgabe zwingen würden, begann die »Schlacht um England«. Die Bombardierung englischer und deutscher Städte wurde ein allnächtliches Vorkommnis. Den ersten Jahrestag des Krieges verbrachte der Führer in seinem Berliner Bunker, während RAF-Flugzeuge einen Bombenregen auf die deutsche Hauptstadt niederprasseln ließen.

Obwohl Berlin und London weit entfernt waren, wurde das Weltgeschehen von den jüdischen Einwohnern Warschaus doch aufmerksam verfolgt. Zum ersten Mal hatten die Deutschen einen Gegner nicht so überrollt wie ihre Panzer Europa überrollt hatten. Und zum ersten Mal wurden Deutsche mitten im Zentrum der Macht, in der Reichshauptstadt getötet.

Am 12. Oktober 1940 begingen die Warschauer Juden ihren zweiten Jom Kippur des Krieges. Trotz des Verbots der Religionsausübung versammelten sich überall gläubige Juden im engsten Familienkreis zum Gottesdienst. Heinrich Bachner hatte den Gebetsschal umgelegt und stand mit dem Gebetbuch in der Hand in der Mitte des Zimmers. Seine Frau, seine beiden Söhne und seine Schwiegertochter erhoben sich respektvoll, als er auf hebräisch das Morgengebet las:

In der Morgenwache rufe ich
hochgelobter Gott zu dir,
daß mein Gebet dir lieblich sei.
Des Tags, da mein Herz sich erhebt zu dir,
machst du hell meine Dunkelheit
wie das Morgenlicht in seiner Zier -
mein König, mein Gott, denn ich bete zu dir.

Feinde dir sich widersetzen,
im Zorn dein Volk sie schmähen -
und ich trage deine Schrecken
im wilden Toben deiner Gegner.
Gieße den Geist aus deinem Himmel
auf dein Volk Israel!
Eifre, Gott, für deinen Namen,
der entweiht ist auf Erden hier.

Heilig über alles, Herr,
der du richtest all dein Geschöpf -

Bachner hielt mitten im Gebet inne, als plötzlich schwere Schritte auf der Treppe zu hören waren. Im nächsten Augenblick platzte Heniek ins Zimmer.

»Es ist passiert«, rief er keuchend. »Die Deutschen fahren mit Lautsprechern durch die Straßen. Es wird ein Ghetto geben.«

Wilhelm wollte etwas sagen, doch sein Vater fiel ihm ins Wort.

»Heniek! Ich habe nicht erwartet, daß die Deutschen uns am Jom Kippur in Ruhe lassen«, sagte er in strengem Tonfall. »Aber ich

muß sagen, von dir hätte ich ein besseres Benehmen erwartet.«
»Onkel, es ist schrecklich«, rechtfertigte sich Heniek. »Alle laufen herum und versuchen herauszufinden, ob sie umziehen müssen. Selbst die Christen wissen nicht ...«
»Das hat Zeit.« Mit einer deutlichen Geste wies Vater Bachner dem jungen Mann seinen Platz neben Wilhelm und Bruno zu. Mit dem schlechten Gewissen eines ungehorsamen Jungen warf Willi seinem Vetter einen verstohlenen Blick zu, als suche er in dessen Gesicht nach weiteren Informationen. Sein Instinkt drängte ihn, auf die Straße zu laufen und zu erkunden, welche Maßnahmen zum Schutz seiner Familie ergriffen werden mußten; doch er zwang sich, steif stehenzubleiben. Scheinbar unbeeindruckt vom Straßenlärm schlug Vater Bachner sein Gebetbuch wieder auf und las ruhig an der Stelle weiter, an der er unterbrochen worden war:

Schau auf meinen Feind, den Haderer,
wie vermesssen gegen mich redet er!
Gegen mich reizt er den Speer,
mein Gemüt in mir grämt sich sehr.
Meine Seele gib zur Beute mir,
falsche Berater gefangen führ -
mein König, mein Gott, denn ich bete zu dir.

Willi ließ das ›Amen‹ seines Vaters ein paar Sekunden ausklingen, bevor er sich an Heniek wandte.
»Also, Vetter«, drängte er mit einem gereizten Blick auf seinen Vater, »jetzt erzähl endlich, was draußen in der Welt vorgeht!«
Wie ein Wasserfall sprudelten die angestauten Worte hervor. »Die Deutschen rufen aus, daß alle Juden bis Ende des Monats ins jüdische Viertel umgezogen sein müssen. Da draußen ist die Hölle los! Christen, Juden, alle laufen herum wie aufgescheuchte Hühner. Sie müssen ausziehen – Geschäfte, Betriebe, alles!«
»Wo sollen sie hingehen?« fragte Wilhelm und zog sich einen Stuhl zu Heniek, der sich aufs Sofa hatte fallenlassen.
»Die Juden versuchen hier, in diesem Viertel, eine Bleibe zu finden. Die Christen müssen sich in den anderen Stadtteilen etwas suchen.

Niemand darf Möbel mitnehmen; nur das, was man tragen kann. Wir dürfen das jüdische Viertel nur verlassen, wenn wir einen Passierschein zum Arbeiten haben.«

»Und was ist mit uns, Heniek, wo ist die Grenze?« fragte Bachner gespannt. Cesia stellte sich hinter ihn und legte eine Hand auf seine Schulter.

»Niemand weiß genau, wo die Grenze liegt. Es sind fünf verschiedene Karten vom jüdischen Viertel in Umlauf. Darum herrscht da draußen auch so ein Chaos.«

»Heniek!« Bachner hob die Stimme und betonte jedes Wort, um seinem Vetter die Tragweite der folgenden Frage deutlich zu machen. »Müssen wir ausziehen?«

Heniek starrte schweigend in die Runde. Willi folgte seinem Blick; in allen Gesichtern standen Angst und Sorge geschrieben.

»Also ... wir ... ich fürchte ... ja ... wir auch«, murmelte Heniek, bevor sich die Worte überschlugen. »Wir haben es um eine Straße verpaßt! Die Zlota-Straße ist die Grenze; um genau zu sein, die Grenze läuft mitten durch unsere Straße, nur einen Häuserblock weiter. Wir müssen uns eine andere Wohnung suchen. Das Ghetto liegt innerhalb der Mauern, die bis jetzt gebaut sind. Hier in der Gegend bilden die Zelazna-, die Zlota- und die Zielna-Straße die Grenze.«

Ein resigniertes Seufzen ging durch die Runde, als die Familienmitglieder begriffen, daß ihnen diese besondere Härte nicht erspart bleiben würde. Ihre vier Räume im dritten Stockwerk waren zwar beengt und spartanisch, aber im Vergleich zu anderen konnten sie sich eigentlich nicht beklagen. Nun würden sie sich in die Menschenmassen einreihen müssen, die verzweifelt nach einer Bleibe suchten.

»Komm, Heniek!« sagte Willi, griff seinen Mantel und eilte zur Tür. »Sehen wir uns dein Ghetto mal an.«

Bachner wußte, daß er keine Zeit verlieren durfte. Er kannte einen nichtjüdischen Bauunternehmer, der in der Sienna-Straße wohnte, also innerhalb des zukünftigen Ghettos. Wenn er sich beeilte, konnte er vielleicht einen direkten Wohnungstausch arrangieren. Man wurde sich schnell einig; Bachners Bekannter war überglücklich, in der Nachbarschaft eine vergleichbare Wohnung zu bekommen. Die Bachners verschwendeten keine Zeit damit, ein Pferdefuhrwerk zu organisieren, sondern schleppten ihre spärliche Habe in ihre nur ein paar Häuserblöcke entfernte neue Bleibe.

***

Wer keine polnischen Christen kannte oder zu lange zögerte, landete obdachlos auf der Straße. Allerdings barg frühes Umziehen auch seine Risiken. Die Deutschen änderten die Ghettogrenzen schneller, als die Leute den Anweisungen nachkommen konnten. So hatte eine Familie zum Beispiel gerade eine Wohnung gefunden, nur um am nächsten Tag festzustellen, daß die neue Unterkunft aus dem Ghetto ausgegliedert worden war. Mit einem Bleistiftstrich der Deutschen auf dem Stadtplan ging die Suche wieder von vorn los.

In den folgenden Wochen schwappte eine Welle des Chaos, und des Elends durch das jüdische Viertel. Die Menschen irrten ziellos durch die Straßen; viele trugen all ihre Habseligkeiten, die sie hatten retten können, hoch aufgestapelt auf den Armen vor sich her oder zu Bündeln gebunden auf gekrümmten Rücken und beteten in ihrer Verzweiflung laut zu Gott, er möge ihnen einen winzigen Ruheplatz gönnen. Etwa ein Drittel der annähernd 400 000 im Distrikt Warschau lebenden Juden wohnte außerhalb der Quarantänezone des »Judenbezirks«. In den folgenden sechs Wochen drängten 138 000 Juden in das Viertel und füllten den spärlichen Platz, den 113 000 zwangsweise ausquartierte polnische Christen hinterließen.

Rund um die Ghetto-Bekanntmachungen mit Reichsadler und Hakenkreuz, die die Deutschen an fast jede Häuserwand klebten, sah man überall kleine weiße Zettel mit Wohnungstauschangeboten.

Ein paar Tage nach Inkrafttreten der Ghetto-Verordnung standen Willi und Heniek in der Nähe der Kreuzung Zelazna-, Twarda- und Zlota-Straße und beobachteten die traurige Völkerwanderung. Es gab nichts weiter zu tun; die Stadt war so beschäftigt damit, der neuen Situation gerecht zu werden, daß das Arbeitsleben praktisch lahmgelegt war. Am Tor vor der Kreuzung waren deutsche Wachen postiert. Ihrem Verhalten nach hätte man meinen können, die Leute würden von einem Land ins andere reisen, statt nur durch vertraute Straßen einer Stadt zu gehen.

Die schwarz-uniformierten Wachen verlangten von jedem Passanten einen Ausweis und kontrollierten peinlich genau die Einhaltung sämtlicher Vorschriften. Ohne die weiße Armbinde mit dem sechszackigen blauen Stern angetroffen zu werden, bedeutete sofortige Verhaftung; und der Versuch, verbotenerweise Mobiliar ins Ghetto einzuschmuggeln, wurde mit dessen Beschlagnahme bestraft.

Die meisten zogen mit klapprigen Handkarren, auf denen sich Töpfe, Pfannen, Bettwäsche und Kleidung stapelten, in ihr neues Gefängnis; sie besaßen nichts von Wert, an dem die Deutschen Interesse hätten haben können. Dennoch durchsuchten die gelangweilten Wachen jede Karre, warfen die armseligen Besitztümer in den Schlamm am Straßenrand und kippten häufig aus purem sadistischen Vergnügen die Karren einfach um, um sich anschließend am Anblick der im Schmutz herumkriechenden Juden zu weiden. Wenn die »Immigranten« dieses Spießrutenlaufen hinter sich hatten, wartete auf sie eine weitere schwere Prüfung: die Suche nach einer Unterkunft. Das für das Ghetto reservierte Gebiet enthielt überwiegend mehrstöckige Mietshäuser, die durch enge, dunkle Gassen voneinander getrennt waren. Die Familien schoben ihre Karren von Straße zu Straße und stellten an jeder Haustür die gleiche Frage: »Haben Sie ein freies Zimmer?« Die Luft war erfüllt von den Geräuschen verlorener, weinender Kinder und entnervter Eltern, vom Betteln nach Essen und dem Betteln nach einer Schlafstelle. Ein Drittel der Stadtbevölkerung drängte sich auf zweieinhalb Prozent der Fläche Warschaus. Ende Oktober lungerten 50 000 obdachlose Juden in Hausfluren herum oder streiften ziellos durch die Straßen des neuen Ghettos.

Am 4. November sprach sich die Nachricht herum, daß Czerniakow verhaftet worden war. Die Gestapo hielt den Vorsitzenden des »Judenrats« im berüchtigten Pawiak-Gefängnis fest, einer roten

Backsteinfestung, die in zaristischer Zeit als Kerker für politische Häftlinge gedient hatte. Seine Lage im Zentrum des Ghettos machte das Gebäude zum idealen Standort für die Zwecke der Gestapo. Die Deutschen warfen Czerniakow vor, sich »ungebührlich« über die SS geäußert zu haben. Czerniakow wurde über Nacht im Gefängniskeller eingesperrt und schwer mißhandelt; am Morgen ließ man ihn wieder frei. Trotz schwerer Verletzungen an Kopf und Beinen setzte der Vorsitzende des »Judenrats« am nächsten Tag unbeirrt seine Arbeit fort. Obwohl man auch ihn zum Umzug gezwungen hatte und seine Wohnung samt Einrichtung von habgierigen Polen beschlagnahmt worden war, schien Czerniakow fest entschlossen, den Kampf seines Volkes, ungeachtet des eigenen Leids, weiterzuführen.

Nachdem die Nazis die Frist für den Bevölkerungsaustausch zweimal verlängert hatten, wurden die Ghettotore Ende November endgültig geschlossen. Nach diesem Termin durften Juden das Ghetto nur noch unter deutscher Bewachung verlassen. Passierscheine erhielten ausschließlich diejenigen, die in einer Fabrik im »arischen« Teil Warschaus arbeiteten. Dort wurden die Juden wie Sklaven gehalten, erhielten nur einen minimalen Lohn, aber zumindest eine Mahlzeit pro Tag. Die Märkte außerhalb der Mauern waren für Juden tabu, und zahlreiche Artikel verschwanden aus den Ghettoläden. Zunächst bekamen viele Juden von nichtjüdischen Bekannten noch regelmäßig Brot gebracht, doch nachdem mehrere Polen für das Einschmuggeln von Lebensmitteln erschossen worden waren, floß auch diese Quelle immer spärlicher.

Sowohl das größte jüdische Krankenhaus als auch Janusz Korczaks Waisenhaus befanden sich außerhalb der Ghettogrenzen. Für keines von beiden konnte eine adäquate Ersatzunterkunft im Ghetto gefunden werden. Nachdem es Korczak schließlich gelungen war, seine Räumlichkeiten gegen die einer Berufsschule in der Chlodna-Straße zu tauschen, marschierte er mit seinen Kindern unter der grünen Flagge des Waisenhauses zur neuen Unterkunft. Unterwegs konfiszierten die Deutschen den Wagen mit sämtlichen Vorräten, die Korczak unter so großen Mühen gesammelt hatte. Auf seinen Protest hin wurde er verhaftet und zusätzlich des Nichttragens der Armbinde beschuldigt. Nachdem er einen Monat im Pawiak-Gefängnis eingesessen hatte, bevor seine Freilassung mittels Bestechung arrangiert werden konnte, kehrte Korczak zu seinem neuen Waisenhaus zurück und kümmerte sich weiter aufopferungsvoll um den Unterhalt und die Verpflegung von einhundertsiebzig jüdischen Kindern.

Wilhelm Bachner fand die Erniedrigungen von Tag zu Tag unerträglicher. Als stolzem Mann, dem es nicht an Selbstbewußtsein mangelte, war ihm der Anblick nicht assimilierter Juden immer etwas unangenehm gewesen. Zu seiner Schande mußte er sich eingestehen, daß er sich mit seiner modernen Kleidung und seinen deutschen Manieren überlegen gefühlt hatte. Nun mußte er erkennen, daß die Deutschen keinen Unterschied zwischen ihm und einem Chassiden, zwischen einem an einer ihrer Universitäten ausgebildeten Ingenieur und einem ungebildeten Markthändler machten.

Jedesmal, wenn er auf der Straße einem Deutschen Platz machen mußte, jedesmal, wenn er um etwas Eßbares für seine Familie kämpfte, und jeden Abend, wenn er in die beengte Wohnung zurückkehrte, in der es für ihn und seine Frau keine Privatsphäre gab, hätte er am liebsten seine Faust in das arrogante Gesicht des Führers geschmettert, dessen Porträt an den Häuserwänden prangte.

Am Weihnachtsabend 1940 lag Willi lange wach und lauschte auf die Geräusche draußen vor dem Fenster. Die Juden befanden sich alle in ihren Wohnungen, denn es war lange nach Sperrzeit. Deutsche Zecher wurden natürlich nicht an ihrem Sport gehindert. Horden betrunkener SS-Leute fuhren durch die ausgestorbenen Straßen, brüllten Beleidigungen in Richtung der dunklen Häuser und schossen willkürlich auf Fenster. Bachner hörte das Pfeifen von Kugeln und das Klirren berstender Scheiben.

»Friede den Menschen auf Erden, die guten Willens sind«, zitierte er ironisch; neben ihm wälzte sich Cesia unruhig im Schlaf. Was konnte er tun? Die Frage beschäftigte ihn so intensiv, daß er an nichts anderes mehr denken konnte. Sie begleitete ihn den ganzen Tag und ließ ihn bis tief in die Nacht keinen Schlaf finden.

Was konnte er tun? Wie sollte er sich aus der Lage befreien, in die ihn das Schicksal und Adolf Hitler getrieben hatten? Wie konnte er seiner Familie die tägliche Entwürdigung und den schleichenden Hungertod ersparen, das einzige, was das Ghetto zu bieten hatte? Nie zuvor war er mit einer vergleichbaren Situation konfrontiert worden. Er hatte sich mit Intelligenz, Charme und harter Arbeit durchs Leben manövriert; aber diesem Ghetto, diesem Judenhaß fühlte er sich kaum gewachsen. Es bedurfte mehr als eines einnehmenden Lächelns und eines regen Verstands, um Hitlers Rassismus zu begegnen – es bedurfte außergewöhnlichen Mutes. Sein Mut war nie auf die Probe gestellt worden; das Leben hatte es bisher immer gut mit ihm gemeint.

Da er nicht mehr als Ingenieur arbeiten durfte, blieb ihm nur noch die Wahl zwischen legaler Hilfsarbeit und illegaler Betätigung als Schmuggler oder Schwarzmarkthändler. Keine dieser Aussichten versprach eine hoffnungsvolle Zukunftsperspektive. Die Schinderei in einem der Lager würde früher oder später seine Gesundheit angreifen und ihn an Unternährung oder einer der im Ghetto grassierenden ansteckenden Krankheiten sterben lassen. Im Gegensatz zu seinem Vetter Heniek war er an schwere körperliche Arbeit nicht gewöhnt. Wenn er sich für eine Schwarzmarktkarriere entschied, war es wahrscheinlich nur eine Frage der Zeit, wann ihn das Glück verließ und er sich auf der falschen Seite eines Erschießungskommandos wiederfand. Was sollte dann aus Cesia, aus seinen Eltern, aus Heniek und aus seinem kleinen Bruder Bruno werden? Sie waren doch alle von ihm abhängig.

Bevor er in einen unruhigen Schlaf fiel, sah Bachner ein, daß er keine andere Wahl hatte, als sich Gottes Willen zu fügen: »Hilf mir, eine Lösung zu finden. Zeig mir einen Weg, wie wir überleben können!«

Aus der Gefangenschaft

All ihr Volk seufzt und geht nach Brot;
sie geben ihre Kleinode um Speise,
daß sie die Seele laben.
Euch sage ich allen, die ihr vorübergehet:
Schauet doch und sehet,
ob irgendein Schmerz sei wie mein Schmerz.
Klagelieder des Jeremias 1:11-12

In der letzten Dezemberwoche 1940 war es in Warschau bitterkalt. Das Ghetto versank in tiefem Schnee, doch nicht einmal die Schneemassen vermochten den Schmutz zu bedecken, den die ohne ausreichende Nahrung und Unterkunft auf viel zu engem Raum zusammengepferchte Menge verursachte. Inzwischen waren fast 400 000 Menschen im Ghetto eingesperrt – eine Bevölkerungsdichte von 146 000 Personen pro Quadratkilometer.
Nachdem der erste Schlag – die Absonderung der Juden – geglückt war, setzten die Deutschen nun ihre zweite Waffe ein – Aushungern. Die politische Linie war klar: Der überwiegende Teil der in Polen produzierten Nahrungsmittel wurde nach Deutschland exportiert; die Polen mußten als Arbeitskräfte am Leben erhalten werden; für die Juden blieben die kärglichen Reste. Ende 1940 bestand die offizielle Essensration für Ghettobewohner aus achthundert Kalorien pro Tag – eine Zuteilung, die ohne Anreicherung aus illegal auf dem Schwarzmarkt beschafften Nahrungsmitteln unmöglich zum Leben ausreichte. Was immer auf dem Schwarzmarkt gerade verfügbar war, wurde zu inflationären Preisen verkauft, so daß die Juden immer tiefer in ihre stets leerer werdenden Taschen greifen mußten, um zu überleben. Die typische Ghettokost bestand aus ein paar Scheiben Graubrot, Weizenbrei, einer winzigen Ration Zucker und gelegentlich etwas Weißkohl oder einer Handvoll Kartoffeln.

Die Deutschen schienen entschlossen, alle Arbeitskraft, Energie und jeden Pfennig aus Polens Juden herauszupressen. Um etwas zu essen zu bekommen, waren die Juden gezwungen, unentgeltlich oder für einen Hungerlohn in deutschen Fabriken zu arbeiten. Manche standen Tag für Tag knietief in fauligem braunem Wasser, um Abwassergräben auszuschachten, und kehrten Abend für Abend mit durchnäßter Kleidung in ungeheizte Lagerbaracken zurück. Die Juden waren zur frei verfügbaren Arbeitskolonne des Reichs geworden – so lange brauchbar und mißbrauchbar, bis der letzte Tropfen Lebenskraft aus ihnen herausgequetscht war. Wer unter der Last der Arbeit zusammenbrach, erkrankte oder starb, wurde weggeworfen wie die Spreu im Weizenfeld und durch einen anderen ersetzt.

Während sich Wilhelm Bachner langsam seinen Weg durch die Zelazna-Straße zum Marktplatz bahnte, sprang ihm unübersehbar in die Augen, daß es den meisten Ghettoinsassen wesentlich schlechter ging als ihm selbst. Die Wohnung der Bachners lag in der Gegend, die als »Kleines Ghetto« bekannt war. In dem einstmals von der gehobenen Mittelschicht bewohnten Viertel hatten sich überwiegend wohlhabende Juden niedergelassen, die zum Umzug aus dem »arischen« Teil der Stadt gezwungen worden waren. Bachner schätzte sich glücklich, daß es ihm trotz der bescheidenen Finanzen seiner Familie gelungen war, eine Bleibe in dieser »reichen« Gegend zu finden. Die meisten Juden drängten sich in ungeheizten Mietskasernen mit bis zu zehn Personen pro Zimmer auf engstem Raum zusammen. Diejenigen, die gar keinen Unterschlupf gefunden hatten, mußten dem polnischen Winter im Freien trotzen.

Der Anblick der Kinder, die in Scharen seinen Weg säumten, quälte Bachner besonders: bleiche, zerbrechliche, in schmutzige Lumpen gehüllte Schattengestalten, die ihre dürren Ärmchen nach ihm ausstreckten und jammernd um Essen oder Geld bettelten. An einer Straßenecke griff plötzlich von hinten eine Hand nach Bachner. Eine Frau mit leeren, tief in die Höhlen gesunkenen Augen und saurem Atem klammerte sich mit erstaunlicher Kraft an seinen Arm.

»Bitte, mein Herr«, flehte sie inständig, »ein paar Zloty, damit ich

Brot für meinen Sohn kaufen kann. Er ist so hungrig. Bitte, helfen Sie mir!«

Bachner starrte auf das deformierte Bündel aus zerissenen, schmutzigen Lumpen in den dünnen Armen der Frau. Das Kind war tot: die leichenstarren Ärmchen steif in die Luft gereckt, die Haut bläulich verfärbt, die vom Tod verschleierten Augen leblos in den grauen Winterhimmel gerichtet. Bachners Brust verkrampfte sich, bis er kaum noch atmen konnte angesichts des Schmerzes, angesichts der Hoffnungslosigkeit dieser Mutter, deren verwirrter Geist sie nicht begreifen ließ, daß für ihr Kind jede Hilfe zu spät kam. Bachner löste die Hand von seinem Arm, legte ein paar Zloty hinein und eilte mit gesenktem Haupt davon. Er wollte den Bildern entfliehen, die sich an jeder Straßenecke wiederholten: die ausgemergelten, um Hilfe schreienden Kinder, Frauen und Männer; die Körper derer, die aufgehört hatten zu bitten und ein Opfer der nächtlichen Kälte geworden waren.

In jenen frühen Morgenstunden war auch die *Chevra-kadisha*, die jüdische Beerdigungsgesellschaft unterwegs. Die Totengräber rückten jeden Morgen aus, um die abzuholen, die während der vergangenen vierundzwanzig Stunden gestorben waren. Bachner beschleunigte seinen Schritt und versuchte, nicht hinzuschauen, wie die ausgemergelten Leichen von der Straße und aus den Rinnsteinen aufgelesen wurden. Alte Männer mit offen klaffenden, zahnlosen Mündern; kleine Kinder, deren einst runde Wangen bis hinter die kantigen Backenknochen eingesunken waren – sie alle wurden wahllos auf Karren gestapelt für ihre würdelose letzte Reise zum überfüllten jüdischen Friedhof.

Die ohrenbetäubenden Mißklänge widerstreitender Musik begleiteten den Leichenzug. An einer Straßenecke sang ein chassidischer Kantor auf hebräisch; einen Häuserblock weiter spielte jemand ein Violinkonzert von Mozart; an der nächsten Ecke mischten sich die Klänge jiddischer Folklore mit denen einer klassischen Arie. Das eindringliche Flehen derer, die den Tod hinauszuschieben suchten, indem sie ihre letzte Habe feilboten – Kleidung, Kerzenleuchter,

Möbel, Lumpen, Armbinden mit dem blauen Davidstern, schimmliges Brot und verfaulte Zwiebeln, Uhren und alte Matratzen –, schmerzte das Ohr wie eine wahnsinnige polyphonische Symphonie, deren Lautstärke anschwoll, je mehr sich Bachner dem Zentralmarkt des Ghettos in der Leszno-Straße näherte.

Das Gedränge wurde immer dichter; es gab kaum noch ein Durchkommen. Zeitweise kam es Bachner vor, als ob er sich keinen Schritt vorwärts bewegte. Unwillkürlich mußte er daran denken, daß diese tägliche Tortur wohl seine Buße dafür sei, daß es ihm verglichen mit anderen so gut ging. Der Ghettomarkt war inzwischen der einzige Ort, wo ein paar magere Happen für die Familie zu ergattern waren. Um Cesia und den Eltern den Gang zu ersparen, hatten Willi und Heniek die Verantwortung für das tägliche »Einkaufen« übernommen.

Hatte es tatsächlich einmal eine Zeit gegeben, in der man mit Muße durch helle, gut sortierte Läden bummeln und mit freundlichen Verkäufern schwatzen konnte? Die Erinnerung an diese Zeit wirkte jeden Tag irrealer.

Und dann sah er sie plötzlich. Ihr blondes Haar, dessen blaßgoldener Glanz sich scharf vom monotonen Einheitsgraubraun des Ghettos abhob, fiel ihm sofort ins Auge. Das Kind an ihrer Hand hatte die gleichen flachsblonden Locken, die unter seiner Mütze hervorquollen und über seinen marineblauen Wollmantel fielen. Es war zwar keineswegs ungewöhnlich, daß polnische Christen ins Ghetto kamen, um ein Schnäppchen zu machen und die Ware auf der »arischen« Seite mit Gewinn weiterzuverkaufen, doch diese Frau war so auffallend, daß die Menschentraube unwillkürlich ein paar Schritte zurückzuweichen schien, um sie durchzulassen. Als sie sich in Bachners Richtung wandte und sich beider Augen trafen, dämmerte ein Wiedererkennen.

»Annia!« Seine Lippen formten den Namen, doch der Ghettolärm schluckte den Ton. Vor ihm stand seine Cousine, seine jüdische Cousine, Annia Meyer. Sie trug keine Armbinde, und Bachner begriff sofort, daß sie jenes gefährliche Spiel des »Durchgehens« spielte, d.h. ihre jüdische Identität verleugnete, um die Einweisung ins Ghetto zu vermeiden. Sie warf ihm einen warnenden Blick mit der stummen Bitte zu, sie in Gegenwart der auf dem Markt postierten Ghettopolizisten nicht anzusprechen. Er signalisierte mit einem kurzen Kopfnicken, daß er verstanden hatte, und zog sich in einen Hauseingang zurück, ohne sie dabei aus den Augen zu lassen. Nachdem er hastig seine Adresse auf einen in der Hosentasche gefundenen Papierfetzen gekritzelt hatte, schlenderte er zu einem Stand mit Haushaltsartikeln und schaute sich die ausgelegte Ware an.

»Was kosten diese Leuchter?« erkundigte er sich, wobei er seine Hand auf den Ladentisch legte. Als er Empörung über den unverschämt hohen Preis vortäuschte und mit dem Verkäufer zu handeln begann, trat Annia neben ihn und fingerte an ein paar Stoffresten herum. Nachdem Bachner dem Händler in freundlichem Ton mitgeteilt hatte, daß seine Preise für die Reichen gemacht seien, die Ware aber höchstens die Ansprüche von Bettlern erfülle, drehte er sich um und ging, wobei er den Zettel auf dem Ladentisch liegenließ. Als sich der Verkäufer einem anderen Kunden zuwandte, schnappte sich Annia das Stück Papier, ließ es schnell in ihrer Tasche verschwinden und entfernte sich ebenfalls von dem Marktstand.

Kurz nach einem kärglichen Abendessen öffnete Bachner auf ein zögerndes Klopfen hin die Tür. Annia und ihr Kind huschten in die Wohnung. Helena drückte sich an ihrem Sohn vorbei, um ihre Nichte zu begrüßen. Annia mußte die stürmischen Umarmungen der gesamten anwesenden Verwandtschaft über sich ergehen lassen, bevor sie sich setzen durfte.

»Ich habe nicht viel Zeit«, lehnte sie Cesias Einladung zum Tee ab. »Ich muß vor der Sperrstunde aus dem Ghetto sein.«

Kein Jude durfte sich zwischen neun Uhr abends und fünf Uhr früh auf der Straße aufhalten. Wenn Annia auf die »arische« Seite zurückkehren wollte, mußte sie es zu einer Zeit tun, in der sie keinen Verdacht erregte.

»Was machst du hier, Annia?« fragte Bachner. »Wie hast du es geschafft, die Einweisung ins Ghetto zu umgehen?«

»Ich bin letzten Sommer nach Warschau gekommen«, antwortete sie. »Ein Bekannter hat mir geholfen.« Der attraktiven Annia hatte es nie an »Bekannten« gemangelt; sie hatte mehr als einen polnischen Freund.

»Er hat mir eine Stelle als Kindermädchen bei einer reichen polnischen Familie besorgt. Ich habe einen Ariernachweis; niemand weiß, wer ich bin. Zumindest meine Arbeitgeber wußten nichts. In letzter Zeit haben sie mir allerdings alle möglichen Fragen über meine Vergangenheit gestellt. Ich vermute, sie sind mißtrauisch geworden.«

»Was wirst du machen?« fragte Bachner. Annias Dilemma glich dem, mit dem er sich selbst seit Wochen herumschlug.

»Ich habe schon etwas unternommen. Ich habe gestern gekündigt. Ich hatte gehört, daß ein deutscher Architekt eine Sekretärin sucht. Also bin ich heute morgen in sein Büro gegangen und habe mich beworben. Der Mann ist erst vor kurzem aus Dresden eingetroffen, um im Auftrag der deutschen Wehrmacht Wiederaufbauarbeiten durchzuführen. Ich habe die Stelle bekommen und fange morgen an.« Annia schlug ihre Beine übereinander und legte ihre Hände aufs Knie. »Deshalb konnte ich heute zum Einkaufen ins Ghetto kommen. Was für ein Zufall, ausgerechnet dich hier zu treffen!« Sie lächelte ihrem Vetter herzlich zu.

Eine Zeitlang drehte sich die Unterhaltung um den Austausch von Neuigkeiten den Aufenthaltsort und das Schicksal verschiedener Verwandter betreffend, bis sich Annia unvermittelt an Bachner wandte: »Willi, du müßtest draußen eigentlich eine Stelle finden können.«

»Außerhalb vom Ghetto?« fragte er ungläubig. »Wie?«

»Es ist gar nicht so schwer«, antwortete sie. »du sprichst Deutsch, du siehst nicht besonders jüdisch aus, und du besitzt dieses begehrte Ingenieurdiplom von einer deutschen Universität. Besser könnten die Voraussetzungen doch gar nicht sein! Glaub mir, dieser Johannes Kellner wird dich sofort einstellen. Ich habe den Eindruck, daß er nicht gerade ein Organisationstalent ist und ihm etwas Hilfe sehr gelegen käme.«

Helena protestierte, daß dies viel zu gefährlich sei, und Cesia pflichtete ihrer Schwiegermutter bei. Doch Bachner verwarf ihre Bedenken.

»Was bleibt mir denn anderes übrig? Wir können nicht so weitermachen wie bisher. Annia, wie kommst du ins Ghetto rein und wieder raus?«

»Damit kenne ich mich aus«, meldete sich Heniek zu Wort. »Reinkommen ist einfach; rauskommen ist das Problem. Aber ich habe gehört, daß einige Vorarbeiter, die auf der arischen Seite arbeiten, bestechlich sind. Du solltest es allerdings lieber nicht zu oft versuchen.«

»Darüber mache ich mir später Gedanken. Zuerst muß ich mal die Stelle bekommen. Was soll ich unternehmen, Annia?«

»Warte ein paar Tage«, riet seine Cousine. »Dann stellst du dich bei uns im Büro vor und bewirbst dich. Die Adresse ist Ulica Flory 5. Du mußt so tun, als würdest du mich nicht kennen. Frag einfach, ob ein Ingenieur gebraucht wird.« Annia knöpfte ihren Mantel zu und nahm ihre Tochter an die Hand. »Ich muß jetzt gehen. Es war herrlich, euch zu sehen. Ich hoffe, ich kann bald wiederkommen; ihr seid doch meine einzigen Verwandten in Warschau.«

Und mit ein paar flüchtigen Umarmungen verschwand sie. Was blieb, war ein Hoffnungsschimmer, daß sich vielleicht alles zum Besseren wenden würde. Bachner hatte gebetet, daß etwas geschehen möge. Vielleicht waren seine Gebete endlich erhört worden.

* * *

Kurz nach Neujahr 1941 entschloß sich Bachner, den Schritt nach draußen zu wagen. Sein Vetter Heniek stellte den Kontakt zu dem jüdischen Vorarbeiter einer Fabrikkolonne her. An einem eisigen, klaren Januarmorgen fand sich Bachner mit seinem Diplom in der Manteltasche am Sammelpunkt der Arbeiter ein. In einem unbeobachteten Augenblick steckte er dem Vorarbeiter die verabredete Summe Geld zu und reihte sich danach in die Schlange der Wartenden ein. Die Kolonne setzte sich in Bewegung, marschierte an dem am

Twarda-Tor postierten jüdischen Polizisten vorbei durch die Öffnung in der von Stacheldraht gekrönten, drei Meter hohen Mauer und passsierte den gelangweilten polnischen Polizisten auf der »arischen« Seite. Einmal draußen, lief Bachner noch eine Weile mit den Arbeitern mit; als die Gruppe an einem Gebüsch am Straßenrand vorbeikam, schlüpfte er aus der Reihe und entschwand in das Gestrüpp zu seiner Linken. Falls ihn überhaupt jemand dabei beobachtet hatte, so verriet ihn zumindest niemand; die Arbeiter trotteten unbeeindruckt ihrem harten Tag in einer deutschen Fabrik entgegen.

Bachner wartete ein paar Minuten, um sicherzugehen, daß seine Abwesenheit niemandem aufgefallen war; dann streifte er die Armbinde vom Ärmel, stopfte sie in die Manteltasche, kroch aus dem Gebüsch hervor und setzte seinen Weg Richtung Innenstadt fort. Er hatte sich für das Vorstellungsgespräch sorgfältig gekleidet: Der gepflegte schwarze Anzug und das gestärkte weiße Hemd steigerten sein Selbstwertgefühl; er fühlte sich fast wie in alten Zeiten. Warschau war eine geschäftige Stadt voller Polen und Deutscher; doch verglichen mit dem Gedränge im Ghetto wirkten die Straßen der Stadt angenehm leer. Dies trug mit zu dem Gefühl von Freiheit bei, das Bachner bei seinem ersten Ausflug auf die »arische« Seite empfand.

Manchmal fragte er sich besorgt, ob die flüchtigen Blicke, die er mit Passanten wechselte, seine Identität verraten könnten. Sah man ihm an, daß er Jude war? Aber wenn er verstohlen wegschaute, wirkte das vermutlich noch verdächtiger. Er versuchte, sich in die Zeit zurückzuversetzen, als man noch durch die Stadt laufen konnte, ohne sich darüber Gedanken machen zu müssen, daß man Jude war. Dann holte er tief Luft, straffte die Schultern und schritt fester aus, um einen selbstbewußteren Eindruck zu machen. Natürlich konnte ihm niemand ansehen, daß er Jude war, beschwichtigte er sich selbst. Er paßte problemlos in eine der germanischen Untergruppen, die die Vertreter der »Rassereinheit« erfunden hatten: Zwar entsprach er nicht dem Ideal des blonden, blauäugigen »nordischen« Typs, ging jedoch leicht als einer der »baltischen« oder »dinarischen« Typen durch, die er auf Naziplakaten mit Abbildungen akzeptabler Physiognomien gesehen hatte. Er mußte sich nur bewegen wie ein Deutscher, sprechen wie ein Deutscher, denken wie ein Deutscher – sich einfach einreden, er sei Deutscher. Und so stieg er voller teutonischen Selbstvertrauens die Stufen zum Büro in der Ulica Flory 5 hinauf.

Annia warf ihm ein flüchtiges Lächeln zu, als er die Tür öffnete. »Kann ich Ihnen behilflich sein?« fragte sie auf polnisch.

»Guten Morgen, mein Fräulein«, antwortete Bachner auf deutsch. »Ich bin gekommen, um mich nach einer Anstellung zu erkundigen.«

»Einen Augenblick, bitte. Ich werde Herrn Kellner Bescheid sagen.«

Dies erwies sich als überflüssig, da Kellner die kurze Unterhaltung offensichtlich gehört hatte und bei den letzten Worten aus seinem Büro trat. Der große, stattliche Architekt hinkte leicht. Bachner fiel auf, daß sein zukünftiger Arbeitgeber ironischerweise überhaupt nicht deutsch aussah. Mit seinem schütteren, straff über die beginnende Glatze zurückgekämmten pechschwarzen Haar wirkte er weniger »arisch« als Annia oder Wilhelm. Kellner blickte zu dem wesentlich kleineren Bachner hinab. »Ja? Worum geht es?«

Bachner richtete sich kerzengerade auf und machte eine schneidige Verbeugung. »Guten Morgen, Herr Architekt. Mein Name ist Wilhelm Bachner. Ich bin Bauingenieur.« Er hielt inne, um sein Diplom aus der Manteltasche zu ziehen, entfaltete das Dokument und legte es Kellner vor. »Ich dachte mir, daß Sie die Dienste eines Ingenieurs vielleicht gebrauchen könnten.«

»Hmmm ...« Kellner studierte das Zeugnis. »Universität Brünn. Sie sind Deutscher?«

»Nein, Herr Architekt, ich bin Pole.« Bachner wußte, daß er seine Abwesenheit vom Militärdienst zu begründen haben würde, wenn er sich als Deutscher ausgab. »Ich bin in Bielitz aufgewachsen«, ergänzte er, wobei er bewußt den deutschen Namen für Bielsko verwendete. »Ich spreche sowohl Deutsch als auch Polnisch. Ich wäre sehr dankbar, wenn ich die Chance bekäme, wieder als Ingenieur arbeiten zu können.«

»Sagen Sie, Herr Ingenieur«, fragte Kellner, »verstehen Sie etwas von Anstreichen?«

»Natürlich«, antwortete Bachner ohne Zögern. »Mein Vater ist Malermeister. Ich habe seit meiner Kindheit mit ihm zusammengearbeitet.«

»In diesem Fall sind Sie eingestellt. Unsere Firma baut am Warschauer Flughafen eine neue Kaserne für die Luftwaffe. Der Auftrag schließt auch sämtliche Malerarbeiten mit ein. Ich werde morgen rausfahren, um einen Kostenvoranschlag zu erstellen. Seien Sie zeitig morgen früh hier.« Damit drehte sich Kellner um und hinkte in sein Büro zurück.

»Jawohl, Herr Kellner, danke«, rief ihm Bachner hinterher. Mit einem zufriedenen Grinsen und einem stummen Nicken des Dankes in Richtung Annia verließ er die Firma; er fühlte sich so beschwingt wie seit Monaten nicht mehr.

* * *

Am nächsten Morgen wartete ein ungeduldiger Wilhelm Bachner bereits in aller Frühe vor dem Architekturbüro auf seinen Arbeitgeber. Kellner äußerte sich bei seinem Eintreffen anerkennend über Bachners Pünktlichkeit, suchte ein paar Papiere zusammen und eilte mit seinem neuen Mitarbeiter im Schlepptau zur Straßenbahn. Kellner stieg in das für Deutsche reservierte, vorderste Abteil ein, während sich Bachner in einem der hinteren Wagen niederließ. Kurz nach Abfahrt der Bahn lief ein Schaffner durch den Gang und kontrollierte die Fahrscheine. Mit eisigen, feuchten Händen wühlte Bachner in seinen Taschen: er besaß nicht nur keine Fahrkarte, sondern er hatte auch kein Geld. Er versuchte dem polnischen Schaffner begreiflich zu machen, daß er in Begleitung eines Deutschen im vordersten Wagen reise und daß sein Arbeitgeber für ihn bezahlen werde. Doch der skeptische Schaffner weigerte sich, Bachners Geschichte zu glauben; vermutlich befürchtete er, daß es nur Ärger bringen würde, von einem unbekannten Deutschen Geld zu verlangen. Bachner wiederum hatte panische Angst, aus der Straßenbahn geworfen zu werden und seine neue Stelle zu verlieren; in seiner Not kramte er einen Füllfederhalter aus der Tasche und bot ihn dem Schaffner an. Der Mann akzeptierte diesen als Bezahlung, ließ ihn in seiner Tasche verschwinden und setzte seinen Kontrollgang fort.

Bei Ankunft an der verabredeten Haltestelle spurtete Bachner den Gang entlang und nahm die beiden Stufen zum Bahnsteig mit einem Satz. Kellner wartete bereits ungeduldig auf ihn. Der Architekt hinkte eilig zu einem bereitstehenden Auto; während sich Bachner bemühte, mit ihm Schritt zu halten, forschte er ängstlich nach eventuellen Anzeichen von Mißstimmung in der reservierten Miene seines neuen Arbeitgebers. Nachdem sie der Wagen auf dem Flughafen Okecie vor dem Büro der Luftwaffe abgesetzt hatte, ließ Bachner erst mal die Umgebung auf sich wirken. Auf dem gesamten Flughafengelände räumten Arbeiter Schutt weg, stopften Löcher, hämmerten, reparierten Rollbahnen und bauten Gebäude wieder auf, die bei den Luftangriffen auf Warschau schwer beschädigt worden waren.

Kellner verlor nicht viel Zeit in dem engen Büro, sondern begab sich gleich auf einen Inspektionsrundgang. Bachner hielt sich dicht hinter ihm und hörte genau zu, als sein Arbeitgeber mit einem Oberleutnant der Luftwaffe die Details der Malerarbeiten an der neuen Kaserne besprach. Zum ersten Mal seit Kriegsausbruch befand sich Bachner ausschließlich unter Deutschen. Der Anblick so vieler Uniformen mit Hakenkreuzarmbinde und schwarzen Stiefeln ließ sein Selbstvertrauen sinken. Im plötzlichen Bewußtsein seiner Verwundbarkeit beschlichen ihn die schlimmsten Befürchtungen. Wenn sie seine wahre Identität entdeckten, würden sie ihn ohne Zögern ins Ghetto zurückschleppen. Und dort würde man an ihm ein Exempel statuieren.

In diesem Augenblick wandte sich Kellner zu ihm um, drückte ihm einen Zollstock in die Hand und forderte ihn auf, mit dem Vermessen zu beginnen. Bachner ging zu der bezeichneten Mauer hinüber und hantierte ungeschickt mit dem Zollstock herum; in seiner großen Nervosität brach er ihn in zwei Teile. Kellner warf Bachner einen strafenden Blick zu, während der Luftwaffenoffizier herablassend grinste. Mit einer Bemerkung über polnische Unzulänglichkeit zog Kellner einen zweiten Zollstock aus der Tasche und übergab ihn Bachner.

Nachdem er tief durchgeatmet hatte, um sein heftig klopfendes Herz und seine zitternden Hände zu beruhigen, begann Bachner mit dem Vermessen. Zunächst noch unsicher, rief er Kellner die ersten Zahlen zu, die dieser protokollierte. In einer Art unausgesprochener Übereinkunft trieb er die Maße für die anzustreichende Fläche leicht in die Höhe. Der Luftwaffenoffizier merkte offensichtlich nicht, was gespielt wurde; und als Bachner die Spur eines Lächelns auf Kellners Gesicht entdeckte, wurde er kühner. Am Ende war die veranschlagte Fläche fast doppelt so groß wie die tatsächliche Kaserne.

»Gut gemacht, Herr Ingenieur«, lobte Kellner, als sie den Flughafen verließen. »Wirklich gut gemacht!«

* * *

Zurück im Büro, beauftragte Kellner seinen neuen Mitarbeiter mit der Rekrutierung polnischer Bauarbeiter sowie der Beschaffung des für die Fertigstellung der Kaserne benötigten Materials. Bachner erkannte sofort, daß ihm dies die Chance eröffnete, sich leichter zwischen dem Ghetto und dem »arischen« Teil der Stadt hin- und herzubewegen. Er erklärte Kellner, daß Backsteine aus Abbruchhäusern und übriges Baumaterial im jüdischen Ghetto wesentlich billiger zu bekommen seien. Wenn sein Arbeitgeber ihm einen Passierschein besorge, könne er den Gewinn der Firma sicher vergrößern. Nachdem Kellner die benötigten Dokumente ausgestellt hatte, vernichtete Bachner seinen alten Ausweis und ersetzte ihn durch die neuen Arbeitspapiere.

Er durfte das Ghetto nun als »Arier« jederzeit betreten und wieder verlassen. Bald kannten ihn die Wachposten und ließen ihn problemlos passieren. Drinnen streifte er seine Armbinde über, mischte sich unters Volk und wurde wieder Jude. Auf diese Weise kehrte er jeden Abend zu seiner Familie zurück; gewöhnlich brachte er etwas zu essen mit – Schweineschmalz und ein paar Eier – oder Haushaltsartikel wie Seife, die innerhalb der Ghettomauern kaum noch zu bekommen waren. Es gelang ihm sogar, Heniek einen kleinen Lohn dafür zu zahlen, daß dieser ihm bei der Materialbeschaffung für Kellners Firma half.

Mehrere Wochen führte Bachner ein perfektes Doppelleben: Tagsüber beaufsichtigte er die Malerarbeiten an der Flughafenkaserne, abends kehrte er als Jude in die Sienna-Straße zurück. Eines Tages im Februar 1941 jedoch, als das Flughafenprojekt fast abgeschlossen war, rief ihn Kellner in sein Büro.

»Sie sollen wissen, Herr Bachner«, begann Kellner, »daß ich äußerst zufrieden mit Ihrer Arbeit bin.«

»Vielen Dank, Herr Architekt«, antwortete Bachner. »Die Arbeit macht mir große Freude.«

»Daß ich Sie heute zu mir bestellt habe, hat allerdings noch einen anderen Grund: Unsere Arbeit auf dem Flughafen wird in ein paar Tagen beendet sein. Ich muß mein hiesiges Büro schließen und nach Dresden zurückkehren.« Als er Bachners niedergeschlagene Miene sah, ergänzte er: »Sie sind ein ausgezeichneter Mitarbeiter. Am liebsten würde ich Sie nach Deutschland mitnehmen; aber das ist leider nicht möglich.«

Bachner fühlte sich wie erschlagen. Die Dinge hatten sich so positiv entwickelt. Und plötzlich sollte er in das erbärmliche Ghetto zurückkehren müssen! Sein Verstand arbeitete fieberhaft, um einen Ausweg aus der drohenden Katastrophe zu finden.

»Herr Architekt, warum gründen Sie nicht Ihre eigene Baufirma hier in Warschau? Es gibt eine Menge zu tun für die Wehrmacht und wesentlich weniger Konkurrenz als in Dresden. Stellen Sie sich mal vor, wie erfolgreich das Unternehmen sein könnte!«

»Das klingt ja alles schön und gut«, erwiderte Kellner, »aber wie soll ich das bewerkstelligen? Ich brauche Arbeiter und Werkzeuge. Das

einzige, was ich habe, sind Sie und eine Sekretärin. Ich wüßte überhaupt nicht, wo ich anfangen sollte.«
Bachner spürte, daß die Aussicht auf hohe Gewinne den Deutschen reizte. Von Annia hatte er außerdem erfahren, daß Kellners Verhältnis zu seiner Frau und seinen Schwiegereltern in Dresden nicht besonders gut war.
»Machen Sie sich keine Gedanken«, versicherte er Kellner. »Ich werde mich um alles kümmern. Ich besorge über das Arbeitsamt Bauarbeiter. Ich weiß, wie man mit polnischen Arbeitern umgehen muß; sie sind eine grobe Bande, aber ich komme mit ihnen zurecht. Werkzeuge kann ich zu einem günstigen Preis beschaffen. Sie, Herr Architekt, kümmern sich um die Aufträge; den Rest können Sie getrost mir überlassen.«
Kellner führte zu jener Zeit das angenehme Leben eines deutschen Geschäftsmanns im Nazi-besetzten Warschau. Er konnte über mehrere Wohnungen in einigen der elegantesten Viertel verfügen. Er hatte eine junge polnische Geliebte, zu der er eine enge Beziehung entwickelt hatte. Er war also mehr als willens, seine Rückkehr nach Dresden zu verschieben. Und wenn damit auch noch Profit zu erzielen war, um so besser!
»Nun, Bachner, es kann eigentlich nicht schaden, den Versuch zu wagen.«

* * *

Mit Kellners deutschen und Bachners polnischen Beziehungen warf die neue Firma »Reichsdeutsches Bauunternehmen – Architekt Johannes Kellner« von Anfang an Gewinn ab. Der vom stundenweise bezahlten Mitarbeiter zum Angestellten mit festem Gehalt beförderte Bachner übernahm die Verantwortung für die täglichen Arbeitsabläufe, während Kellners Rolle sich hauptsächlich auf die Verhandlungen mit deutschen Behörden beschränkte. Der Standort des zweiten Großauftrags lag bei Białystok, nordöstlich von Warschau. Die Stadt selbst befand sich in sowjetischer Hand, nachdem sie im

Zuge des Hitler-Stalin-Pakts an die UdSSR gefallen war. Die Luftwaffe baute in der Nähe der Grenze einen neuen Flughafen. Kellners Firma wurde offiziell für »kriegswichtig« erklärt, wodurch die Beschaffung von Material und Reisegenehmigungen sowie die Überwindung bürokratischer Hürden erleichtert wurde. Bachner wurde zum Bauleiter der Firma ernannt. Im Zuge der Expansion des Betriebs stellte er nun nicht mehr nur ungelernte Hilfskräfte ein, sondern darüber hinaus auch Facharbeiter und Ingenieure. Für den Auftrag in Białystok wurden rund fünfzig Mitarbeiter benötigt, die in einer Kaserne untergebracht wurden. Bachner hielt sich überwiegend auf der Baustelle auf, reiste jedoch regelmäßig zur Materialbeschaffung und zur Unterrichtung seines Arbeitgebers nach Warschau. Obwohl der Betrieb florierte und er selbst gut verdiente, war Bachner noch längst nicht zufrieden; er suchte pausenlos nach einer Möglichkeit, um die Lebensumstände seiner Familie zu verbessern. Wieder war es Annia, die den Stein ins Rollen brachte.

Im zweiten Frühjahr der deutschen Besatzung kündigte sie ihre Stelle bei Kellner. Unter vier Augen erzählte sie Wilhelm, daß ihr polnischer Lebensgefährte nach Krakau umziehe und sie mitnehmen wolle. Bachner erbot sich sofort, Ersatz für Annia zu besorgen. Er schlug Kellner vor, angesichts des Firmenwachstums und der gestiegenen Mitarbeiterzahl zwei Bürokräfte einzustellen. Kellner stimmte gut gelaunt zu und gab Bachner freie Hand bei der Auswahl des Personals.

Bachner brauchte nicht lange zu suchen, da er bereits zwei Kandidaten im Auge hatte – zwei Juden. Bei dem einen handelte es sich um den aus Bielsko stammenden Buchhalter Adolf Stamberger, den Wilhelm nach seinem Umzug nach Warschau häufig besucht hatte. Stamberger war mit einer nichtjüdischen Polin verheiratet und lebte unter dem Namen Andrzej Staniecki außerhalb des Ghettos. Sein zweiter Kandidat war Stambergers jüdischer Schwiegersohn Julek Schwalbe, der sich als Juliusz Strojnowski ausgab. Beide waren groß, blond und blauäugig und sprachen Polnisch ohne die Spur eines Akzents. Beide besaßen die nötigen Referenzen, um Kellner zufriedenzustellen. Als Buchhalter der Firma gehörte es zu ihren Aufgaben, Arbeitspapiere für sämtliche Angestellten auszustellen. Ein Plan begann in Bachners Kopf zu reifen – eine Art »Notprogramm« zur Rettung seiner Familie für den Fall, daß sich die Zustände im Ghetto dramatisch verschlechterten. Noch war er sich nicht über Einzelheiten im klaren, aber er wußte, daß seine Erfolgsaussichten mit der Möglichkeit, falsche Ausweisdokumente zu besorgen, enorm gestiegen waren.

* * *

Nach Abschluß der Bauarbeiten auf dem Flughafen Białystok kehrte die Kellner-Belegschaft Anfang Juni 1941 nach Warschau zurück. Als Bachner an jenem Abend das Ghetto durch das Tor in der Leszno-Straße betrat, fiel ihm sofort auf, daß sich die Zustände verschlimmert hatten. Am unerträglichsten war der Gestank; übelkeiterregende Fäulnis hing in der Luft. Die Gerüche von verdorbenen Lebensmitteln und Krankheit mischten sich mit dem Verwesungsgeruch der in Hauseingängen herumliegenden und an Häuserwänden gelehnten Leichen und den Ausdünstungen Hundertausender von Menschen ohne Waschgelegenheit – ein Gemisch, das Bachner den Atem raubte; er hielt sich ein Taschentuch vor Nase und Mund, während er durch die Straßen eilte.

Im Lauf des Frühjahrs waren zusätzliche 72 000 Juden vom Land ins Warschauer Ghetto eingeliefert worden. Die Zahl der Todesfälle lag inzwischen bei einhundertfünfzig pro Tag. Der Friedhof war total überfüllt; man erwog bereits den Bau eines Krematoriums. Wie Aasgeier fielen deutsche »Ausflügler« über das Ghetto her, um sich am Anblick des Elends zu weiden und übereinandergestapelte, auf ihr Begräbnis wartende Skelette zu fotografieren. Die Bedingungen in den Arbeitslagern hatten sich dermaßen verschlechtert, daß ein für jenes Frühjahr mit jüdischen Arbeitskräften geplantes, großangelegtes Bewässerungsprojekt gestrichen werden mußte. Unzureichende Ernährung, mangelhafte Unterkünfte und Sanitäranlagen sowie permanente Überarbeitung hatten die Todesziffer so in die Höhe getrieben, daß alle Lager außerhalb Warschaus im Juni geschlossen wurden. Im Ghetto schien sich kein Mensch mehr schnell zu bewegen. Die einzigen Funken von Aktivität kamen von den dürren, zerlumpten Kindern, die überall im Schatten darauf lauerten, einem Unaufmerksamen ein Stück Brot wegzuschnappen. Auf seinem Weg nach Hause wurde Bachner von der schlurfenden Menschenmenge aufgesogen, die sich durch die drückende Junihitze quälte. Angewidert schreckte er vor den ausgemergelten, übelriechenden Körpern zurück, die sich an ihn drängten. Es beunruhigte ihn tief, daß er auf diese Weise auf sein eigenes Volk reagierte. Hatte ihn sein täglicher Kontakt mit den Nazis bereits vergiftet?

Er atmete auf, als er das weniger dicht bevölkerte »Kleine Ghetto« erreichte, und strebte eilig der Sienna-Straße 33 entgegen. Zu Hause gab es ein doppeltes Wiedersehen, da Heniek gerade von einem Arbeitseinsatz bei einer Straßenbaukolonne in Ostpolen zurückgekehrt war.

Willi und Heniek erzählten von ihrer jeweiligen Arbeit, von der unzureichenden Ernährung und den Schwierigkeiten, unter Deutschen zu arbeiten, die einem ständig mehr Leistung abverlangten.

»Ich weiß nicht, was die ganze Eile soll«, bemerkte Heniek. »Es ist ja nicht so, daß es im Osten etwa keine Straßen und Flugplätze gäbe. Mir kam es so vor, als ob jeden Tag irgendein Nazi seine Wichtigkeit unter Beweis stellen wollte, indem er peitscheschwingend den Vorarbeiter anbrüllte, er solle die ›Judenschweine‹ zu mehr Tempo antreiben.«

»Es ist etwas im Gange«, erwiderte Willi. »Ich habe auf der Baustelle Gerüchte über eine Offensive im Osten gehört.«

»Gegen Rußland? Warum sollten sie Rußland angreifen? Sie haben ein Abkommen. Sie arbeiten zusammen«, konterte Heniek. »Erinnere dich an mein Erlebnis in Belzec: Die Russen haben uns an die Deutschen ausgeliefert. Sie haben Polen unter sich aufgeteilt; warum sollten sie plötzlich gegeneinander kämpfen?«

»Daß sie beide Juden hassen, bedeutet noch lange nicht, daß sie sich

gegenseitig mögen«, wandte Willis Vater sarkastisch ein. »Schließlich hassen uns alle.«
»Vielleicht hat Willi recht«, sagte Heniek nachdenklich. »Kaum hatten wir die Straße fertiggebaut, tauchten auch schon Panzer, Soldaten, Artillerie auf. – Was ist aus dem Hitler-Stalin-Pakt geworden?«
»Pakt hin oder her«, bemerkte Willi achselzuckend. »Tatsache ist, daß Hitler sowohl Kommunisten als auch Slawen haßt. Und Russen sind beides. Stalin sollte nachts nicht zu ruhig schlafen.«

* * *

Wer Hitlers Manifest *Mein Kampf* kannte, wußte, daß Hitler das Gebiet der Sowjetunion als deutschen »Lebensraum« betrachtete. Für die Nazis war Rußland gleichbedeutend mit Bolschewismus und dieser wiederum gleichbedeutend mit Judentum.
Die Eroberung des Ostens war von Anfang an Hitlers eigentliches Ziel; sein Feldzug gegen Westeuropa diente in erster Linie dem Zweck, sich den Rücken freizuhalten, wenn er sich dem wahren Objekt seiner Begierde, der Sowjetunion, zuwandte. Briten, Franzosen und Niederländer waren zwar Feinde, aber schließlich gehörten sie zur Gruppe der »Arier« und mußten nur auf den rechten Weg gebracht werden. Frankreich, Dänemark, Norwegen sowie die Benelux-Staaten waren bereits unterworfen, und Hitler spekulierte darauf, daß es trotz Englands hartnäckigem Widerstand letztendlich zu einer Verständigung mit Churchill kommen werde.
Die vorbereitenden Planungen für eine Invasion der Sowjetunion liefen im Sommer 1940 an. Weder die Armeeführung noch das Reichsaußenministerium zeigten sich begeistert von einem solchen Schritt; doch erstere wurde wegen ihrer pessimistischen Prognosen vor dem Frankreichfeldzug nicht ernst genommen, und letzteres besaß kaum Einfluß, nachdem dessen Verantwortliche von Hitler als Reaktionäre des alten Regimes abqualifiziert worden waren.
Stalin wiederum arbeitete Deutschland ungewollt in die Hand. 1937 führte er eine Säuberungsaktion innerhalb der Roten Armee durch,

deren Spitze seiner Ansicht nach zu unabhängig agierte. Drei der fünf Marschälle der Sowjetunion wurden verhaftet. Tausende von Offizieren wurden erschossen oder in Arbeitslager verbannt. Die Armee hatte einen Modernisierungsprozeß begonnen, im Zuge dessen die Praxis des doppelten Kommandos – zum einen durch einen Offizier, zum anderen durch einen Parteikommissar – abgeschafft wurde. Außerdem hatte die Militärführung Stalins reine Angriffsstrategie um Pläne für Verteidigungsoperationen und die Ausbildung von Partisaneneinheiten erweitert. Diese gesamte Entwicklung kam mit der Säuberungswelle von 1937 bis 1940 zum Stillstand. Die Rote Armee besaß keine unabhängigen, von den Ketten politischer Ideologie freien Denker mehr; von den erfolgreichen Helden der Revolution stand ebenfalls kaum noch einer zur Verfügung. Übriggebliebenen waren junge, unerfahrene Offiziere sowie Stalins Speichellekker. In Deutschland war man über die Säuberungswelle bestens informiert, wie ein Strategiepapier mit dem Titel *Die Rote Armee ist führerlos* belegt.
Während des ersten Halbjahrs 1941 negierte Stalin jeden Hinweis auf das »Unternehmen Barbarossa« – so der deutsche Deckname für die Invasion. Amerikanische, britische und selbst sowjetische Nachrichtendienste lieferten übereinstimmende Beweise für eine geplante deutsche Invasion. Doch Stalin hielt stur an seinem Dogma fest, daß die kapitalistische Welt die Zerstörung der Sowjetunion plane und Deutschland ein verläßlicher Verbündeter sei – eine Haltung, die der Historiker Erickson als »Triumph vorgefaßter Meinungen über die Realität« bezeichnete. Selbst als die von Bachner und seinem Vetter beobachtete Truppenkonzentration durch die Aussagen übergelaufener deutscher Soldaten bestätigt wurde, weigerte sich Stalin, Verteidigungsstellung zu beziehen. Flugzeuge wurden nicht von offenen Rollbahnen entfernt; die im Westen der UdSSR stationierten Armee-Einheiten wurden weder verstärkt noch mit zusätzlicher Munition ausgestattet. Die Kommandeure an der Frontlinie erhielten keinerlei offizielle Information über die bevorstehende deutsche Invasion, wenngleich sie natürlich ihre eigenen, auf

Geländebeobachtungen basierenden Schlüsse zogen. Stalin hatte sich zum absoluten Herrscher der Sowjetunion aufgeschwungen und hielt sich für unfehlbar.

Doch darin täuschte er sich. In den frühen Morgenstunden des 22. Juni 1941 drangen deutsche Truppen an drei verschiedenen Frontabschnitten in Rußland ein und überrollten die schlecht vorbereitete Rote Armee. Innerhalb der ersten acht Stunden verloren die Sowjets 528 Flugzeuge am Boden und 210 in der Luft. Innerhalb von sechzehn Stunden war die russische Front an zwei getrennten Abschnitten durchbrochen. Doch Stalin untersagte weiterhin jegliche Gegenmaßnahme und versuchte verzweifelt, Kontakt zu dem deutschen Botschafter aufzunehmen, der plötzlich unerreichbar war. Als der Kreml schließlich seine Strategie änderte, sahen sich die erbitterten Frontkommandeure mit dem Befehl für einen Generalangriff konfrontiert. Zu jenem Zeitpunkt erschien jeder Versuch eines Offensivmanövers lächerlich. Diejenigen, die den Kreml über die wahre Lage aufklären wollten, wurden als »Feiglinge, Deserteure und Panikmacher« beschimpft. Doch auch Stalin konnte nicht länger die Augen vor der Realität des Dritten Reichs verschließen. Täglich trafen Meldungen über eroberte Städte im Kreml ein; wie ein gigantischer Pfeil schnellte die Wehrmacht direkt auf Moskau zu. Die seit 1939 unter sowjetischer Kontrolle stehende polnische Stadt Lemberg fiel am 30. Juni, die ukrainische Stadt Berditschew am 7. Juli, Schitomir am 10. Juli, das russische Smolensk am 16. Juli. Die führungslose Rote Armee war außerstande, den Vormarsch aufzuhalten.

Im Gefolge der deutschen Wehrmacht kamen die übrigen Vertreter der Besatzungsmacht: SS, Zivilverwaltung und profitwitternde Geschäftsleute. Die Deutschen bezeichneten die Sowjetunion als »unser Indien«, und viele zuhause Erfolglose hofften, ihren Vorteil aus den Möglichkeiten zu ziehen, die die Nazi-Besatzung bot.

Zu diesen gehörte auch Johannes Kellner, der sich sofort bewarb und als Bauunternehmer für die Ukraine zugelassen wurde. Kurz nachdem die Ereignisse im Osten in Warschau bekannt geworden waren, überraschte Kellner eines Morgens seinen Bauleiter Bachner mit dieser Neuigkeit.

»Guten Morgen, Herr Ingenieur. Ich habe gute Nachrichten. Wir gehen in die Ukraine.«

Die Fallen der Übeltäter

Zu Dir, Du, mein Herr, gehn meine Augen;
an Dir berge ich mich; leere meine Seele nicht hin!
Hüte mich vor den Händen,
die mich im Sprenkel verstricken wollen,
den Fallen der Übeltäter!
Die Frevler sollen, in sein Garn jeder, fallen zugleich,
ich aber, derweil schreite ich vorbei.

Psalm 141:8-10

Den ganzen Sommer über war Bachner mit den Vorbereitungen für den Auftrag in der Ukraine beschäftigt. Neben der Prüfung und Vorlage der Baupläne für einen Kasernenkomplex in Berditschew gehörte auch die Anheuerung von Arbeitskräften und die Voraussendung von Material zu seinen Aufgaben. Außerdem mußte er für die Monate seiner Abwesenheit von Warschau Vorkehrungen für seine Familie treffen. Da es unmöglich sein würde, Geld direkt ins Ghetto zu schicken, ohne Verdacht zu erregen, trieb Bachner einen Mittelsmann auf. Der jüdische Diamantenhändler Ostrowski bediente sich eines Polen, um Edelsteine, die er von Juden innerhalb des Ghettos gekauft hatte, nach draußen bringen und dort verkaufen zu lassen. Ostrowski versicherte Bachner, daß der Pole Tadeusz Kazaniecki hundertprozentig vertrauenswürdig sei, da der Mann mit der Schwester seines Geschäftspartners befreundet sei und alles in seiner Macht Stehende tun würde, um zu helfen. Kazaniecki erklärte sich bereit, das von Bachner geschickte Geld in Kellners Büro abzuholen und der Familie Bachner ins Ghetto zu bringen. Cesia sollte während der Abwesenheit ihres Mannes bei ihren Eltern wohnen. Auch diese waren von Bachners Einkommen abhängig.
Während des Sommers verbrachte Bachner fast jede Nacht zu Hause: Abends betrat er als Pole das Ghetto, nahm mit Überstreifen der

blau-weißen Armbinde seine jüdische Identität an und passierte im Morgengrauen wieder als Pole das Tor zur »arischen« Seite.

Als er Mitte August eines Morgens nach seiner üblichen Routine die Firma betrat, wurde er sofort in das Büro seines Arbeitgebers beordert. Es bedurfte nur eines flüchtigen Blicks auf Kellner, um zu wissen, daß etwas Folgenschweres passiert war. Der Architekt hinkte ruhelos hinter seinem Schreibtisch auf und ab, wobei er sich mit einem weißen Taschentuch das aschfahle Gesicht wischte.

»Was ist los, Herr Kellner?« forschte Bachner. »Was ist passiert?«

»Ich habe gerade einen Telefonanruf aus dem SS-Hauptquartier erhalten. Nieczajuk ist verhaftet worden. Sie behaupten, er sei Jude.«

Die Nachricht von der Festnahme des ukrainischen Ingenieurs der Firma führte Bachner wieder einmal deutlich vor Augen, welch gefährliches Spiel er trieb.

»Aber er ist doch gar kein Jude«, wandte er ein. »Er mag zwar wie ein typischer Jude aussehen, aber er ist Ukrainer.«

»Erzählen Sie das nicht mir, sondern der SS! Dasselbe hat ihnen auch Nieczajuk gesagt und mich als seinen Arbeitgeber angegeben. Das ist vermutlich der einzige Grund, warum sie ihn noch nicht erschossen haben. Jetzt verlangen sie von mir, daß ich persönlich dort erscheine und den Mann identifiziere.« Kellner eilte noch nervöser auf und ab; das weiße Taschentuch flatterte im Takt seiner fahrigen Gesten in der Luft.

»Wissen Sie, was es bedeutet, zur SS zitiert zu werden? Was ist, wenn sie mir nicht glauben, wenn sie mich bezichtigen, Juden zu verstekken?« Mit einem Seufzer ließ sich Kellner in seinen Stuhl fallen.

»Ich schaffe das nicht. Aber er gehört schließlich zur Firma; wir können ihn nicht einfach der Gestapo überlassen. Bitte, Bachner, Sie müssen hingehen und ihn dort rausholen.«

›Wenn Sie wüßten, was Sie da von mir verlangen, Herr Kellner!‹ dachte Bachner im Stillen. Die Ironie der Situation entging ihm keineswegs: Ein Jude wird zur SS geschickt, um die Freilassung eines Ukrainers zu erwirken, weil ein Deutscher sich vor seinen eigenen Landsleuten fürchtet! Bachner mußte ein Grinsen unterdrücken, obwohl er sich der Gefahren der vor ihm liegenden Aufgabe nur zu bewußt war.

»Also gut, Herr Kellner. Geben Sie mir ein Schreiben auf Firmenbriefpapier mit, das mich als Ihren Chefingenieur ausweist und in dem Sie für Nieczajuks Identität bürgen. Ich werde damit zur SS gehen und versuchen, den Ukrainer freizubekommen.«

Kellner verfaßte erleichert das entsprechende Schreiben, mit dem Bachner knapp eine Stunde später vor dem SS-Hauptquartier in der Szucha-Allee 25 stand. Rund um das Gebäude sah man kaum Fußgänger; die Leute machten einen weiten Bogen um den grauen Backsteinbau mit der überdimensionalen Hakenkreuzfahne.

Bachner holte tief Luft und versuchte, sich wieder mit einer germanischen Aura zu umgeben, als er über die Schwelle trat. Seine erste Hürde war ein hochmütiger Uniformierter, der seine wahre Lebensaufgabe darin gefunden zu haben schien, die wenigen einzuschüchtern und abzuweisen, die sich in das Zentrum der Macht gewagt hatten, um ein Urteil der Sicherheitspolizei anzufechten. Dem selbstbewußten Bachner, der das Amtsdeutsch prefekt beherrschte und den das Firmenschreiben auswies, war der Mann allerdings nicht gewachsen. Bachner wurde sofort nach oben geschickt, um sich für eine Audienz bei der Gestapo anzumelden. Nach endloser, zermürbender Wartezeit in einem kahlen Vorzimmer wurde er in das Büro von SS-Untersturmführer Brandt geführt. Mit zackigem Zusammenschlagen der Hacken und steifer Verbeugung stellte sich Bachner vor.

»Guten Morgen, Herr Untersturmführer. Es hat offenbar eine unglückliche Verwechslung gegeben. Wie Sie diesem Schreiben meines Arbeitgebers entnehmen können, wurde gestern abend einer unserer Ingenieure, ein Herr Nieczajuk, unter dem falschen Verdacht verhaftet, Jude zu sein. Herr Kellner hat mich hergeschickt, um dieses Mißverständnis aufzuklären.«

Brandt lehnte sich in seinem Stuhl zurück und musterte Bachner schweigend. Dann warf er einen flüchtigen Blick auf Kellners Brief und warf ihn achtlos über den Schreibtisch zurück.

»Es ist mir gleich, was Ihr Herr Architekt behauptet. Der Mann ist Jude; jeder Idiot sieht das.«
»Ich versichere Ihnen, er ist kein Jude. Er ist Ukrainer; dies erklärt auch seinen Akzent. Viele Ukrainer sind dunkle Typen; das müßte Ihnen doch bekannt sein.«
»Sie vergeuden Ihre Zeit«, erwiderte Brandt mit scheinbar gelangweiltem Blick aus dem Fenster. »Der Jude bleibt hier. Unser Gespräch ist hiermit beendet. Sie können gehen.«
Bachner vermutete, daß Brandt keinerlei persönliches Interesse an diesem speziellen Fall hatte. Der Ukrainer war nur einer von vielen, der wegen des Verbrechens verhaftet worden war, jüdisch auszusehen und seine Identität nicht zweifelsfrei nachweisen zu können. Bachner wußte auch, daß Brandt den Ukrainer nur dazu hätte zwingen müssen, die Hose herunterzulassen, um zu beweisen, daß der Mann Jude war – Nichtjuden waren in der Regel nicht beschnitten. Doch wenn dieser SS-Offizielle nicht wußte, was jedem polnischen Schuljungen bekannt war, so gedachte auch Bachner nicht, ihn darüber aufzuklären. Da sich Brandt offenbar nur stur stellte, um keinen Fehler zugeben zu müssen, versuchte Bachner, stärkeren Druck auszuüben, indem er Nieczajuks Wert für die Firma übertrieben darstellte. Er legte eine Hand auf den Schreibtisch und beugte sich zu dem Deutschen hinüber.
»Herr Untersturmführer, unsere Firma befindet sich im Aufbruch in die Ukraine, wo wir im Auftrag der Luftwaffe einen Flughafen bauen. Nieczajuks Arbeit ist für die erfolgreiche Vollendung des Projekts unentbehrlich. Falls der Mann nicht entlassen wird, müssen wir uns nach einem Ersatz für diesen ausgezeichneten Ingenieur umschauen. Unsere Abreise würde sich dadurch erheblich verzögern. Wollen sie tatsächlich für eine Störung unserer Arbeit für die Luftwaffe verantwortlich sein?«
Brandt starrte weiterhin äußerlich unbewegt aus dem Fenster; doch Bachner wußte, daß er im Geist die möglichen Konsequenzen gegeneinander abwog. Wenn er den Ingenieur freiließ und dieser tatsächlich Jude war, konnte er seine Entscheidung immer noch damit

rechtfertigen, daß ein deutscher Staatsbürger für den Mann gebürgt hatte. Wenn er den Ukrainer dagegen festhielt, konnte sich Kellner bei seinen Vorgesetzten darüber beschweren, daß er kriegswichtige Arbeiten behindere. Die Entscheidung war denkbar einfach.

»Also gut, Sie können Ihren ›Ukrainer‹ mitnehmen.« Brandt erhob sich und wies einen vor der Tür postierten Wachmann an, Nieczajuk aus der Zelle zu holen. Als sei Bachner überhaupt nicht vorhanden, vertiefte er sich danach demonstrativ in eine auf dem Schreibtisch liegende Akte.

Ein paar Minuten später kehrte der Wachmann mit einem verschreckten, zerzausten Nieczajuk zurück. Der kleine Ukrainer sah in der Tat wie die antisemitische Karikatur eines Juden aus. Als er Bachner entdeckte, begann er sofort in seinem gebrochenen Polnisch zu erzählen, was passiert war, wie man ihn mißhandelt hatte und wie dankbar er sei, daß Herr Kellner jemanden zu seiner Rettung geschickt habe.

Bachner wollte nicht mehr Zeit als absolut nötig im SS-Hauptquartier verbringen. Nachdem es ihm gelungen war, Nieczajuks Redeschwall zu unterbrechen, bedankte er sich bei Brandt, worauf dieser die beiden wortlos aus dem Zimmer winkte. Um keinen Verdacht zu erregen, unterdrückten sie das Bedürfnis, die Treppe hinunterzustürmen, sondern verließen gemessenen Schrittes das Gebäude. Erst als sie in den Bus einstiegen, legte sich ihre Anspannung. Als Bachner in seiner Manteltasche nach dem Fahrgeld griff, berührten seine Finger plötzlich das weiße Stück Baumwolle mit dem blauen Davidstern, das dort seit dem Morgen steckte.

»Was ist los, Bachner?« forschte Nieczajuk. »Sie sehen aus, als wäre Ihnen gerade ein böser Geist erschienen. Wir sind doch jetzt in Sicherheit. Zeit zum Fürchten war dort drüben.«

»Es ist nichts weiter«, antwortete Bachner mit gepreßter Stimme, »nur etwas, daß ich vergessen habe, aus meiner Tasche zu nehmen.«

* * *

Durch nicht abgeerntete Weizenfelder, die in der glühenden Septembersonne verdorrten, bewegte sich der Zug stetig ostwärts. Hin und wieder wurde das blasse Kornmeer von Zeichen der Kriegsverwüstung unterbrochen: Panzerkettenspuren, Bombenkrater, ausgebrannte Lastwagen, bis zur Unkenntlichkeit deformierte Metallteile, zerstörte Brücken oder Ruinen niedergebrannter Höfe und Dörfer. So plötzlich, wie sie auftauchten, entschwanden die Zeugnisse des deutschen Blitzkriegs dem Blick, und die Felder erstreckten sich wieder bis zum flachen, endlos weiten Horizont.
Von Westen zog sich die Steppenlandschaft über dreitausend Kilometer tief in die Sowjetunion hinein. Die Steppe war zu allen Zeiten sowohl der Segen als auch der Fluch der slawischen Völker gewesen. Ihr Boden, der sich hervorragend zum Getreideanbau und als Weideland eignete, hatte seit dem Altertum ganze Völker ernährt. Sie war jedoch auch eine ideale Route für Invasionen sowohl in westlicher als auch in östlicher Richtung. Anhand der geographischen Lage der Steppe läßt sich Rußlands panische Angst vor einer Invasion aus dem Westen erklären; und die Deutschen folgten eben dieser Route südwärts, als sie im Juni 1941 die Ukraine überrollten.
Kellners erster Auftrag in der Ukraine war der Bau einer Kaserne auf dem gerade entstehenden Luftwaffenstützpunkt in Berditschew. Kellners Betrieb unterstand der Luftwaffenbaudienststelle und fungierte bei dem Projekt als Subunternehmen des größten reichsdeutschen Bauunternehmens, der nach seinem Gründer, dem Generalbevollmächtigten für die Bauwirtschaft Fritz Todt benannten Organisation. Obwohl Bachner noch nie in der Ukraine gewesen war, war ihm der Name Berditschew ein Begriff: Fast die Hälfte der 60 000 Einwohner waren Juden; die Stadt war der Geburtsort des berühmten Rabbi Levi Isaak Ben Meir, der den Chassidismus nach Polen gebracht hatte; Berditschew wurde sowohl in der russischen als auch in der jüdischen Literatur als Inbegriff einer jüdischen Stadt angesehen.
Als der Zug in den Bahnhof von Berditschew einfuhr, fragte sich Bachner, wie es wohl den ukrainischen Juden unter dem Joch der

»Herrenrasse« erging. Die Frage drängte sogar seine Ängste vor der bevorstehenden Arbeit in unmittelbarer Nähe deutscher Militärs in den Hintergrund. Gab es in Berditschew ein Ghetto? Welches Schicksal erwartete die sowjetischen Juden, denen laut Nazi-Ideologie der doppelte Fluch des Bolschewismus und des Judentums anhaftete? Am meisten sorgte sich Bachner jedoch um seine beiden Schwestern. Vor seiner Abreise aus Warschau hatte er den Ort Boguslaw auf einer Landkarte lokalisiert; er lag südlich von Kiew in einer Gegend, die vor kurzem von den deutschen Truppen überrannt worden war. Bachner überlegte, wie er eine Reise an die nur knapp hundert Kilometer entfernte Front würde rechtfertigen können, um seine Schwester Anna zu besuchen. Das Äußerste, was er im Fall von Hilde unternehmen konnte, würden diskrete Nachforschungen in Lemberg sein. Das Durcheinander auf dem Bahnsteig riß Bachner aus seinen Gedanken; er mußte die von der Firma angeheuerten polnischen Arbeiter sammeln und sich um die ordnungsgemäße Verteilung des meterhoch aufgetürmten Baumaterials kümmern. Als er am Spätnachmittag auf dem Flughafengelände eintraf, wurde ihm vom verantwortlichen Luftwaffenverbindungsoffizier mitgeteilt, daß die Arbeiter den Abend frei bekämen, um sich in ihrem Quartier einzurichten, am nächsten Morgen jedoch pünktlich ihren Dienst anzutreten hätten.

An jenem ersten Abend in Berditschew lag Bachner auf seiner Pritsche noch lange wach. Er fühlte sich völlig allein in der fremden Umgebung. In Białystok war er wenigstens noch in Polen und nur ein paar Stunden von Warschau entfernt gewesen. Wenn man ihn dort entlarvt hätte, hätte er einfach auf dem Land untertauchen können, wobei ihm sein polnisches, nichtjüdisches Aussehen entgegengekommen wäre. Nun aber befand er sich Hunderte von Kilometern von seiner Familie entfernt in einem fremden Land, dessen Sprache er nicht beherrschte und dessen flache, offene Landschaft eine Flucht erschweren würde. Es war ihm klar, daß er seine ohnehin angespannte Wachsamkeit noch erhöhen mußte, um diese Herausforderung sicher zu überstehen. Eine Nachlässigkeit wie die kurz vor seiner Abreise aus Warschau durfte er sich hier nicht leisten; blindes Vertrauen auf sein Glück konnte den Tod bedeuten. Bei dem Gedanken, daß er mit seiner Armbinde in der Manteltasche ins SS-Hauptquartier spaziert war, lief ihm noch immer eine Gänsehaut über den Rücken. Er erinnerte sich daran, wie er sofort nach seiner Rückkehr ins Büro in die Toilette gestürmt war, die Armbinde verbrannt und die Asche hinuntergespült hatte. Danach hatte er sich geschworen, nie wieder eine zu tragen, sich nie wieder in eine solche Gefahr zu begeben und nie wieder zu vergessen, an welch seidenem Faden sein Leben hing.

An seinem ersten Arbeitstag in Berditschew ließ Bachner seine Mannschaft in aller Frühe antreten und meldete sich anschließend pünktlich auf der Baustelle. Seine polnischen Arbeiter waren ein bunt zusammengewürfelter Haufen; ihr Aussehen war so derb wie ihre Sprache. Wer freiwillig in die besetzte Ukraine ging, hatte in der Regel einen guten Grund, um Warschau zu verlassen: dem einen saß ein Gläubiger im Nacken, dem anderen war die Polizei auf den Fersen, wieder ein anderer wollte einfach seine Frau loswerden. Obwohl Bachner Polnisch mit deutschem Akzent sprach und kleiner als die meisten seiner Untergebenen war, zollten ihm die Männer Respekt. Er hatte sich den Ruf erworben, ein fairer Vorgesetzter zu sein, der sich um seine Arbeiter kümmerte.

Bachner fand den Luftwaffenverbindungsoffizier mit seiner formlosen Art und guten Laune eine seltene Spezies Deutscher. Oberleutnant Hans Gregor begrüßte ihn mit breitem Grinsen und einem freundlichen Klaps auf den Rücken. Nachdem er mit dem Offizier die Baupläne für die Kaserne durchgesprochen hatte, wies Bachner auf polnisch seine Arbeiter ein. Tagsüber kam Gregor regelmäßig von den anderen Baustellen auf dem Flughafen zur Kellner-Truppe hinüber, um deren Fortschritte zu kontrollieren und mit Bachner zu konferieren. Bei einem dieser Gespräche wandte sich Gregor plötzlich mit einer persönlichen Frage an Bachner.

»Sagen Sie, Herr Ingenieur, wo haben Sie studiert, daß Sie sowohl Deutsch als auch Polnisch perfekt beherrschen?«

Bachner mußte abwägen, ob er lügen oder die Wahrheit sagen sollte – eine jener unzähligen Entscheidungen, die jemand, der »durchzugehen« versuchte, in Sekundenschnelle treffen mußte, wobei es alle denkbaren Risiken zu kalkulieren galt, ohne den Eindruck des Zögerns entstehen zu lassen. Er entschied sich für die Wahrheit.
»Ich habe mein Studium an der Deutschen Technischen Hochschule von Brünn absolviert.«
»Mensch!« rief Gregor erfreut. »Dann haben wir ja zusammen studiert. Wann hast du Examen gemacht?«
»1938«, antwortete Bachner wahrheitsgemäß. »Und du?«
»1935. So ein Zufall! Ich kann es gar nicht glauben. Erinnerst du dich an Hrach?«
»Na klar, und natürlich an seinen Assistenten Hrych!« Bachner kicherte.
Die beiden schwelgten in Erinnerungen an geliebte und ungeliebte Professoren. Als Gregor seinen Exkommilitonen fragte, welcher Studentenverbindung er angehört habe, log Bachner. Er konnte dem Deutschen kaum erzählen, daß er Mitglied der zionistischen Gruppe *Haschomer Hazair* gewesen war.
»Ich war bei der *Polonia*«, verkündete er, wohl wissend, daß ihn jene nationalistische wie antisemitische Studentenverbindung sowohl wegen seines Judentums als auch wegen seiner deutschen Wurzeln abgewiesen hätte.
»Ja, ich erinnere mich an sie.« Gregor wandte sich an einen Offizierskollegen, der gerade vorbeikam. »Hans, schau mal, wen ich hier habe. Das ist Willi Bachner; wir haben zusammen studiert.«
Bachner schüttelte die Hand eines weiteren lächelnden Deutschen, während er sich im Stillen fragte, ob seine Enthüllung seine Überlebenschancen wohl vergrößert oder verkleinert haben mochte. Doch seine Bedenken waren überflüssig. Gregor maß der Entdeckung eines Exkommilitonen um so mehr Bedeutung bei, als er sich in der Ukraine ebenfalls fehl am Platze fühlte. Bachner stellte für ihn eine, wenn auch flüchtige, Verbindung zu einer glücklicheren, weniger turbulenten Zeit dar. Der Oberleutnant erzählte fortan jedem, der

ihm über den Weg lief, daß der kleine Pole ein alter Schulfreund von ihm sei. Bachner registrierte zufrieden, daß jene besondere Aufmerksamkeit, die ihm die Deutschen angedeihen ließen, den Augen seiner Untergebenen nicht entging; die Männer verstanden zwar nicht, was gesagt wurde, begriffen jedoch sehr wohl, daß ihr Vorgesetzter eine wichtige Persönlichkeit zu sein schien.
Zwei Wochen später reiste Kellner aus Warschau an, um den Fortgang des Projekts zu begutachten.
»Sind Sie zufrieden mit der Arbeit meines Bauleiters?« fragte er Gregor.
»Ich bin mehr als zufrieden«, schwärmte der Oberleutnant. »Haben Sie etwas anderes erwartet? Wir kennen uns von der Universität her. Und wir alten Kommilitonen halten natürlich zusammen.«
Kellner beglückwünschte sich zum wiederholten Male, einen so hervorragenden Angestellten wie Bachner gefunden zu haben. Dank seiner erwirtschaftete die Firma nicht nur mehr Profit als je zuvor, sondern sein Bauleiter besaß obendrein auch noch die Fähigkeit, selbst die Luftwaffe zu beeindrucken. Kellner belohnte Bachner mit einer Gehaltserhöhung – einer kleinen, damit der Ingenieur nicht übermütig wurde – und reiste als zufriedener Mann nach Warschau zurück.

* * *

Erst Ende Oktober erfuhr Bachner vom Schicksal der Juden von Berditschew. Seit seiner Ankunft hatte er nach Spuren der großen, einst blühenden jüdischen Gemeinde gesucht. Den einzigen Hinweis hatte ihm die ausgebrannte Ruine einer Synagoge in der Innenstadt geliefert. Er hatte sich eines Kommentars enthalten, als er mit seinen Arbeitern daran vorbeifuhr, die gehässige Bemerkungen machten. Wen sollte er fragen – Hans Gregor? Nein, er konnte sich weder an seinen Exkommilitonen noch an einen Einheimischen wenden, ohne mit mißtrauischen Gegenfragen konfrontiert zu werden: »Warum wollen Sie das wissen? Wieso interessiert Sie das? Was küm-

mert es Sie, was mit den Juden passiert ist?« Doch die unbeantworteten Fragen nagten an ihm und ließen ihn rastlos weiterforschen.
Die erschütternde Aufklärung kam aus unerwarteter Quelle. Auf seine Frage, wo er sich die Haare schneiden lassen könne, bekam Bachner von Gregor eine Adresse in der Innenstadt genannt. Er wunderte sich, als er sich der Gegend näherte, denn das Viertel war mit Stacheldraht eingezäunt und wurde scharf bewacht. Als er dichter heranging und vereinzelte Gestalten auf einem Platz herumschleichen sah, erkannte er den Grund für die Maßnahme: Juden! In diesem Mini-Ghetto hielten sich die Deutschen ein paar jüdische Handwerker, die sie für die Aufrechterhaltung einer gewissen Lebensqualität im ukrainischen Hinterland für notwendig erachteten: einen Schneider, einen Schuhmacher, einen Schmied, einen Friseur – alle auf Gedeih und Verderb den Launen der Nazibesatzer ausgeliefert. Bachner unterdrückte das Bedürfnis, zu einem der blassen Männer zu eilen und nach dem Schicksal der Juden von Berditschew zu fragen. Statt dessen erklärte er dem Wachposten ruhig, man habe ihm gesagt, er könne sich hier die Haare schneiden lassen. Daraufhin wurde er in einen Raum geführt, in dem ein kleiner, kahlköpfiger Mann mit traurigen braunen Augen neben seinem Barbierstuhl auf Kunden wartete. Der Friseur überreichte Bachner schweigend einen Handspiegel und drehte den Stuhl der kahlen, grauen Wand zu. Solange der Wachposten noch in Hörweite war, erläuterte Bachner, wie er sein Haar geschnitten haben wollte; sobald er jedoch mit dem Friseur alleine war, flüsterte er auf hebräisch das Wort *Amschu,* womit sich Juden untereinander zu erkennen geben.
»Die Deutschen wissen nicht, wer ich bin«, fuhr er auf jiddisch fort. »Bitte, sagen Sie mir, was mit euch allen geschehen ist!«
Als ahne er, daß er nicht mehr viel Zeit habe und dies seine letzte Chance sei, die Welt über das Schicksal der Juden von Berditschew aufzuklären, berichtete der Friseur beim Haareschneiden mit leiser Stimme von den Ereignissen des vergangenen Sommers.
»Die Deutschen kamen am 7. Juli, in den frühen Morgenstunden; zuerst die Soldaten, danach die SS. Sie trieben sofort alle Juden zu-

sammen. Die Ukrainer halfen ihnen dabei. Alle jüdischen Männer wurden auf den Marktplatz gebracht. Wer sich weigerte, wurde auf der Stelle erschossen. Die Ukrainer erschlugen die Übriggebliebenen, vergewaltigten die Frauen und plünderten die Häuser. Wir mußten uns mit dem Gesicht nach unten in den Schmutz legen. Die Deutschen liefen zwischen uns hindurch und nahmen uns unser Geld, unsere Kleidungsstücke ab. Einigen Nazis schien es besonderen Spaß zu machen, auf unseren Körpern herumzutrampeln. Wir wagten nicht, uns zu rühren – selbst dann nicht, wenn sich ihre Stiefel in unsere Rücken bohrten. Wer versuchte, sich zu erheben, wurde erschossen oder mit einem Gewehrkolben erschlagen. Direkt vor mir lag ein Bekannter von mir. Ihm wurde der Schädel eingeschlagen; ich konnte sein Gehirn sehen und seine Augen starrten mich den ganzen Tag über an, während ich ohne Wasser in der sengenden Sonne lag. Mein Gott! Der Gestank, die Hitze, die Fliegen. Ich kann nicht beschreiben ...«

Bachner hatte im ganzen Körper ein taubes Gefühl, als habe ihm jemand den letzten Tropfen Energie aus den Poren gesogen. Ein bedrückendes Schweigen hing im Raum, das nur vom Klappern der Schere unterbrochen wurde. Bachner spürte, wie die Hand des Friseurs zitterte, als der Mann um Fassung rang, um seine Geschichte weitererzählen zu können.

»Sie befahlen allen Ärzten, Rechtsanwälten und Schriftstellern, aufzustehen und vorzutreten. Eine Menge Leute erhoben sich, weil sie glaubten, sich dadurch retten zu können. Sie wurden abgeführt. Kurz darauf hörten wir Schüsse – nicht enden wollende Gewehrsalven. Danach befahlen die Deutschen allen Handwerkern, aufzustehen. Was sollte ich machen? Ich dachte, es sei besser, erschossen zu werden, als mit dem Kopf im Staub auf den zertrümmerten Schädel meines Nachbarn starren zu müssen. Als ich sagte, daß ich Friseur sei, warfen sie mich ins Gefängnis. Drei Wochen lang hielten sie mich in einem dunklen Loch fest. Danach brachten sie mich hierher; seitdem rasiere ich sie tagaus, tagein, und überlege mir dabei, ob ich am Leben bleiben will, oder ob ich mir die Genugtuung verschaffen soll,

einem von ihnen die Kehle durchzuschneiden, bevor sie mich umbringen.«
Bachner empfand die Handtuchspitze wie einen Stachel in seinem Nacken, als der Friseur ihm den Kragen abklopfte.
»Was ist mit all den anderen geschehen?« unterbrach er den Mann.
»Die wenigen hier in unserem kleinen Ghetto sind die letzten Juden von Berditschew.«
Bachner wirbelte mit dem Stuhl herum, wodurch die Schere eine scharfe Stufe in sein Haar schnitt. Die dunklen Augen des kleinen Mannes glänzten tränenerfüllt, doch er biß die Zähne zusammen, drehte den Stuhl zurück und brachte die unebene Kante in Form.
»Ich habe gehört, daß einige geflohen sind«, fuhr der Friseur fort. »Doch die Ukrainer sind leider nicht unsere Freunde. Wenn sie einen Juden sehen, denken sie nur ans Geld. Sie bringen uns nur deshalb nicht sofort um, weil die Deutschen für tote Juden nicht zahlen. Der Rest ..., alle die nicht gleich am ersten Tag getötet wurden, wurde ein paar Tage später zusammengetrieben und aus der Stadt abgeführt. Die Männer mußten tiefe Gräben ausheben. Einige, die begriffen, was das zu bedeuten hatte, versuchten zu fliehen oder sich zu widersetzen.« Seine Stimme klang emotionslos. In dem auf seinen Knien liegenden Handspiegel sah Bachner, wie die Lippen des alten Mannes zitterten, während er dagegen ankämpfte, vom Schmerz überwältigt zu werden.
»Dann mußten sich alle – von der ältesten Großmutter bis zum kleinsten Baby – nackt ausziehen. Anschließend ließen die Deutschen sie gruppenweise in einer Linie antreten, erschossen sie und stießen sie mit einem Fußtritt in den Graben. Danach nahmen sie sich die nächste Gruppe vor. Einige starben nicht an den Schußwunden, sondern erstickten qualvoll unter den Körpern und der Erde, mit der die Nazis die Gräben am Ende zuschütteten.«
»Haben Sie das selbst gesehen? Sind Sie sicher?« hakte Bachner nach.
»Ich habe es nicht mit eigenen Augen gesehen. Einer der Handwerker hier hat es mir erzählt. Er kommt aus einem Dorf im Osten, das kurz nach Berditschew erobert wurde. Die Deutschen haben ihn

verschont und hergebracht, weil er Schmied ist.« Der Friseur schaute unruhig Richtung Tür und senkte die Stimme. »Der Schmied hat mir erzählt, daß in der Nacht der Erschießungen eine Frau in sein Schtetl kam. Sie war nur verwundet worden und hatte es geschafft, aus dem Graben zu kriechen. Nackt und blutend schleppte sie sich zum Haus ihrer Eltern im Schtetl.«

Der alte Mann umklammerte die Lehne von Bachners Stuhl mit eisernem Griff, als wünsche er sich, den Hals eines Nazis zwischen den knochigen Fingern zu haben. Bachner erstarrte, als die Schere seinen Nacken berührte; er fragte sich, ob dem Mann noch bewußt war, daß er keinen Deutschen sondern einen Juden vor sich hatte.

»Die Frau hat versucht, die Schtetlbewohner zu warnen; aber es war zu spät. Die Nazis kamen am nächsten Morgen. Der Schmied ist zu der Stelle gegangen und hat alles mit eigenen Augen gesehen. Er sagt, die Erde über den Körpern habe sich bewegt, und man habe immer noch das Stöhnen der Lebenden gehört.«

Als der Mann seine Geschichte beendet hatte, fehlten Bachner die Worte. Dies war viel schlimmer, als er befürchtet hatte. Das Warschauer Ghetto war unmenschlich, grausam, schrecklich; doch dies hier war so ungeheuerlich, daß es sich jeder menschlichen Faßbarkeit entzog. Der Friseur löste langsam seine Finger von der Stuhllehne, nahm Bachner das Handtuch von den Schultern und bürstete ihm mit einem weichen Pinsel ein paar vereinzelte Haare vom Kragen. Danach trat er zurück und blieb schweigend hinter Bachner stehen.

»Kann ich irgendwas für Sie tun?« fragte Bachner, wobei ihm im gleichen Augenblick die Sinnlosigkeit seiner Frage bewußt wurde. Wie hätte er diesem Mann helfen sollen? Welchen Trost konnte man angesichts einer solchen Tragödie spenden?

»Sie können überleben. Sie können dafür sorgen, daß die Welt erfährt, was mit den Juden von Berditschew geschehen ist. Sie wissen jetzt, wozu diese Bestien fähig sind. Die Nazis werden nicht eher ruhen, bis der letzte Jude tot ist. Sie müssen die Leute in Warschau warnen.«

Entgegen der üblichen Praxis drückte Bachner dem Friseur ein paar Rubel in die Hand. Der alte Mann nickte schweigend und sah Bachner mit einem Blick an, in dem sich Kummer und Befriedigung zugleich spiegelten: Der Kummer, über solche Ereignisse sprechen zu müssen, und die Befriedigung darüber, lange genug überlebt zu haben, um jemandem seine Geschichte erzählen zu können.
»*Chasak Vaematz* – seien Sie tapfer und stark«, wünschte der alte Jude Bachner zum Abschied.

* * *

Das Schicksal der Juden von Berditschew wiederholte sich mit entsetzlicher Regelmäßigkeit im Gefolge des deutschen Einmarschs in die Sowjetunion. Vor der Invasion schien es, als planten die Nazis, alle Juden in Ghettoenklaven zu internieren, um sie so lange als Zwangsarbeiter zu mißbrauchen, bis sie an Hunger und Krankheit zugrunde gingen. Wenngleich Zehntausende von Juden in Polen und anderen besetzten Ländern getötet worden waren, begann der gezielte Genozid erst nach der Invasion vom Juni 1941. Die schnelle Eroberung des Baltikums, Weißrußlands und der Ukraine eröffnete den Nazis neue Möglichkeiten zur Lösung der »Judenfrage«. Die Region war abgelegen und besaß eine überwiegend antisemitische einheimische Bevölkerung, die bereit war, sich aktiv an den Massenexekutionen zu beteiligen.
Im Mai 1941 – einen Monat vor der Invasion – besuchten die Leiter der SS-Einsatzgruppen eine Tagung, bei der sie gezielt auf die Vernichtung aller potentiellen Feinde des Reichs vorbereitet wurden. Sie wurden instruiert, »kommunistische Funktionäre und Aktivisten, Juden, Zigeuner« als Personen einzustufen, die durch ihre bloße Existenz die Sicherheit der Truppen gefährdeten und deshalb ohne Umschweife zu erschießen seien. Ein wesentlicher Aspekt der Schulung war, die Männer darauf einzuschwören, auch Frauen und Kinder als Feinde des Reichs zu eliminieren. Die Leiter der Einsatzgruppen waren in der Regel keine besessenen Fanatiker, sondern Selb-

ständige und Angestellte der Mittelschicht, die sich von der SS-Mitgliedschaft einen finanziellen oder gesellschaftlichen Aufstieg im Nazi-Deutschland versprachen. Sie mißbilligten wilde, undisziplinierte Pogrome und bevorzugten organisierte, systematische Exekutionen im Stil derjenigen von Berditschew.

Die Einsatzgruppen waren zwar nicht Teil der Wehrmacht, operierten jedoch mit Zustimmung und Unterstützung des Militärs. Die Armee lieferte den Exekutionskommandos Proviant und Treibstoff und beteiligte sich auch selbst an Erschießungen, um deren Durchführung zu beschleunigen. Die Invasion und die Welle der Massenerschießungen rollte mit so atemberaubender Geschwindigkeit über die Sowjetunion, daß Widerstand aussichtslos schien. Einige Juden flohen in die Wälder, um sich Partisanengruppen anzuschließen; von der einheimischen Bevölkerung erhielten sie allerdings kaum Unterstützung, auch wenn offene Feindseligkeiten ausblieben.

Die Zahl der Juden, die im Lauf der ersten fünf Wochen des »Unternehmens Barbarossa« getötet wurde, überschritt die Zahl aller jüdischen Opfer der vorangegangenen acht Jahre Naziherrschaft. Im litauischen Wilna starben fünftausend Juden innerhalb von zwölf Tagen; in Kischinew zehntausend innerhalb von zwei Wochen; in Minsk zweitausend an einem einzigen Tag; und in dem Dorf Jedwabne wurden alle sechzehnhundert jüdischen Einwohner in eine Scheune getrieben, die anschließend in Brand gesteckt wurde.

Bis Ende September waren über eine halbe Million Juden erschossen worden; eineinhalb Millionen waren Richtung Osten geflohen; zwei Millionen lebten noch in dem besetzten Teil der Sowjetunion. Das blindwütige Abschlachten ebbte etwas ab, als die Zivilverwaltung in die eroberten Gebiete einzog. Die Beamten betrachteten die Juden eher als Arbeitspotential denn als Ziel unmittelbarer Vernichtung. Wie in Polen wurden in den größeren Städten Ghettos errichtet, und die Juden mußten unter Bedingungen arbeiten, die für die meisten von ihnen den sicheren Tod bedeuteten.

Trotz der Errichtung von Ghettos wurden die Massenexekutionen fortgesetzt. Inzwischen regte sich jedoch auch individueller und kollektiver Widerstand. Mit ihrer typischen verdrehten Logik rechtfertigten die Einsatzkommandos ihre Aktionen rückwirkend mit genau jenem jüdischen Widerstand, der durch ihr Vorgehen überhaupt erst ausgelöst worden war. Jede Form von Widerstand wurde mit scharfen Repressalien beantwortet. Als bei Minsk ein deutscher Polizist erschossen wurde, wurden zur Vergeltung viertausendfünfhundert Juden hingerichtet. Einige von denen, die einem Exekutionskommando gegenüber standen, rissen deutsche Waffen an sich und töteten so viele ihrer Mörder wie möglich, bevor sie selbst erschossen wurden. Andere brachten ihre Peiniger sogar mit bloßen Händen um. Da die Juden jedoch keine Waffen besaßen und dem Gegner hoffnungslos unterlegen waren, nahmen das tägliche Morden, die Schüsse, die Blutbäder und die Schreie der Opfer kein Ende. Die Deutschen begannen am Morgen mit den Exekutionen, gönnten sich ein herzhaftes Mittagsmahl, während dessen sie ihre Opfer warten ließen, und setzten das Töten bis zum Einbruch der Dunkelheit fort.

Unter allen Exekutionsstätten der Nazis erlangte eine besonders traurige Berühmtheit: eine Schlucht namens Babi Jar außerhalb der ukrainischen Hauptstadt Kiew. Die Deutschen eroberten Kiew am 19. September; knapp eine Woche später erging der Befehl an die Juden der Stadt, sich zum Zweck der »Umsiedlung« zu versammeln. Zehntausende, die dem Aufruf folgten, wurden nach Babi Jar geführt. Dort befahl man ihnen, sich zu entkleiden. In Gruppen zu je einhundert Personen ließ man die nackten Juden anschließend in Zweierreihen am Rand der Schlucht antreten, wo sie in die Maschinengewehre der auf der gegenüberliegenden Seite der Schlucht postierten Einsatzgruppe blickten. Niedergemäht von Maschinengewehrfeuer stürzten die Opfer in die Schlucht, um sogleich durch die nächste Gruppe ersetzt zu werden. Innerhalb von sechsunddreißig Stunden liquidierten die Nazis auf diese Weise am 29. und 30. September 1941 vierunddreißigtausend Menschen. Ukrainische Arbeiter schaufelten eine Schicht sandiger Erde auf die Körper und überließen sie ihrem Schicksal. Ein Teil der Opfer wurde nicht auf der Stelle getötet. Einigen Verwundeten gelang es, aus dem Massengrab zu kriechen und zu fliehen. Durch ihr Zeugnis drang die Nachricht vom Massaker von Babi Jar an die Öffentlichkeit.

Trotz Indoktrination und Sonderausbildung waren die Mitglieder der Erschießungskommandos nicht immun gegen die emotionalen Folgeerscheinungen ihrer Aktionen. Alkoholismus war ein weit verbreitetes Phänomen; außerdem wurden zahlreiche Fälle von Nervenzusammenbrüchen registriert. Im allgemeinen wurde jedoch eher das *Wie* der Massentötungen diskutiert, als das *Warum* hinterfragt. Die Nazis strebten eine effektivere, sauberere Methode an, um sich der Juden zu entledigen. Mit beharrlicher Konsequenz wurde dieser Plan zu einzigartiger Perfektion entwickelt.

Wilhelm Bachner wußte nichts von den Geschehnissen in Kiew. Er versuchte, damit fertig zu werden, was er über Berditschew gehört hatte. Er fühlte sich noch isolierter als zuvor, unterdrückte jedoch das Bedürfnis, noch einmal ins Ghetto zu gehen und mit den wenigen überlebenden Juden von Berditschew zu sprechen. Zu viele Menschen waren von ihm abhängig – abgesehen von seiner eigenen Familie auch Juden wie Stamberger und Strojnowski, die unter falscher Identität im Kellner-Betrieb arbeiteten.

Bachner versuchte, sich ganz auf seine gegenwärtige Arbeit zu konzentrieren und Oberleutnant Gregors tägliche Kumpaneien mit robustem Schulterklopfen und wortreichen Preisungen der guten alten Zeit gelassen zu ertragen. Bis Dezember war das Bauprojekt nahezu vollendet, und Kellner meldete aus Warschau den Abschluß eines neuen Vertrags. Die Firma würde weiterhin als Subunternehmen der Organisation Todt für die Wehrmacht tätig sein. Der im Kampf um die Stadt schwer beschädigte Bahnhof von Kiew sollte wiederaufgebaut werden; der Gesamtkomplex umfaßte Wartehallen, Lagergebäude sowie die Gleisanlage. Die Bauarbeiten sollten kurz nach Neujahr 1942 beginnen. Für Bachner bedeutete das zwei Wochen Heimaturlaub in Warschau.

* * *

Bei seiner Rückkehr nach Warschau am Vorabend von Chanukka mußte Bachner erkennen, daß sich die Lage im Ghetto während seiner Abwesenheit weiter verschlimmert hatte. Obwohl er dies kaum für möglich gehalten hatte, sahen die ausgehungerten Kinder in jenem Dezember 1941 noch magerer und schwächer aus, waren die angebotenen Waren noch schäbiger und die Kleidung der Menschen noch abgerissener als vor seiner Abreise. Die im Ghetto herrschende Atmosphäre resignierten Pessimismus' spiegelte sich äußerlich am drastischsten in den auf der Straße liegenden Leichen erfrorener Kinder wider, die mit Plakaten des »Judenrats« zugedeckt waren; deren Aufschrift lautete: »Unsere Kinder müssen leben – Ein Kind ist das heiligste Wesen.«

Man konnte das Ghetto inzwischen nur noch unter Lebensgefahr verlassen. Am 5. Oktober hatte Generalgouverneur Frank verfügt, daß künftig jeder Jude, der ohne Genehmigung auf der »arischen« Seite angetroffen werde, zu erschießen sei. Als Bachner zurückkehrte, herrschte im Ghetto noch große Aufregung wegen der kurz zuvor erfolgten Hinrichtung von fünfzehn Personen, die des neuen Verbrechens für schuldig befunden worden waren. Sie waren im Hof des Pawiak-Gefängnisses von polnischen Polizisten erschossen worden, während draußen eine weinende Menschenmenge um die Opfer trauerte, unter denen sich auch Kinder befanden.

Die Lage im Ghetto war jedoch so verzweifelt, daß Juden weiterhin zu fliehen versuchten. Extrarationen für die »Volksküchen« waren bereits im Oktober gestrichen worden. Offiziell stand jedem Juden eine Ration von 230 Kalorien pro Tag oder zwei Kilogramm Brot pro Woche zu; es gab jedoch überhaupt keine Zuteilungen mehr: Die Deutschen hatten die Lieferung von Lebensmitteln ins Ghetto eingestellt. Die Einsparungen aus dem Versorgungssektor wurden in Reparaturen der Ghettomauer investiert, um die Juden sicher in ihrem Käfig festzuhalten. Der Tod nagte gnadenlos an der Gemeinde. Der Gedanke an Essen verfolgte die hungernden Juden bis in den Schlaf; je knapper es wurde, desto besessener wurden sie von dem Gedanken daran.

Mit dem Hunger stellten sich Krankheiten ein. Begünstigt durch die unhygienischen Verhältnisse sowie die körperliche Schwäche der Ghettobewohner verbreiteten sich die durch Läuse übertragenen Typhusbakterien unkontrollierbar. Die Opfer litten unter Kopfschmerzen, Fieber und Schüttelfrost; diesen Symptomen folgte wenige Tage später ein starker Hautausschlag. Medikamente gegen Typhus waren im Ghetto kaum zu bekommen, so daß viele Opfer innerhalb von zwei Wochen nach Ausbruch der Krankheit starben. Laut Czerniakows Tagebuch wurden während der zweimonatigen Gründungsphase des Ghettos zwischen Oktober und November 1940 neunundreißig Fälle von Typhus registriert; im gleichen Zeitraum 1941 betrug die Zahl der Typhuserkrankungen 5594. Die Deutschen versuchten die Epidemie einzudämmen, indem sie ganze Straßenzüge absperrten und die Bewohner in Entlausungsbäder steckten. Diese Maßnahme erwies sich jedoch weniger als Hilfe denn als weitere Quälerei für die Juden. Diejenigen, die zur Entlausung gezwungen wurden, mußten in der Regel den ganzen Tag ohne Nahrung oder Wasser draußen in der Kälte verbringen. Die Entlausungstechniken waren unzureichend und hatten häufig den gegenteiligen Effekt, daß die Opfer gerade dadurch mit dem Bakterium infiziert wurden. Darüber hinaus mußten viele bei der Rückkehr von der Prozedur feststellen, daß ihre Wohnungen während ihrer Abwesenheit von Dieben heimgesucht worden waren und ihre letzte kärgliche Habe verschwunden war.

Im Oktober kündigten die Nazis ausgerechnet während der hohen Feiertage eine Verkleinerung des Ghettos an. Erneut fand sich die Familie Bachner ein paar Meter außerhalb der neuen Grenzen wieder; die Hälfte der Sienna-Straße wurde aus dem Ghetto ausgegliedert. Da zu viele Gebäude an der ursprünglichen Grenze dazu mißbraucht worden waren, um Waren ein- und Menschen auszuschmuggeln, sollte in der Straßenmitte auf ganzer Länge eine Mauer errichtet werden. Unglücklicherweise lag die Wohnung der Bachners auf der falschen Straßenseite. Während Willis Abwesenheit hatten sich die Bachners bei der Suche nach einer neuen Bleibe auf die Hilfe ihres Freundes Ostrowski verlassen. Gemeinsam mit dem Diamantenhändler zogen sie einen Häuserblock weiter nördlich in eine noch bescheidenere Unterkunft.

Bachner kämpfte sich zur Sliska-Straße 18 durch und stapfte mit seinen Taschen voller Lebensmittel und Geschenke keuchend in den vierten Stock hoch. Die Wohnung machte einen schäbigen, beengten Eindruck auf ihn, wenn auch der Empfang wie gewohnt herzlich war. Doch selbst Willis Geschenke und die traditionellen *Latkes*, die Cesia und Helena aus den Kartoffeln gebacken hatten, die Heniek aufgetrieben hatte, vermochten die gedrückte Stimmung nicht zu vertreiben, die das Leben der Familie beherrschte. Cesias Vater war vor kurzem an Typhus gestorben; ihr zweijähriger Neffe war erst wenige Tage zuvor einer Lungenentzündung erlegen. Angesichts dieser Schicksalsschläge sahen sich Cesia und ihre Mutter außerstande, auch nur den Schein einer Chanukkafeier zu wahren.

In einer Ecke des winzigen Wohnzimmers berichtete Willi seinem Vater und Heniek im Flüsterton, was er in Berditschew erfahren hatte. Sein Blick schweifte zu Cesia und seiner Mutter hinüber, die das Geschirr spülten, und zu seinem kleinen Bruder Bruno, der das Buch las, das Willi ihm geschenkt hatte; Bachner brachte es nicht über sich, auch sie darüber aufzuklären, was er wußte und was jenes Wissen für das Schicksal der beiden Schwestern bedeutete. Die Wahrheit zu erzählen würde die Dinge nicht ändern, sondern ihr trauriges Leben nur noch unerträglicher machen.

In jener Nacht lag Willi das erste Mal seit Monaten wieder neben seiner Frau. Die Enttäuschung darüber, daß sie seine Heimkehr wegen der beengten Verhältnisse nicht wie Mann und Frau feiern konnten, ließ ihn sich unruhig auf der durchhängenden Matratze herumwälzen. Er wünschte sich, seine Sorgen mit seiner Frau besprechen zu können. Er liebte sie mit einer Zärtlichkeit, die alle Zellen seines Körpers zu erfüllen schien – wenn er nur nicht immer Stärke hätte vortäuschen müssen. Er sehnte sich danach, seine wahren Gefühle mit ihr zu teilen. Er verspürte das Bedürfnis, ihr zu erzählen, wie das tägliche Vorspiegeln von Zuversicht an seinen Nerven zehrte;

wie er manchmal von einer Welle der Verzweiflung erfaßt wurde, die ihn wie einen Ertrinkenden zu verschlingen drohte und an den Rand der Aufgabe trieb.
Wenn nur Anna in der Nähe gewesen wäre. In solch einsamen Momenten fehlte ihm die Schwester um so mehr. Unwillkürlich dachte er an die kalten Winterabende zu Hause in Bielsko zurück. Während es draußen pausenlos schneite, drängte sich die Familie um den Kachelofen in der Zimmermitte. Der Vater las die Zeitung; seine Mutter strickte Wollsocken; Hilde und Bruno wickelten Garnknäuel auf. Er selbst und Anna saßen gewöhnlich am Tisch über den Hausaufgaben, wobei sie sich allerdings über alles mögliche unterhielten – über die Schule, Freunde, Probleme, einfach alles. Wenn Anna jetzt hier wäre, dachte Willi, könnte er seine Ängste mit ihr teilen. Sie würde verständnisvoll nicken und ihn ermutigen, den Kopf hoch zu halten, stark zu sein – ein Bachner zu sein.
In jener verschneiten Nacht 1941, nach zwei Jahren deutscher Besatzung, schmerzte die Erinnerung an Bielsko wie Hagelkörner auf nackter Haut; sie war so lebendig, daß Willi bei dem Gedanken an den Geruch im Feuer gerösteter Kartoffeln das Wasser im Mund zusammenlief. Mit einem Seufzer drehte er sich um und betrachtete seine Frau.
»Schlaf in Frieden, mein Liebling«, flüsterte er und küßte sie sanft auf die Stirn, bevor er sein Gesicht im Kissen vergrub. Er würde weiter für sie stark sein, was immer es auch kosten mochte. Das war er ihr schuldig.

* * *

Bachner verließ seine Familie in der gegenwärtigen Situation zwar nur äußerst ungern, wußte jedoch, daß ihr Überleben von einem regelmäßigen Einkommen abhing. Nur wenn er weiterhin für Kellner arbeitete, konnte er dieses Einkommen garantieren; also würde er notgedrungen in die Ukraine zurückkehren müssen. Sein Vater bestätigte ihm, daß der Pole Kazaniecki stets zuverlässig das geschickte Geld überbracht und den Kontakt zu Schwalbe und Stamberger im Kellner-Büro aufrecht erhalten habe. Im Augenblick schien es das Beste, diese Methode beizubehalten; denn das Risiko, beim Verlassen des Ghettos erwischt zu werden, war zu groß.

Inzwischen machte sich niemand mehr Illusionen über die Lage. Selbst der Kriegseintritt der Vereinigten Staaten nach dem japanischen Angriff auf Pearl Harbor vermochte die Stimmung der Menschen im Ghetto nicht zu heben. In der Praxis hatte dieses Ereignis sogar eher einen gegenteiligen Effekt: Jegliche amerikanische Hilfe für die Warschauer Juden wurde gestoppt, als sich die letzten Amerikaner nach der Kriegserklärung Deutschlands an die USA am 11. Dezember 1941 aus der Stadt zurückzogen. Selbst den Naivsten war klar, daß mit einer britisch-amerikanischen Invasion in absehbarer Zeit nicht zu rechnen war. Großbritannien hatte die Deutschen in der »Schlacht um England« zwar erfolgreich abgewehrt, konnte es sich jedoch selbst mit Rückendeckung der Amerikaner nicht leisten, eine Offensive zu starten.

Kurz vor Willis Aufbruch nach Kiew gab sein Vater sarkastisch einen Witz zum besten, der im Ghetto die Runde machte:

Churchill fragt den Rabbi von Ger, wie die Deutschen besiegt werden könnten. »Es gibt zwei Möglickeiten«, antwortete der Rabbi, »eine natürliche und eine übernatürliche.« – »Was ist die natürliche?« fragte Churchill. – »Eine Million Engel mit glühenden Schwertern steigen vom Himmel herab und erschlagen die Deutschen«, erwiderte der Rabbi. – »Wenn dies die natürliche ist, was ist denn dann die übernatürliche?« forschte Churchill. – »Eine Million englischer Fallschirmspringer landen in Polen.«

Trauer der Seele

Bis wann muß ich Trauer hegen in meiner Seele,
Kummer in meinem Herzen tagüber?
Bis wann erhebt sich mein Feind über mich?
Blicke her, antworte mir, DU, mein Gott!

Psalm 13:3

Ein paar Nächte vor Neujahr 1942 fuhr der Zug mit Kellners Bautrupp in den Bahnhof von Kiew ein. Als Bachner und seine Arbeiter aus ihren relativ warmen, mit Stroh ausgelegten Viehwaggons stiegen, empfing sie die eisige Dezemberkälte der Ukraine. Die meisten Polen hatten sich aus finanzieller Not für die Arbeit in der Ukraine gemeldet. Sie froren erbärmlich in ihrer unzureichenden Winterkleidung und warfen neidische Blicke auf die Pelzmützen und Wintermäntel der Leute in ihrer Umgebung. Der Schnee, der in der flachen Steppe eine Mauer entlang der Gleise gebildet hatte, war zu schmutzigen Haufen rund um den Bahnsteig aufgetürmt. Obwohl es bereits auf Mitternacht zuging, herrschte reges Treiben auf dem Bahnhof: Deutsche und italienische Soldaten, ukrainische Milizionäre, gut gekleidete Deutsche und ärmlich wirkende ukrainische Zivilisten verschafften sich Bewegung, um sich warm zu halten.
Die Bahnhofshalle bot wenig Schutz gegen die Kälte, da der größte Teil des Daches fehlte. Der deutsche Angriff im September hatte auch jenen letzten Rest zaristischer Opulenz zerstört, der nach zwei Jahrzehnten sowjetischer Herrschaft übriggeblieben war. Die Passagiere bahnten sich ihren Weg durch Berge von Schutt, umgestürzte Balken, verkohltes Dachgebälk und Staubwolken, die in der klirrend kalten Nachtluft zu Eis gefroren zu sein schienen.
Bachner wies seine Arbeiter an, zusammenzubleiben und auf ihn zu warten, bevor er sich durch das Chaos zu fragen begann und den für ihre Unterbringung zuständigen Reichsbahnbeamten zu finden ver-

suchte. Man teilte ihm schließlich eine Behelfsbaracke in der Nähe des Bahnhofs zu. Nachdem er sich persönlich darum gekümmert hatte, daß für jeden seiner erschöpften Arbeiter gesorgt war, ließ sich Bachner auf einer unbequemen Pritsche nieder, zog die dünne Decke über sich und fiel kurz darauf in einen unruhigen Schlaf.
Aufgrund beschädigter Gleise und der höheren Priorität von Truppentransporten zur Front hatte die beschwerliche Reise von Warschau nach Kiew drei Tage gedauert. Man hatte die 150 Arbeiter in fünf ungeheizte, mit Stroh ausgelegte Viehwaggons gestopft, deren einzige Lichtquelle von der Decke hängende, rauchende Petroleumlampen waren. Pausen wurden selten eingelegt, und die Ernährung bestand aus Schwarzbrot und dünnem Tee. Für die Deutschen im Zug gestaltete sich die Fahrt wesentlich angenehmer: Sie reisten in behaglich geheizten Waggons und nahmen bei jedem Halt eine herzhafte Mahlzeit in einer warmen Kantine zu sich. Bei der Mehrheit der deutschen Fahrgäste handelte es sich um Zivilisten: Parteifunktionäre, Beamte, die zum Dienst in einer Verwaltungsbehörde in der Ukraine unterwegs waren, oder Geschäftsleute, die in die neue deutsche »Kolonie« aufbrachen, um die sich bietenden wirtschaftlichen Vorteile zu nutzen. Für in der Heimat Erfolglose eröffneten sich zahlreiche Möglichkeiten in der Ukraine, sowohl auf dem Gebiet der Truppenversorgung als auch bei der Ausbeutung ukrainischer Ressourcen für das Reich.
Die Beamten der Zivilverwaltung waren ein trauriger Haufen. Die Deutschen hatten in jedem Land, das sie seit 1939 besetzt hatten, eine Zivilverwaltung eingesetzt. Die UdSSR war das letzte eroberte Land, und die dorthin versetzten Beamten waren bei der Vergabe der Auslandsposten bisher nicht berücksichtigt worden. Sie galten als der Abschaum der Reichsministerien; die Bürokraten in jenen Ministerien betrachteten die Ukraine als Schuttabladeplatz für die Unbequemen, die Vorlauten und die Unfähigen in ihren Reihen. Wegen ihrer Aufgeblasenheit und ihrer gelblich braunen Uniformen erhielten jene Lakaien des Ostministeriums den Spitznamen »Goldfasanen«.

Deutschland hatte eine Linie von Archangelsk am Polarkreis bis zur Wolgamündung im Süden gezogen und das Gebiet zum deutschen »Lebensraum« erklärt. Die Russen sollten nach Sibirien verbannt werden; die verbleibenden Slawen hatten ihren »arischen« Herren zu dienen. Juden und andere unerwünschte Elemente sollten vernichtet werden. Bis Januar 1942 war dieses Schicksal bereits Hunderttausenden widerfahren. Die deutsche Philosophie konnte auf den einfachen Nenner gebracht werden: Erstens – erobern; zweitens – herrschen; drittens – ausbeuten. Rußlands Bestimmung war es, Europa zu ernähren. Der Reichsaußenminister sagte, man wolle die Russen nicht zum Nationalsozialismus bekehren, sondern sie als Werkzeuge benutzen.

Doch bis die Russen zu brauchbaren Werkzeugen geformt waren, mußten die Deutschen Fachkräfte importieren – wie die der Kellner-Firma. Es herrschte dringender Bedarf an einem flächendeckenden Schienennetz. Hitler und seine Generäle hatten das Eisenbahnsystem der UdSSR falsch eingeschätzt. Die Gleise hatten eine andere Spurbreite als in Deutschland und mußten ausgetauscht werden, um Nachschub und frische Truppen an die Ostfront transportieren zu können. Bevor der deutsche Vormarsch durch den Wintereinbruch zum Stillstand gekommen war, hatte er sich bis vor die Tore Leningrads und Moskaus bewegt, während er in Rostow am Don und auf der Krim aufgehalten worden war. Die Sowjets hatten auf ihrem Rückzug alle brauchbaren Schienenwege zerstört. Der Transport per Lastwagen gestaltete sich in Schnee und Eis schwierig und würde mit Beginn der Frühjahrsschneeschmelze angesichts überfluteter Straßen völlig unmöglich werden.

Was sich zunächst wie ein leichter Siegeszug anließ, entpuppte sich als ein täglich komplizierter werdendes Unterfangen. Bis Ende 1941 war ein Viertel aller an der Ostfront stationierten deutschen Soldaten erfroren, gefallen oder in Gefangenschaft geraten. Die Wehrmacht forderte Ersatz in einer Stärke von 2,5 Millionen Mann. Nach ihren Blitzsiegen im Westen hatten sich die Deutschen eingebildet, der Ostfeldzug würde ein Spaziergang werden. Sie hatten weder massi-

ve Verstärkungen eingeplant noch mit einem Krieg mitten im russischen Winter gerechnet.
Sämtliches Baumaterial sowie das leitende Personal mußten aus dem Westen eingeführt werden. Da weder im Reich noch im Generalgouvernement genügend arbeitsfähige Männer zur Verfügung standen, war man auf einheimische Kräfte angewiesen. Bautrupps in der Ukraine bestanden in der Regel aus einem deutschen Aufseher, polnischen Fachkräften sowie ungelernten polnischen, ukrainischen, lettischen und litauischen Hilfsarbeitern. Die Menschen in der besetzten UdSSR akzeptierten diese Arbeit aus einem einfachen Grund: Wer bei den Deutschen beschäftigt war, erhielt Lebensmittelrationen, die der übrigen Bevölkerung versagt blieben. Den Deutschen war bereits vor dem Überfall auf die Sowjetunion bewußt, daß es für einen erfolgreichen Abschluß des Ostfeldzugs erforderlich sein würde, die Soldaten auf Kosten der einheimischen Bevölkerung zu ernähren – selbst wenn Milionen dabei verhungern sollten. Wer nicht für die Deutschen arbeitete, mußte zum Überleben um jeden Brokken Essen kämpfen. Einen zusätzlichen Anreiz, sich von den Deutschen anheuern zu lassen, bot die wenig verlockende Aussicht, andernfalls als Zwangsarbeiter ins Reich deportiert zu werden. Als Bachner und seine Leute in Kiew eintrafen, war aus Berlin gerade die Weisung ergangen, knapp eine Million Ostarbeiter für die Arbeit in Deutschland zu »rekrutieren«.

* * *

Als sich Bachner am nächsten Morgen mit seinen polnischen Arbeitern in der Baudienststelle der Reichsbahn einfand, warteten dort bereits fünfzig ukrainische Hilfskräfte auf ihn. Ihr erster Auftrag lautete, Unterkünfte für sich selbst und die Hundertschaften von Arbeitern zu bauen, die beim Wiederaufbau des Kiewer Bahnhofs eingesetzt werden sollten. Nachdem Bachners Leute die Nacht in einer zugigen Behelfsbaracke verbracht hatten, nahmen sie diese Aufgabe nur zu gern in Angriff. Bachner sprach zwar kein Ukrainisch, konnte sich jedoch aufgrund der Ähnlichkeiten mit dem Polnischen einigermaßen verständlich machen. Mit Hilfe einiger zweisprachiger Arbeiter in der Gruppe wurden alle Kommunikationsprobleme mühelos überwunden, und schon nach wenigen Stunden machte der Trupp rasante Fortschritte.

Die Kellner-Firma bekam ein kleines Büro im beschädigten Bahnhofsgebäude zugeteilt. Die Reichsbahn stellte eine polnisch sprechende Ukrainerin als Schreibkraft zur Verfügung. Zu deren Aufgaben gehörte die Ausstellung von Arbeitskarten für ausländische und einheimische Angestellte. Die Sekretärin füllte die Karten anhand von Namenslisten aus und legte sie Bachner anschließend zur Unterschrift vor. Dieser beglaubigte sie durch den Stempel mit dem Reichsadler und dem Hakenkreuz der deutschen Behörden und teilte sie an seine Arbeiter aus, die mit der Karte ihren Lohn und ihre Lebensmittelrationen abholen konnten.

Wieviel das Leben eines Einheimischen zählte, wurde Bachner ein paar Wochen nach seiner Ankunft vor Augen geführt. Es war einer jener bitterkalten Wintertage mit eintönig grauem Himmel, an dem ein beißender Wind von bald einsetzendem Schneefall kündete. Einige Arbeiter trugen Schutt vom Bahnhofsdach ab. In einer Arbeitspause stellten sie ein Faß auf ein paar Backsteine, füllten es mit Holzscheiten und entfachten ein kleines Feuer, um sich zu wärmen und Tee zu kochen. Bachner befand sich etwa dreihundert Meter von der Stelle entfernt, als er plötzlich Maschinengewehrsalven und Schreie hörte. Als er sich umwandte, sah er vier Männer auf dem Boden liegen und zwei SS-Sturmleute, die mit Schnee das Feuer löschten. Er eilte hinzu, stellte sich vor und forderte eine Erklärung für die Erschießung der Arbeiter.

»Bei uns werden Saboteure erschossen. Sie haben versucht, das Gebäude niederzubrennen«, erwiderte einer der Deutschen, sichtlich ungehalten darüber, daß sein Handeln hinterfragt wurde.

»Sie haben doch nur versucht, sich zu wärmen«, protestierte Bachner. »Sie haben das Gebäude in gar keiner Weise bedroht.«

»Mag sein«, erwiderte der andere Nazi grinsend. »Dann nehmen Sie

es eben als eine Warnung an diese Schweine vor jeder zukünftigen Sabotage.« Sein Kollege klopfte ihm anerkennend auf die Schulter ob des gelungenen Scherzes, und beide entfernten sich lachend.
Bachner wies ein paar Arbeiter an, die Leichen abzuholen und zu begraben. Als aber verzweifelte Frauen und Kinder am Bahnhof auftauchten, um ihre überfälligen Männer und Väter zu suchen, brachte er es nicht über sich, ihnen die Wahrheit zu gestehen. Denn diese bedauernswerten Frauen hatten nicht nur ihren Mann verloren, sondern auch die Essensrationen, die über Leben oder Verhungern entschieden. Sie sahen elend aus, wie sie im dichten Schneetreiben ihre Kinder an sich drückten. Bachner sehnte sich nach seiner eigenen Familie und nach dem Ende all des Schreckens, den die Deutschen auf dem ganzen Kontinent verbreiteten.
»Es tut mir leid ...«, begann er, bevor ihm die Stimme versagte. Einer plötzlichen Eingebung folgend, fuhr er nach kurzer Pause fort: »Ihre Männer wurden heute als Arbeiter nach Deutschland geschickt. Leider hat man ihnen nicht die Zeit gegeben, um vorher noch zu Hause Bescheid zu sagen. Aber machen Sie sich keine Sorgen; den Männern geht es gut, und als Angestellte des Reichs haben ihre Familien das Recht auf Lebensmittelrationen. Kommen Sie einfach weiterhin hierher und holen sich ihre Essensmarken ab. Ich bin überzeugt, daß Sie bald von Ihren Männern hören werden.«
War seine Notlüge grausamer als die Wahrheit? Hatte er sie erfunden, um sich Ärger zu ersparen oder um zu helfen? Er war sich dessen nicht sicher. Als er sich umwandte, traf ihn das traurige, aber mitfühlende Lächeln seiner ukrainischen Sekretärin Katerina. Ihre Augen signalisierten ihm ein stilles Dankeschön, bedeuteten ihm, daß sie nun wisse, daß er anders sei als die Deutschen und deren Lakaien. Er wünschte ihr eine gute Nacht und stapfte durch den Schnee nach Hause.

* * *

Die Zahl der bei Kellners Firma beschäftigten Arbeiter stieg kontinuierlich, so daß bald eine zweite Schreibkraft benötigt wurde. Die Firma behielt das kleine Büro im Bahnhof zur Überwachung der Bauarbeiten und zog mit der Buchhaltung um, in ein geräumiges Büro in einem Gebäude, das früher das russische Rote Kreuz beherbergt hatte. Die Zivilverwaltung beschaffte Unterkünfte für alle Reichsangestellten, indem sie die Häuser von Ukrainern beschlagnahmte. Auch Bachner erhielt ein komfortables Wohnhaus einschließlich einer Haushälterin, die bezeichnenderweise dessen rechtmäßige Besitzerin war. Für die Frau brachte es den Vorteil, daß sie in ihrem Haus wohnen bleiben durfte und für ihre Arbeit Lebensmittelkarten erhielt. Sie fand in dem netten jungen Polen einen umgänglichen Herrn, und beide waren mit dem Arrangement zufrieden.

Im März 1942 unterstanden Bachner knapp fünfhundert Angestellte, die auf verschiedenen Einzelbaustellen innerhalb des weitläufigen Bahnhofskomplexes arbeiteten. Etwa ein Drittel war beim Wiederaufbau eines zweistöckigen Hauses eingesetzt, das als Verwaltungsgebäude der Reichsbahn vorgesehen war.

Eines Morgens, als die Frühlingssonne die rund um den Bahnhof aufgetürmten Schneeberge zu schmelzen begann, lieferte die SS ein weiteres Beispiel dafür, wie gefährlich es sein konnte, für das Reich zu arbeiten. Kurz nach Beginn der Mittagspause hörte man aus dem Erdgeschoß des zukünftigen Verwaltungsgebäudes laute Stimmen. Verfolgt von vier ukrainischen Milizionären und einem SS-Offizier stürmten zahlreiche Arbeiter die Treppe hoch und drückten sich in die äußerste Ecke des Raums, als könnten ihnen die nackten Wände Schutz bieten.

»Wo ist Johannes Kellner?« schnauzte der Offizier in barschem Ton. Bachner rollte die Baupläne zusammen, die er gerade studiert hatte, und ging zu dem SS-Mann hinüber, während seine Arbeiter wie erstarrt strammstanden.

»Herr Kellner ist nicht in Kiew, Herr Obersturmführer«, antwortete Bachner höflich. »Ich bin Wilhelm Bachner, Herrn Kellners Bauleiter. Kann ich Ihnen behilflich sein?«

»Sind Sie Deutscher?«
»Nein, mein Herr, ich bin Pole.«
»Natürlich, das erklärt alles!« knurrte der SS-Mann.
»Erklärt was?« fragte Bachner nach. »Ich verstehe leider nicht.«
»Dann will ich Ihnen mal auf die Sprünge helfen, mein kleiner polnischer Freund, damit Sie kapieren! Letzte Nacht wurde ein Zug mit Soldaten und Nachschub für die Front bei Borispol von bolschewistischen Partisanen in die Luft gesprengt. Wir haben alle Bolschewisten, die wir zu fassen bekamen, verhaftet. Und nun raten Sie mal, was wir gefunden haben! Na, was wohl? Los, raten Sie!«
Aus dem lockeren Ton des Offiziers hätte man schließen können, er erzähle einem Freund von einer lustigen Begebenheit, wenn aus seinen Augen nicht eiskalte Boshaftigkeit geblitzt hätte. Die ukrainischen Milizionäre lauerten in drohender Haltung im Hintergrund. Bachners Herz pochte so heftig, daß er dachte, der Deutsche müsse es hören. Er räusperte sich und versuchte, seine Stimme gleichgültig klingen zu lassen.
»Ich habe keine Ahnung, Herr Obersturmführer.«
Die falsche Freundlichkeit verschwand, als sich der Offizier vor Bachner aufbaute und ihm direkt ins Gesicht schrie: »Wir haben fünf Ihrer Leute gefaßt!« Er wandte sich zu den Milizionären um. »Laßt dieses Gesindel in einer Reihe antreten!«
Die Ukrainer brüllten die Arbeiter an, die sich unter vorgehaltenen Waffen hastig in Reih und Glied aufstellten. Zwei unordentliche Reihen mit fast 150 Arbeitern füllten das Stockwerk. Bachner stellte erleichtert fest, daß nicht alle seine Leute anwesend waren; jene, die sich in den kleineren Nebenräumen aufgehalten hatten, waren aus den Fenstern geklettert und geflohen.
»Herr Obersturmführer, ich verstehe das nicht«, protestierte Bachner. »Wir haben in Borispol doch gar nichts zu tun.«
»Nichts außer deutsche Soldaten anzugreifen. Noch einmal: Wo ist Kellner?«
Bachner rieb sich das Kinn, holte tief Luft und versuchte, Haltung zu wahren. »Herr Kellner ist in diesem Augenblick von Warschau

hierher unterwegs. Er wird heute abend eintreffen. Aber ich kann Ihnen versichern, daß unsere Firma mit diesem tragischen Vorfall nichts zu tun hat. Wir sind einfache Arbeiter, die ...«

»Halten Sie den Mund!« brüllte der SS-Mann mit zornesrotem Kopf und Speichel vor dem Mund. Während er seine Anweisungen an die Milizionäre gab, starrte er Bachner durchdringend an. »Laßt jeden zehnten Mann vortreten!«

Einen Moment lang hing lähmende Stille im Raum; niemand bewegte sich. Dann wieder das Gebrüll des Deutschen.

»Verdammtes Gesindel, seid ihr alle taub? Jeder zehnte Mann! Los, vorwärts jetzt!«

Die Arbeiter, die Deutsch sprachen, traten vor; bei den übrigen halfen die Ukrainer mit ihren Gewehrläufen nach. Noch immer sagte niemand ein Wort; alle warteten gespannt auf den nächsten Schritt des Nazis.

»Wie viele von euch sind Bolschewisten? Wie viele von euch sind Juden, Bolschewisten, Feinde des Reichs?«

Eine Welle der Panik erfaßte Bachner, und er spürte einen Schweißtropfen an seiner Wange herunterlaufen.

Kein Mensch sagte ein Wort. Die Arbeiter brauchten kein Deutsch zu verstehen, um zu begreifen, daß sie sich in einer äußerst bedrohlichen Situation befanden.

Der SS-Offizier schritt vor den Arbeitern auf und ab, wobei er sich mit seinem Spazierstock gegen die Stiefel klopfte. Sein Ärger schien sich verflüchtigt zu haben, als er einen Milizmann ruhig anwies: »Bringt sie runter, jeweils fünf auf einmal, und kümmert euch um sie.«

Ein polnischer Arbeiter, der Deutsch verstand, schrie auf und wurde dafür als erster aus der Reihe geholt. Zusammen mit vier anderen wurde er die offene Treppe hinunter ins Erdgeschoß geführt.

Bachner stand hilflos dabei, umklammerte die zerknitterten Baupläne und starrte auf den Fußboden; er konnte dem Deutschen nicht mehr in die Augen schauen.

Von unten hörte man die Männer schluchzen und auf ukrainisch um ihr Leben betteln. Dann drang das Echo von Maschinengewehrfeuer herauf, gefolgt vom dumpfen Aufschlag schwerer Gegenstände auf den Fußboden.

Einer der restlichen fünfzehn ausgewählten Arbeiter hechtete Richtung Fenster, wurde jedoch auf halbem Weg dorthin von Kugeln aus dem Gewehr eines ukrainischen Milizionärs durchsiebt. Das Erschießungskommando kam die Treppe hoch und holte die nächsten fünf Arbeiter ab; wieder hörte man dieselben Geräusche. Während sich die Prozedur wiederholte, stand der SS-Offizier die ganze Zeit vor Bachner und genoß es sichtlich, wie sein Gegenüber bei jeder Maschinengewehrsalve zusammenzuckte.

Endlich war der Spuk vorbei; die ganze Aktion hatte nicht mal eine halbe Stunde gedauert.

»So, mein kleines polnisches Schwein«, wandte sich der SS-Mann an Bachner, »jetzt werde ich mich um dich kümmern.«

»Sie werden nichts dergleichen tun!« kam die Antwort vom Treppenhaus her.

Der SS-Offizier wirbelte erstaunt herum. Im Türbogen stand Herr Falke, Leiter der Reichbahndirektion Ost in Kiew.

»Was hat dieser Tumult zu bedeuten? Wie können Sie es wagen, hier reinzuspazieren und meine Arbeiter zu erschießen!« Hinter Falke standen mehrere Beamte der Zivilverwaltung in ihren senfbraunen Uniformen.

»Diese Männer sind Saboteure«, brüllte der SS-Offizier ebenso ungehalten zurück. »Sie sind für einen Partisanenüberfall verantwortlich.«

»Machen Sie sich nicht lächerlich«, konterte Falke. »Dies sind Bauarbeiter, die kriegswichtige Arbeiten für das Reich ausführen – die Sie, wie ich ergänzen möchte, behindern. Verlassen Sie auf der Stelle dieses Gebäude und nehmen Sie ihre slawischen Lakaien mit!«

Nachdem er Falke ein paar Sekunden lang angestarrt hatte, wandte sich der SS-Offizier grinsend an die Milizionäre.

»Ihr habt gehört, was die Goldfasanen sagen. Es scheint, daß unsere Arbeit hier beendet ist.« Er drehte sich zu Bachner um. Ihre Blicke trafen sich. Der Nazi zeigte mit der Stockspitze auf Bachner und nickte, als wolle er ihm bedeuten, man werde sich wiedersehen. Dann machte er auf der Stelle kehrt und marschierte im Stechschritt aus der Tür.

»Worum ging es?« erkundigte sich Falke bei Bachner.

»In Borispol wurden bei einer Razzia gegen Partisanen ein paar Ukrainer mit Arbeitspapieren unserer Firma aufgegriffen«, antwortete dieser. »Sie können versichert sein, Herr Oberbaurat, daß es sich dabei um ein Mißverständnis handeln muß. Ich habe mit der Sache nichts zu tun.«

»Wir werden das nach der Ankunft von Herrn Architekt Kellner klären. In der Zwischenzeit schicken Sie jemanden zu den Familien dieser Männer, damit sie die Toten abholen. Ich will hier kein Leichenhaus. Und dann gehen Sie wieder an die Arbeit.«

Bachner hörte, wie Falke auf dem Weg nach draußen zu seinen Begleitern sagte: »Diese SS-Bastarde denken, daß sie den Krieg alleine führen. Wir müssen uns darum kümmern.«

Bachner kämpfte gegen die Übelkeit an, die ihn immer dann zu überfallen drohte, wenn er um ein Haar entlarvt worden wäre; nachdem er sich wieder gefaßt hatte, wandte er sich an seinen ukrainisch sprechenden polnischen Assistenten.

»Schicken Sie jemanden zu den Familien. Falls Sie mich brauchen: Ich bin in meinem Büro.«

Bachner verließ in gedrückter Stimmung das Gebäude. Er machte sich keinerlei Illusionen über das Vorgehen des Reichsbahnbeamten. Was er gerade erlebt hatte, war keine Sympathiekundgebung eines Deutschen für seine ausländischen Arbeiter gewesen, sondern ein interner Grabenkampf. Die Deutschen kämpften in der Ukraine nicht nur gegen die Sowjets, sondern ebenso vehement gegeneinander. In ihrem Bestreben, die Ukraine zu kontrollieren, stand Himmlers SS in ständigem Konflikt mit der Zivilverwaltung von Reichskommissar Erich Koch, einem fanatischen Nationalsozialisten und Protegé von Hermann Göring und Martin Bormann. Außerdem stritt die SS mit den Wehrmachtstruppen von Feldmarschall Keitel um die Vormacht-

stellung. Martin Bormann und andere hohe nationalsozialistische Parteifunktionäre verstanden es, die Widersacher zu ihrem eigenen Vorteil gegeneinander auszuspielen. Falke scherte sich nicht im geringsten um das Wohl seiner Arbeiter; aber er hatte entschieden etwas dagegen, daß die SS sie ohne seine Genehmigung erschoß. Zweifellos hatte er höheren Orts sofort gegen diese Kompetenzüberschreitung protestiert.
Kellner war sehr bekümmert, als er nach seiner Ankunft am Abend von dem Vorfall erfuhr. Er glaubte Bachners Unschuldsbeteuerungen, war jedoch alles andere als erfreut über die Aussicht auf Ärger mit der SS. Bachner wiederum machte sich keinerlei Hoffnungen, daß dies seine letzte Begegnung mit dem SS-Obersturmführer gewesen war. Alles, was er mit dem Rest des Tages anzufangen wußte, war, seinen Arbeitgeber zu begrüßen und danach mit schmerzendem Kopf und traurigem Herzen nach Hause zu gehen. Er hatte sich entsetzlich hilflos gefühlt, als die Nazis jene armen Männer die Treppe hinunter in den Tod getrieben hatten. Plötzlich war ihm bewußt geworden, daß er sich im Lauf der letzten Monate in einen Zustand der Selbstzufriedenheit eingelullt hatte. Er war so sehr in seiner Arbeit aufgegangen, daß er in eine trügerische tägliche Routine verfallen war. Der heutige Zwischenfall hatte ihm seine lebensgefährliche Scharade wieder drastisch vor Augen geführt. Der SS-Mann und seine Milzionäre hatten ihn lebhaft an die Konsequenzen erinnert, mit denen man rechnen mußte, wenn die eigene Wachsamkeit auch nur einen Moment nachließ. Die Vergeltungsmaßnahmen der Nazis waren schnell, willkürlich und endgültig.
Als Bachner am nächsten Morgen in aller Frühe auf ein Klopfen hin die Tür öffnete, sah er sich zwei SS-Oberscharführern gegenüber.
»Wir suchen Bauleiter Bachner«, kam einer von ihnen sofort zur Sache.
»Ich bin Bauleiter Bachner. Bitte, kommen Sie herein. Wie kann ich Ihnen helfen?« erwiderte Bachner mit unbeweglicher Mine.
»Ist dies Ihre Unterschrift?« fragte der Mann und hielt Bachner eine Arbeitskarte unter die Nase. Es handelte sich eindeutig um eine Karte

der Kellner-Firma, die auf einen gewissen Pjotyr Krawschuk für die Baustelle in Kiew ausgestellt war. In der unteren Ecke konnte man deutlich den Schriftzug *Wilhelm Bachner* lesen.

»Ja, das ist meine Unterschrift. Aber ich kenne diesen Arbeiter nicht.«

»Das wird sich rausstellen. Ziehen Sie sich an. Sie kommen mit uns.«

»Natürlich, ich verstehe.« Bachner nickte beflissen. »Wir müssen dieses Mißverständnis ein für allemal aufklären. Wenn Sie mich kurz entschuldigen wollen; ich möchte mich eben ankleiden.« Er wandte sich in Richtung Schlafzimmer.

»Sie sind nicht entschuldigt«, entgegnete einer der SS-Männer scharf. »Wir haben Anweisung, Sie keinen Moment aus den Augen zu lassen.«

Bachner nickte ergeben. Der Obersturmführer war offenbar nicht gewillt, seine Beute ein zweites Mal entwischen zu lassen. Der jüngere SS-Mann folgte Bachner ins Schlafzimmer, anschließend ins Badezimmer und beobachtete schweigend, wie dieser die Toilette benutzte, sein Haar kämmte und die Krawatte band. Bachner registrierte im Spiegel, daß sein Gesicht zu Stein erstarrt war; kein Muskelzucken verriet den Aufruhr, den sein Magen veranstaltete.

»Also gehen wir«, verkündete Bachner, während er in den Mantel schlüpfte. »Wir wollen Herrn Obersturmführer natürlich nicht warten lassen.«

Schweigend fuhr man zum SS-Hauptquartier in der Khryshatek-Straße im einstigen Regierungsviertel von Kiew. Nach dem Rückzug der Sowjets waren die Deutschen in die zentral gelegenen Parlaments- und Parteigebäude eingezogen. Zehn Tage nach der Übernahme durch die neuen Machthaber hatten die Russen die vor ihrem Abzug gelegten Sprengkörper gezündet, wodurch schwerer Schaden an den Gebäuden entstand und die Deutschen große Verluste erlitten. Als angebliche Vergeltung für den »jüdischen Sabotageakt« wurden die 34 000 Juden von Kiew in Babi Jar hingerichtet. Bachner kannte diese Fakten natürlich nicht; aus dem, was er in Kiew gesehen hatte, konnte er nur erahnen, daß den Juden der Stadt ein ähnliches Schicksal widerfahren war wie denen von Berditschew.

Im SS-Hauptquartier sah sich Bachner erneut mit seinem Widersacher konfrontiert. Das Namensschild an der Tür identifizierte ihn als Obersturmführer Rudolph Müller. Der Nazi saß an einem majestätischen Schreibtisch in seinem hellen Büro, von dem aus man einen herrlichen Blick auf die Türme der Sophienkathedrale und den in der Ferne fließenden Dnjepr hatte. Hinter dem SS-Offizier hing das übliche Porträt des Führers, dessen starrer Blick auf eine Vision gerichtet war, die nur er sehen konnte – die Vision einer »judenreinen« Welt; einer Welt ohne Wilhelm Bachner.

»Da haben wir ja meinen kleinen Lieblingspolen«, säuselte Müller.

Die Worte elektrisierten Bachner. Er fixierte sein Gegenüber mit den Augen und versuchte, das Hitlerporträt aus seinen Gedanken zu verbannen.

»Schön, Sie wiederzusehen.«

Die Stimme triefte vor Liebenswürdigkeit, doch das Lächeln erschien Bachner wie ein scharfes Messer, das nur darauf wartete, in sein Fleisch einzudringen und den Juden unter dem teutonischen Gehabe bloßzulegen.

»Herr Obersturmführer, mir ist ebenso daran gelegen wie Ihnen, dieses Mißverständnis aus der Welt zu schaffen«, bekräftigte Bachner. Seine Stimme klang voll, tief und selbstbewußt und verriet mit keiner Nuance das Zittern, das durch jeden Muskel seines Körpers lief.

»Daran habe ich keinerlei Zweifel.« Müllers Lippen wurden schmäler. »Lassen Sie uns also mit der Frage beginnen, wie fünf Saboteure in den Besitz von Arbeitskarten mit Ihrer Unterschrift gelangen konnten?«

Bachner warf einen ratlosen Blick zur Decke, als habe er sich diese Frage bereits mindestens fünfzigmal gestellt, seufzte tief, und schaute dem Deutschen direkt in die Augen.

»Sehen Sie, unter meiner Aufsicht stehen mehr als fünfhundert Arbeiter. Ich unterzeichne die Arbeitskarten, die meine Sekretärin anhand von Listen der Reichsbahn erstellt. Die Dienstpläne ändern sich täglich. Erst letzte Woche wurden rund einhundert meiner ukrainischen Arbeiter nach Deutschland geschickt, um dort in Fabriken

zu arbeiten. Sie können kaum von mir erwarten, daß ich sämtliche Männer namentlich kenne oder ihre Privatverhältnisse nach einem möglichen Sicherheitsrisiko durchforste.«
Die Worte klangen aufrichtig und kamen Bachner ohne Zögern über die Lippen – kein Wunder, wenn man bedachte, daß er die halbe Nacht für dieses Verhör geübt und sich dabei jede Formulierung genau überlegt hatte. Er starrte in das hohlwangige Gesicht seines schwarz gekleideten Widersachers und ergänzte mit einer Spur von Arroganz: »Unsere Arbeit ist von größter Bedeutung für das Reich. Ich habe Wichtigeres zu tun, als meine Zeit mit der Befragung ukrainischer Bauern zu vergeuden. Wenn Sie Probleme mit den Arbeitern haben, die mir zugeteilt wurden, klären Sie diese mit der Zivilverwaltung. Sie wählt die Ukrainer aus, nicht ich.«
»Wer ist die Sekretärin, die Ihrer Aussage nach die Arbeitskarten ausfertigt?«
»Auch sie, Herr Obersturmführer, ist eine Ukrainerin, die von der Zivilverwaltung eingestellt wurde. Ich weiß nicht mehr von ihr als ihren Namen und daß sie zufriedenstellend arbeitet.«
Müller wandte sich an den Sturmmann, der neben der Tür Wache stand. »Gehen Sie ins Büro der Firma Kellner und holen Sie mir diese Frau. Falls Kellner dort ist, bringen Sie ihn ebenfalls mit.« Und an Bachner gerichtet ergänzte er: »Sie warten draußen.«
Bachner wurde zu einem Stuhl auf dem Flur geleitet und unter Aufsicht eines nervösen Sturmmanns gestellt, der höchstens achtzehn Jahre alt zu sein schien.
Etwa eine Dreiviertelstunde später kehrte der andere Sturmmann zurück; er zerrte Katerina hinter sich her. Beim Anblick von Bachner stolperte sie. Bevor sie ihr Gesicht abwandte, konnte er die Angst in ihren Augen erkennen.
Bachner biß die Zähne zusammen, um während der folgenden Minuten still sitzen bleiben zu können. Durch die Wand hörte er undeutlich Müllers Stimme. Bachner lauschte angestrengt. Die Sekretärin war unerfahren im Umgang mit der SS. Sie waren wie die Wölfe: Das Wittern von Angst ließ sie nur noch blutrünstiger werden.

Katerina war es nicht gewöhnt, sich gegen Deutsche zu behaupten. Wie viele Partisanen in der Ukraine machte sie ihr leidenschaftliches Engagement gepaart mit schlechter Ausbildung in Verhören verwundbar. Die Nazis bombardierten sie mit Fragen. Ihre Antworten kamen zögerlich, erzwungen durch Schläge der Sturmmänner. Zwischen Keuchen und Schluchzen hörte Bachner, wie Katerina die volle Verantwortung für die falschen Arbeitskarten übernahm. Sie hatte sie für die Partisanen ausgestellt und Bachner anschließend zur Unterschrift vorgelegt. Er hatte keine Ahnung von ihren Manipulationen gehabt.

Dies entsprach tatsächlich der Wahrheit. Törichterweise war er so beschäftigt mit seinem eigenen Versteckspiel gewesen, daß er gar nicht auf die Idee gekommen war, Menschen in seiner Umgebung könnten ebenfalls ein Doppelleben führen. Wie würde er sich verhalten haben, wenn er davon gewußt hätte? Würde er ihr geholfen haben, wenn sie ihn darum gebeten hätte? Schuldgefühle überfielen ihn, als er sich eingestehen mußte, daß er vermutlich nicht bereit gewesen wäre, zusätzliche Risiken einzugehen. War er keinen Deut besser als die ukrainischen Denunzianten? Ausschließlich um seine eigene Familie besorgt, hatte er wie ein Esel mit Scheuklappen stur geradeaus geblickt, ohne die zu beachten, die unterwegs strauchelten und unter den Rädern der deutschen Kriegsmaschinerie zermalmt wurden.

Das gesamte Verhör dauerte kaum fünf Minuten. Katerina wurde weggeschleppt; durch die über ihrem Gesicht hängenden Haarsträhnen hindurch sah Bachner Blut aus ihrem Mund tropfen. Müller ließ ihn weiter auf dem Flur warten. Bachner hörte eine Uhr ticken, Schreibmaschinen klappern, Papier rascheln; doch die Geräusche drangen kaum durch den Schleier verwirrender Gedanken, der sein Bewußtsein trübte.

Eine halbe Stunde später kehrte der Sturmmann in Begleitung des Firmenchefs zurück. Bachner kannte Kellners Angst vor der SS zwar bereits von dem Zwischenfall in Warschau her, doch erst hier offenbarte sich das ganze Ausmaß seiner Angst. Kellner zitterte am ganzen Körper so heftig, als habe er einen epileptischen Anfall, wo-

durch sein Hinken um so mehr auffiel. Sein Gesicht war aschfahl, und auf seiner Oberlippe standen Schweißperlen. In seinem flüchtigen, verstohlenen Blick auf Bachner lag die stumme Anklage, daß all die Unannehmlichkeiten dessen Schuld seien. Doch bevor er diesen Vorwurf hätte aussprechen können, wurde er an Bachner vorbei in Müllers Büro geschoben.
Müllers Stimme drang durch das Oberlicht über der Tür.
»So, Herr Architekt Kellner, nun lernen wir uns also endlich kennen.« Verschwunden war der brutale Ton, in dem er die Ukrainerin verhört hatte. Statt dessen bediente er sich wieder des herablassenden Stils, den er für Deutsch Sprechende reserviert hatte.
»Wann haben Sie Wilhelm Bachner eingestellt? Was wissen Sie über ihn?«
»Ich habe ihn in Warschau eingestellt. Er kam mit erstklassigen Referenzen der Universität Brünn, einer ausgezeichneten deutschen Hochschule. Ich versichere Ihnen, Herr Obersturmführer, daß Ingenieur Bachner nicht das geringste mit diesem unseligen Vorfall mit den falschen Arbeitskarten zu tun hat.«
»Wie können Sie diesbezüglich so sicher sein?« fragte Müller mißtrauisch. »Sie kennen doch diese Polen; man kann ihnen nicht über den Weg trauen. Sie warten nur auf die Gelegenheit, über uns herzufallen. Wie kommen Sie dazu, einem solchen Mann einen dermaßen verantwortungsvollen Posten zu geben!«
»Ich bitte Sie, Herr Obersturmführer«, konterte Kellner entrüstet, »ein Oberleutnant der Luftwaffe hat sich für den Mann verbürgt.«
Ein paar Sekunden lang hörte Bachner kein Wort. Er gratulierte Kellner im Stillen dafür, den Hans-Gregor-Trumpf im richtigen Moment ausgespielt zu haben.
»Wer ist dieser Oberleutnant?« fragte Müller nach.
»Oberleutnant Hans Gregor. Unsere Firma führte Bauarbeiten auf dem Luftwaffenstützpunkt in Berditschew durch. Gregor war unser Verbindungsoffizier. Zufällig hatte er mit Bachner zusammen die Universität besucht. Er versicherte mir dessen Vertrauenswürdigkeit.«

Wieder herrschte Schweigen, während Müller die unerwartete Wendung überdachte. »Rufen Sie in Berditschew an!« schnauzte er den Sturmmann an. »Machen Sie diesen Hans Gregor ausfindig und befragen Sie ihn zu der Sache.«
Ein Sturmmann eilte über den Flur, um die Order seines Vorgesetzten zu befolgen; ein zweiter geleitete Kellner aus dem Büro und bedeutete ihm, neben Bachner Platz zu nehmen.
Nach einem flüchtigen Blick auf seinen Arbeitgeber senkte Bachner den Kopf und starrte auf seine auf den Knien ruhenden Hände. »Ich kann Ihnen gar nicht sagen, wie leid mir die Angelegenheit tut«, entschuldigte er sich bei Kellner. »Ich hatte keine Ahnung, was hinter meinem Rücken vorging.« Er schaute auf. Das normalerweise tadellos gekämmte Haar des Architekten stand wie Stroh über seinen Ohren ab.
Kellner seufzte und blickte zu Boden. »Ich weiß, Herr Ingenieur. Aber man kann auch in Schwierigkeiten mit der SS geraten, wenn man unschuldig ist. Sie wissen das ebenso gut wie ich. Ich habe nicht vergessen, wie Sie geholfen haben, als dieser Tor Nieczajuk als angeblicher Jude verhaftet wurde.« Kellner mochte zwar ein Feigling sein, aber er bewunderte Bachner für dessen Fähigkeit, sich gegen die SS zu behaupten.
»Wenn dies hier alles vorbei ist – das heißt *falls* –, warum kommen Sie dann nicht für ein paar Tage mit mir nach Warschau zurück? Ihre Familie hält sich noch dort auf?«
Kellner hatte bisher nicht das geringste Interesse an Bachners Privatleben gezeigt, schien jetzt jedoch ernsthaft Anteil zu nehmen.
»Ja, Herr Kellner. Meine Frau wohnt in Warschau bei meinen Eltern und meinem jüngeren Bruder.« Das war genug der Wahrheit; in welchem Teil der Stadt seine Familie lebte, verschwieg Bachner wohlweislich.
»In der Zwischenzeit kann hier Gras über die Sache mit den Arbeitskarten wachsen, und Sie haben Gelegenheit, ihre Familie wiederzusehen. Fauss hat seinen Auftrag in Rowno beendet. Er könnte Sie hier ohne weiteres für ein paar Tage vertreten.«

»Vielen Dank, Herr Architekt. Das ist sehr freundlich von Ihnen. Aber es ist wirklich nicht nötig«, erwiderte Bachner ruhig. Fauss war ein deutscher Bauleiter der Kellner-Firma, ein eitler, brutaler Mann. Bachner war nicht wohl bei dem Gedanken, daß der Deutsche für ihn einspringen sollte. Angenommen, Kellner hielt ihn für den besseren Aufseher?
»Ich bestehe darauf«, sagte Kellner. »Sie haben sich Ihren Urlaub redlich verdient.«
»Wenn Sie darauf bestehen«, willigte Bachner widerstrebend ein. »Aber nur ein paar Tage. Ich werde hier gebraucht. Meine Arbeiter kennen mich. Sie leisten am meisten, wenn ich hier bin.«
Damit war das Gespräch beendet; schweigend harrten die beiden Männer der Dinge, die sie erwarteten. Als sei es die alltäglichste Sache der Welt, wurde um sie herum mit bürokratischem Eifer das Geschäft der Unterdrückung betrieben. Telefone klingelten, Schreibmaschinen klapperten. Die Fassade der Normalität überdeckte fast die Kehllaute deutscher Befehle und die flehenden Bitten, die jedesmal ertönten, wenn sich die Tür von Obersturmführer Müllers Büro hinter einem neuen ukrainischen Verdächtigen schloß. Bachner fragte sich, wie hoch die Chancen stehen mochten, daß sich Hans Gregor nach Monaten noch an ihn erinnerte. Konnten sie auf seinen guten Willen zählen? Würde sich bei der Befragung herausstellen, wie oberflächlich seine Bekanntschaft mit Bachner war? Die Antwort traf am späten Nachmittag ein.
Der Sturmmann überbrachte sie Müller. Wieder drang das Gespräch im Büro über das Oberlicht an Bachners Ohr.
»Oberleutnant Hans Gregor ist nicht mehr in Berditschew stationiert. Er wurde nach Breslau versetzt.«
»Dann rufen Sie in Breslau an, Sie Trottel!« brüllte Müller.
»Das habe ich getan, Herr Obersturmführer. Gregor befindet sich bei einem Einsatz und ist in den nächsten Tagen nicht erreichbar.«
»Verdammt!« entfuhr es Müller. »Nun, dann müssen wir eben so lange warten.« Einen Moment lang hörte Bachner nur das nervöse Scharren von Stiefeln auf Dielenbrettern.

»Ist noch was?« forderte Müllers Stimme.
»Es gibt ein Problem mit Reichsbahndirektor Falke, Herr Obersturmführer. Er ruft ständig an und fragt, wann sein Bauleiter entlassen wird. Er sagt, die Arbeit könne ohne den polnischen Ingenieur nicht weitergehen.« Die Stimme des Sturmmannes krächzte hysterisch. »Er droht, Berlin anzurufen.«
Müllers Stöhnen war bei den Lauschern vor der Tür deutlich zu hören. Der Obersturmführer hatte einen langen, fruchtlosen Tag hinter sich, sinnierte Bachner und konnte sich bei dem Gedanken ein Grinsen nicht verkneifen. Wenn man die Ukrainerin Katerina nicht mitrechnete, die für einen SS-Obersturmführer ohnehin so gut wie nicht zählte, dann hatte Müller den ganzen Tag sinnlos vergeudet. Um der Frau willen hoffte Bachner, daß der Nazi bald über dem Feuer der Kritik aus Berlin schmoren würde.
»Also gut, sagen Sie ihnen, sie können gehen.« Müller hob die Stimme, als wolle er sie mithören lassen. »Aber machen Sie ihnen klar, daß wir in Zukunft ein scharfes Auge auf sie werfen werden. Und wehe, es wandern noch einmal Arbeitskarten durch die Gegend!«

* * *

Bachner kehrte erschöpft und mit gemischten Gefühlen nach Warschau zurück. Er vermißte seine Familie zwar schrecklich, aber fast ebenso sehr vermißte er das Leben, das sie früher geführt hatten. Seine Liebsten im Ghetto zu wissen, erinnerte ihn ständig daran, wieviel sie verloren hatten. Daß sich die Zustände im Warschauer Ghetto nach der Trostlosigkeit des Dezembers weiter verschlechtern könnten, war kaum vorstellbar. Und dennoch wirkten die Straßen noch überfüllter und die Menschen noch apathischer als bei seinem letzten Besuch. Die Ghettobewohner schleppten sich von einem Tag zum anderen und hatten kaum noch Kraft zum Überleben. Der Typhus wucherte so zügellos und die sanitären Verhältnisse waren so katastrophal, daß eine Einweisung ins Krankenhaus einem Todesurteil gleichkam. In den Waisenhäusern verhungerten die Kin-

der. In Hauseingängen stapelten sich neben Bergen von Müll und Exkrementen die Leichen.
Beunruhigende, widersprüchliche Gerüchte kursierten im Ghetto. Bachner war nicht der einzige, der Geschichten von Massakern aus dem Osten mitbrachte. Diese Geschichten sprachen sich allmählich in den Straßen herum und vermischten sich dort mit Märchen über sowjetische Siege an der Ostfront. Dreißigtausend seien aus Lemberg deportiert worden, hieß es; die Sowjets hätten Wilna befreit; vor den Ghettotoren warteten angeblich Erschießungskommandos auf ihren Einsatzbefehl; die Deutschen seien auf dem Rückzug aus Kiew und die Amerikaner in Frankreich gelandet. Niemand wußte, wem man glauben sollte und was dies alles zu bedeuten hatte, wodurch die ständig nagende Angst natürlich noch verstärkt wurde.
Der »Judenrat« hatte sich mittlerweile selbst in Mißkredit gebracht. Czerniakow drängte bei den Deutschen zwar unvermindert auf bessere Lebensbedingungen und mehr Nahrungsmittel, doch eine Reihe anderer Ratsmitglieder nutzten ihre Position nur zu ihrem eigenen Vorteil, um sich das zu nehmen, was den übrigen Ghettobewohnern verwehrt blieb. Im Februar hatte Czerniakow bunte Glasfenster mit Darstellungen von Bibelszenen in die Ratsräume einbauen lassen. Auch Konzerte und Theateraufführungen wurden weiterhin vom »Judenrat« finanziert. Die Schwarzhändler betrieben Nachtclubs, die von den wenigen noch wohlhabenden Juden und von »Touristen« aus dem »arischen« Teil der Stadt frequentiert wurden.
Dank des regelmäßigen Einkommens aus Wilhelms Gehalt, das von Stamberger über den Polen Kazaniecki an Bachners Vater weitergeleitet wurde, hielt sich die Familie – gemessen am Ghettostandard – verhältnismäßig gut über Wasser. Aber wenn ihre Körper auch nicht hungern mußten, so schienen doch ihre Seelen Not zu leiden. Die wenigen Tage, die er kurz vor Pessach mit der Familie verbrachte, hinterließen bei Bachner einen bitteren Nachgeschmack. Ihn plagten Schuldgefühle wegen seiner Abwesenheit, wegen seiner Unfähigkeit, das tägliche Leiden mit ihnen zu teilen. Nüchtern betrach-

tet war das natürlich Unsinn, beschwichtigte er sich selbst. Die einzige Lebensader seiner Familie war das Gehalt, das er außerhalb des Ghettos verdiente. Doch nachdem er vom Schicksal der Juden im Osten erfahren hatte, war ihm klar, daß er vielleicht schon bald riskieren mußte, seine Angehörigen aus dem Ghetto zu holen. Er hörte ihnen in jenen wenigen Tagen aufmerksam zu und beobachtete mit kritischem Auge, wer von ihnen draußen wohl »durchgehen« würde. Bruno und Heniek konnte man eher für Polen als für Juden halten; überdies sprachen beide fließend Deutsch. Bruno sah nach langer Krankheit inzwischen allerdings so dünn und zerbrechlich aus, daß ihm die Aura des Ghettos anhaftete, was sich auch in seinen stumpfen, teilnahmslosen Augen widerspiegelte. Cesia könnte durchgehen, wenn sie ihr Haar färbte und nicht zu viel redete. Im Unterschied zu ihrem Mann war sie in Warschau aufgewachsen und hatte zu Hause Jiddisch, in der Schule Polnisch gesprochen. Sie konnte zwar etwas Deutsch, streute jedoch, wie viele Juden, häufig jiddische Wörter ein – eine tödliche Nachlässigkeit.
Was seine Eltern betraf, so mußte sich Bachner eingestehen, daß die Chancen für beide schlecht standen, insbesondere für seine Mutter. Sollte er riskieren, einen Teil der Familie auszuschleusen? Was würde aus seinen Eltern werden, wenn er die anderen mitnahm? Und falls sie auf der »arischen« Seite entlarvt wurden, erwartete sie die Todesstrafe. Wie sollte er Kellner die plötzliche Notwendigkeit erklären, seine Familie nach Kiew umzusiedeln?
Bachner lief ruhelos im Zimmer hin und her, während er versuchte, seine Gedanken zu ordnen und eine Entscheidung zu treffen. Er starrte aus dem Fenster auf die schuttbedeckte Ghettostraße. Gegenüber in einem windgeschützten Hauseingang kniete ein Greis mit einem *Tallith* um seine knochigen Schultern und betete. Würden seine gläubigen Bitten über die Ghettomauern steigen? Gefühle trübten Bachners Vernunft, eine dunkle Wolke, die das Licht verhüllte, das ihm den Weg weisen sollte. Wie konnte er eine kühle, rationale Entscheidung treffen, wenn das Leben seiner Angehörigen auf dem Spiel stand? Er mußte sich dazu zwingen. Seine Ent-

schlossenheit hatte sie sicher durch jene langen Monate der Not gebracht. Sein Instinkt hatte ihn niemals im Stich gelassen. Und so gerne er Cesias Koffer gepackt und sie mit nach Kiew genommen hätte, wußte er doch, daß die Zeit noch nicht reif dafür war. Angesichts seiner finanziellen Unterstützung und der Beziehungen durch Ostrowski und Kazaniecki war seine Familie im Ghetto zur Zeit noch am besten aufgehoben.

Die beiden Juden, die Bachner im Büro von Kellner untergebracht hatte – Adolf Stamberger alias Andrzej Staniecki und dessen Schwiegersohn Julek Schwalbe alias Juliusz Strojnowski –, waren dort im Augenblick ebenfalls noch in Sicherheit. Da er sehr polnisch aussah und mit einer nichtjüdischen Polin verheiratet war, vertraute Stamberger darauf, jederzeit »durchgehen« zu können. Sein großer, blonder Schwiegersohn, der Mann seiner einzigen Tochter Ruth, war von jeher ein Meister darin, sich als Nichtjude zu präsentieren. Beide hatten sich sogar einer Operation unterzogen, bei der die Haut über den Penis zurückgezogen wurde, um unbeschnitten zu wirken und damit selbst jenen letzten Test des Nichtjudentums bestehen zu können.

Am Abend vor seiner Abreise nach Kiew verließ Bachner das Ghetto und ging zu Kellners Büro, um dort die Nacht zu verbringen. Ruth und Julek Schwalbe, die in der angrenzenden kleinen Wohnung lebten, hatten ihm ihr Sofa angeboten. Der Abschied von der Familie war Bachner schwer gefallen. Seine Mutter und Cesia hatten geweint; der Vater hatte mürrisch und niedergeschlagen gewirkt. Wieder drohten Wilhelm Schuldgefühle zu überwältigen. Durfte er seine Familie tatsächlich in solchem Elend allein lassen?

Bachner saß allein in der dunklen, stillen Wohnung und hing düsteren Gedanken nach. Seine Tagträumereien wurden unterbrochen, als die Schwalbes nach Hause kamen. Die Pianistin Ruth hatte eine befreundete Sängerin bei einem improvisierten Liederabend auf dem Klavier begleitet. In angeregter Unterhaltung öffneten sie die Wohnungstür, verstummten jedoch sofort, als sie Bachner im Dunkeln sitzen sahen.

»Hallo Willi«, sagte Ruth, »darf ich dir unsere Freundin Gerda vorstellen.«
Eine elegante junge Frau ging selbstbewußt auf Bachner zu und streckte ihm die Hand entgegen. Als sie ihr Gegenüber genauer betrachtete, weiteten sich plötzlich ihre blauen Augen.
»Willi? Willi Bachner? Bist du das?«
Bachner runzelte die Stirn, lächelte unsicher und stammelte achselzuckend: »Es tut mir leid, ich ...«
»Ich bin Gerda. Gerda Reichenbaum aus Bielsko«, unterbrach sie ihn. Sie setzte sich neben ihn und zog ihre Handschuhe aus. »Du erinnerst dich wahrscheinlich nicht an mich. Ich war eine Schulfreundin von deiner Schwester Hilde.« Willi zog fragend eine Augenbraue hoch. »Und meine Schwester Halina war eine Freundin von Anna«, ergänzte Gerda. Dann lächelte sie; ein breites, entwaffnendes Lächeln, das sich von den Winkeln ihrer vollen Lippen bis zu den Spitzen der geschwungenen Brauen zog.
Willi erinnerte sich an dieses Lächeln. »Natürlich, Gerda«, rief er und ergriff noch einmal ihre Hand. »Du mußt mir verzeihen. Du warst noch ein Kind, als ich dich das letzte Mal gesehen habe. Was führt dich nach Warschau? Und auf diese Seite, wenn ich das hinzufügen darf?«
Gerda drückte seine Hand und lehnte sich dann in die Sofakissen zurück. Ein leiser Seufzer kam über ihre vollen Lippen, während sie ihre Handschuhe auf den Knien glättete.
»Das ist eine lange Geschichte. Ich kam kurz vor Kriegsausbruch nach Warschau. Ich habe bei meiner Gesangslehrerin gewohnt, deren Mann Diplomat war. Bis vor ein paar Monaten genoß er diplomatische Immunität. Als er sie verlor, zog ich bei Freunden ein. Eine winzige Wohnung.« Gerda zog einen Schmollmund. »Ich bin jetzt auch nicht mehr Gerda Reichenbaum. Ich bin Gertrude Ferenc.«
»Warum ungarisch?« fragte Bachner
»Mein Polnisch ist so schlecht. Wenn ich den Mund aufmache, merkt jeder, daß ich deutschsprachig aufgewachsen bin. Wie hast du nur so perfekt Polnisch sprechen gelernt?«

Willi kicherte. »Ihr Mädchen habt in Bielsko ein behütetes Leben geführt. Ihr mußtet euch nicht mit diesen polnischen Rabauken auf dem Schulhof prügeln, wenn ihr zu deutsch klangt.«

»Da hast du sicher recht«, stimmte Gerda lachend zu, um dann mit ihrer Geschichte fortzufahren. »Jedenfalls konnte ich nicht sagen, ich sei Deutsche. Dann hätten sie nämlich Nachforschungen über meine Herkunft angestellt, um mich zur Volksdeutschen zu erklären. Deshalb erschien mir Ungarin die ideale Wahl.«

»Und du hattest niemals Schwierigkeiten?« fragte Bachner mit Bezug auf die täglichen Probleme des Versteckspielens.

»Natürlich nicht«, antwortete sie mit der Zuversicht der Jugend. »Schau mich an: Ich bin blond und blauäugig. Wer würde mich verdächtigen? Aber was ist mit dir?« Sie hob ihre Handschuhe, schlug die Beine übereinander und zog den engen schwarzen Rock Richtung Knie. »Seltsam, daß ich nie die Verbindung hergestellt habe, wenn Juliusz und Ruth von dir erzählt haben. Wie geht es deiner Familie?«

Es folgte das inzwischen alltägliche Ritual, sich über das Schicksal verschiedener Angehöriger auszutauschen – eine nüchterne Bestandsaufnahme, wer noch am Leben war und wer sich in welchem Ghetto befand. Je mehr Geister im Raum schwebten, desto stokkender verlief die Unterhaltung. Nach Minuten düsterer Stille erhob sich Gerda und streifte ihre Handschuhe über. Das Lächeln, das Willi an das sorglose Mädchen erinnert hatte, war aus ihrem blassen jungen Gesicht verschwunden. Impulsiv umarmte sie Willi und lehnte ihren Kopf einen Moment lang an seine Schulter. Dann riß sie sich los.

»Viel Glück, Willi«, sagte sie und starrte dabei krampfhaft auf den Fußboden; sie brachte es nicht über sich, ihm in die Augen zu schauen. Mit einem stummen Kopfschütteln drehte sie sich um und verließ fluchtartig die Wohnung.

Bachner trank noch ein letztes Glas Wodka mit seinen Gastgebern, bevor er zu Bett ging. Er fühlte sich ausgelaugt. Als er sich auf der geliehenen Matratze ausstreckte, begann der Alkohol in seinem

Magen zu brennen. Er wälzte sich von einer Seite auf die andere, bis ihn endlich die Müdigkeit übermannte.
Am nächsten Morgen fragten ihn Schwalbe und Stamberger über jedes Detail des Lebens »drinnen« aus. Sie hatten niemals im Ghetto gewohnt, und auch sie wurden angesichts des Elends, das jenseits der Mauern herrschte, von Schuldgefühlen geplagt. Bachner wußte nicht viel zu erzählen; er hatte fast die gesamte Zeit hinter den Mauern bei seiner Familie verbracht. Dafür konnte er ausführlich über die Zustände im Osten berichten.
Als Bachner den Zug nach Kiew bestieg, fühlte er sich keineswegs erholt; der Kurzbesuch in Warschau hatte im Gegenteil nur seine Schwermut vertieft. Müdigkeit war in seine Knochen gekrochen. Er sehnte sich schmerzlich nach dem Leben, das er sich als selbstbewußter junger Mann erträumt hatte, als er drei Jahre zuvor nach Warschau gekommen war. Eine rosige Zukunft lag vor ihm; er hatte sie wie auf dem Reißbrett exakt geplant. Doch dann war alles ganz anders gekommen: Schon über zwei Jahre der Mißhandlung durch einen Feind, dem er nicht einmal feindlich gesinnt gewesen war; zwei Jahre als Zielscheibe eines Hasses, dessen Ursprung er nicht ergründen konnte.
Wenn es doch endlich zu Ende wäre! Wenn man diese schier endlose Nazi-Flut nur irgendwie aufhalten könnte! Wenn er einfach wieder ein ganz normaler Ehemann, Sohn und Angestellter sein könnte! Er seufzte und starrte auf die vorbeiziehende Landschaft Ostpolens. Der Frühling hatte begonnen – in der Natur die Jahreszeit der Hoffnung auf neues Leben und Erneuerung. Doch in der Welt der Menschen, der Welt des Krieges, lag die Hoffnung noch immer unter der Kälte der »Herrenrasse« begraben.
Als der Zug am nächsten Morgen in Lemberg hielt, stieg Bachner aus, um sich die Beine zu vertreten. Ähnlich wie in Kiew sah man Arbeitskolonnen, die den Schutt beschädigter Gebäude wegschafften. Doch dies waren keine Ukrainer oder Polen, bemerkte Bachner. Dies waren Juden. Die Männer sahen ausgemergelt und schmutzig aus und schienen kaum noch in der Lage, den ständigen Forderun-

gen der ukrainischen Aufseher nach schnellerem Arbeiten nachzukommen. Um die Männer daran zu hindern, sich auf dem Bahnhof unter die Reisenden zu mischen, waren sie auf dem Rücken mit einem breiten Streifen roter Farbe markiert. Die Männer stocherten mit Schaufeln lethargisch im Schutt herum; die Kräftigeren fuhren Trümmerreste mit Schubkarren weg.

Einer der Arbeiter lenkte Bachners Aufmerksamkeit auf sich, indem er sich mit dem Anflug eines Lächelns an die Mütze griff, als grüße er ihn. Bachner erkannte den Mann zunächst nicht. Sein Kopf war kahlgeschoren, der einst akkurate Schnauzer verlor sich in einem Stoppelbart, und das runde Gesicht war hager und runzlig geworden. Doch aus den Augen sprach noch immer jene Spitzbübischkeit, die Bachner sofort auf die Sprünge half: Er war gerade seinem Lieblingsonkel Heinrich Fabiszkiewicz begegnet. Onkel Fabisch, wie er in Familienkreisen genannt wurde, war in Bielsko ein erfolgreicher Unternehmer gewesen. Welch seltsamer Zufall, ihn ausgerechnet in Lemberg wiederzutreffen.

Bachner konnte nicht riskieren, den Onkel direkt anzusprechen. Also schlenderte er auf einen der ukrainischen Aufseher zu, der mit dem Gewehr auf dem Schoß auf einem Stapel Holzbretter hockte. Er bot dem Mann eine Zigarette an und erkundigte sich dabei beiläufig, woher die Arbeiter kämen.

»Janowska«, war die knappe Antwort. »Wandelnde Leichen sind das. Die da« – er nickte geringschätzig in Richtung der Arbeiter – »die da sind noch die Kräftigeren. Sie sollten mal die im Lager sehen.«

Bachner nickte gleichgültig und schlenderte weiter. Doch in seinem Kopf begann bereits ein Plan zu reifen. Die Niedergeschlagenheit der Zugfahrt war verflogen; an ihre Stelle waren Entschlossenheit und Konzentration auf ein Ziel getreten: Er mußte seinen Onkel aus Janowska herausholen, und er wußte, daß ihm dafür nicht viel Zeit blieb.

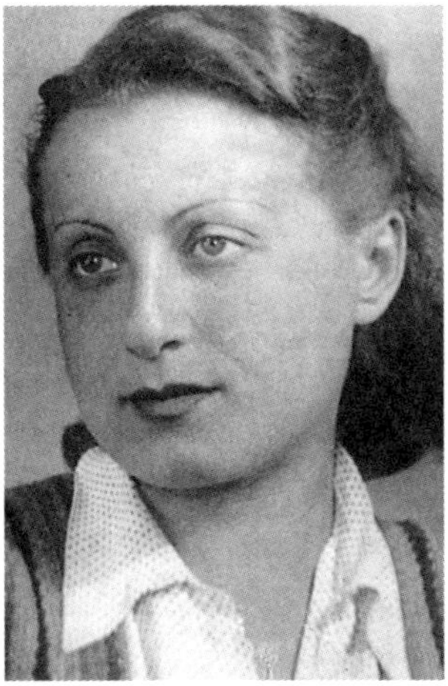

Willi und Cesia Bachner 1942

Willi und Cesia Bachner in Kalifornien

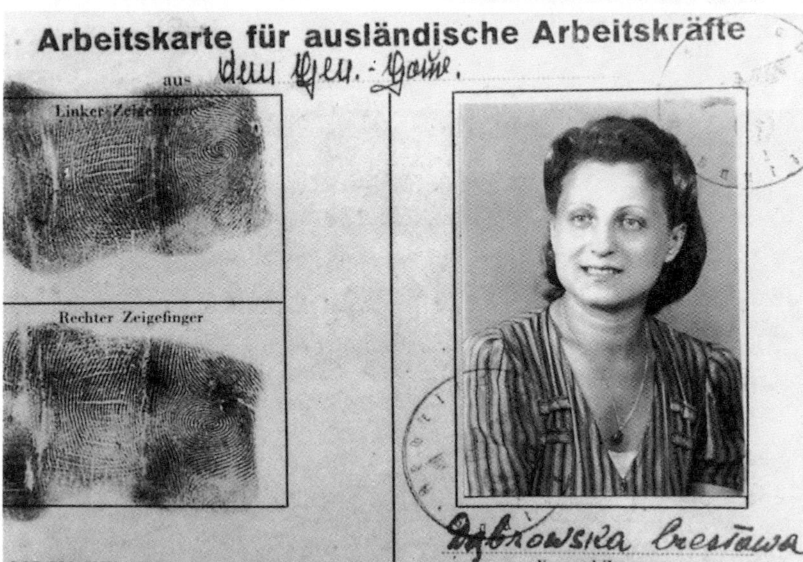

Arbeitskarte für ausländische Arbeitskräfte für Wilhelm Bachner (oben) und Cesia Bachner alias Czeslawa Dambrowska (unten)

Willis Vater
Heinrich Bachner (1945)

Willis Mutter
Helena Bachner (1941)

Name	Bachner
Vornamen	Heinrich
Geburtstag	28. Dezember 1877
Geburtsort	Chrzanow/Polen
Staatsangehörigkeit	fr. Polen
Beruf	Malermeister
Gegenwärt. Wohn- od. Aufenthaltsort	Bamberg
Wohnsitz am 1. 9. 1939	Bielitz/Oberschles.
Größe und Gestalt	165 cm, untersetzt
Farbe der Augen	blau
Unveränderl. Kennzeichen	fehlen
Veränderliche Kennzeichen	fehlen
Bemerkungen	keine

Ungültig

(Unterschrift des Kennkarteninhabers)

Bamberg, den 14. Oktober 1946

Ungültig

Der Oberbürgermeister

Im Auftrage

(Unterschrift des ausfertigenden Beamten)

Gebühr

Linker Zeigefinger

Rechter Zeigefinger

Heinrich Bachners Ausweis, unmittelbar nach dem Krieg.

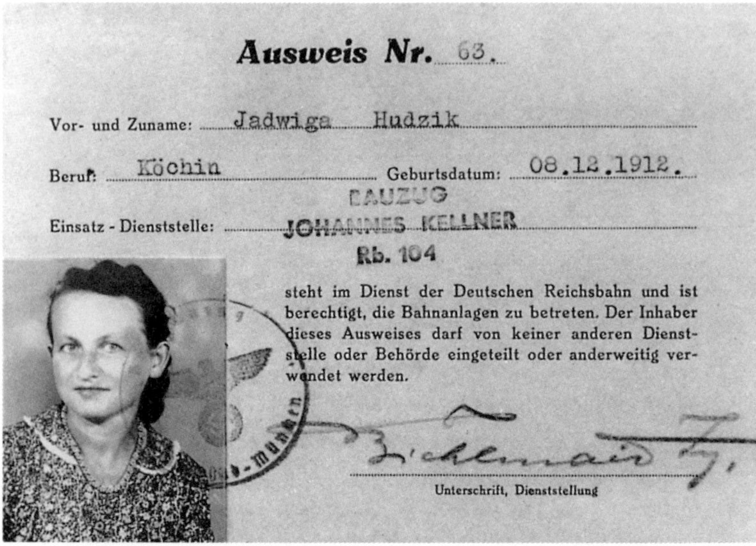

Ausweis Nr. 63.

Vor- und Zuname: Jadwiga Hudzik

Beruf: Köchin Geburtsdatum: 08.12.1912.

Einsatz - Dienststelle: BAUZUG JOHANNES KELLNER Rb. 104

steht im Dienst der Deutschen Reichsbahn und ist berechtigt, die Bahnanlagen zu betreten. Der Inhaber dieses Ausweises darf von keiner anderen Dienststelle oder Behörde eingeteilt oder anderweitig verwendet werden.

Unterschrift, Dienststellung

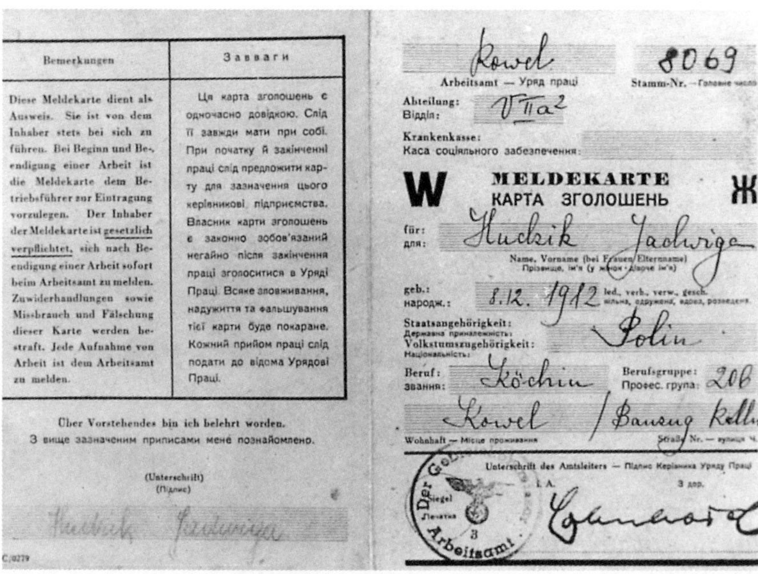

Bemerkungen	Заваги
Diese Meldekarte dient als Ausweis. Sie ist von dem Inhaber stets bei sich zu führen. Bei Beginn und Beendigung einer Arbeit ist die Meldekarte dem Betriebsführer zur Eintragung vorzulegen. Der Inhaber der Meldekarte ist gesetzlich verpflichtet, sich nach Beendigung einer Arbeit sofort beim Arbeitsamt zu melden. Zuwiderhandlungen sowie Missbrauch und Fälschung dieser Karte werden bestraft. Jede Aufnahme von Arbeit ist dem Arbeitsamt zu melden.	Ця карта зголошень є одночасно довідкою. Слід її завжди мати при собі. При початку й закінченні праці слід предложити карту для зазначення цього керівникові підприємства. Власник карти зголошень є законно зобов'язаний негайно після закінчення праці зголоситися в Уряді Праці. Всяке зловживання, надужиття та фальшування тієї карти буде покаране. Кожний прийом праці слід подати до відома Урядові Праці.

Über Vorstehendes bin ich belehrt worden.
З вище зазначеним приписами мене познайомлено.

(Unterschrift)
(Підпис)

Hudzik Jadwiga

C/0279

Kowel 8069
Arbeitsamt — Уряд праці Stamm-Nr. — Головне число

Abteilung: / Відділ: V II a2

Krankenkasse: / Каса соціяльного забезпечення:

W **MELDEKARTE** / КАРТА ЗГОЛОШЕНЬ Ж

für: / для: Hudzik Jadwiga
Name, Vorname (bei Frauen Elternname) / Прізвище, ім'я (у жінок - дівоче ім'я)

geb.: / народж.: 8.12.1912 led., verh., verw., gesch. / вільна, одружена, вдова, розведена

Staatsangehörigkeit: / Державна приналежність:
Volkstumszugehörigkeit: / Національність: Polin

Beruf: / звання: Köchin Berufsgruppe: / Профес. група: 20b

Kowel / Bauzug Kellner
Wohnhaft — Місце проживання Straße Nr. — вулиця Ч.

Unterschrift des Amtsleiters — Підпис Керівника Уряду Праці
I. A. З дор.

Der Gebietskommissar Siegel / Печатка Arbeitsamt

Ausweis von Jadwiga Hudzik (Jadwiga Finder) oben und ihre Arbeitskarte als Köchin (unten)

Gerda Reichenbaum während ihrer aktiven Karriere als Sängerin 1953 und im Juli 1993

Die Insignien aller Reichsbahnangestellten. »R« steht für Reichsbahn.

Willi Bachner und seine Schwester Hilde 1958

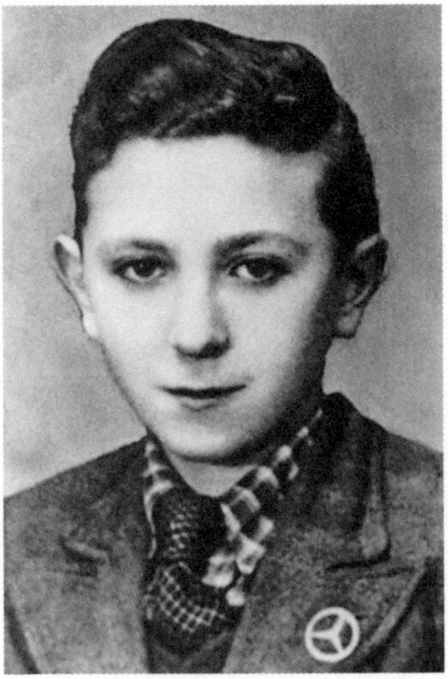

Willis Bruder Bruno 1940

Cesia, Willi, Hilde und Heinrich Bachner 1947

Willis Schwester Anna 1935

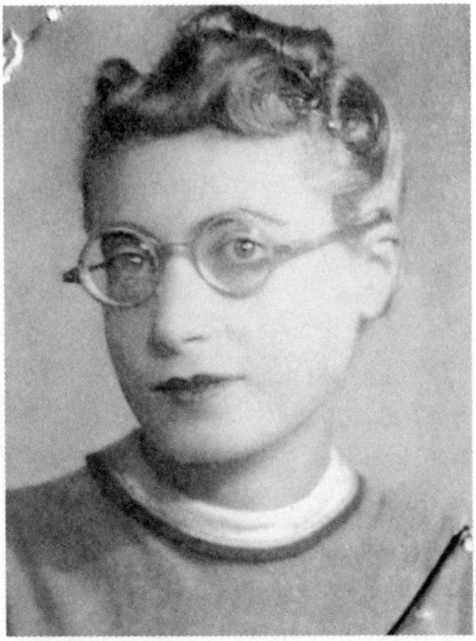

Hania Tiefeld 1942

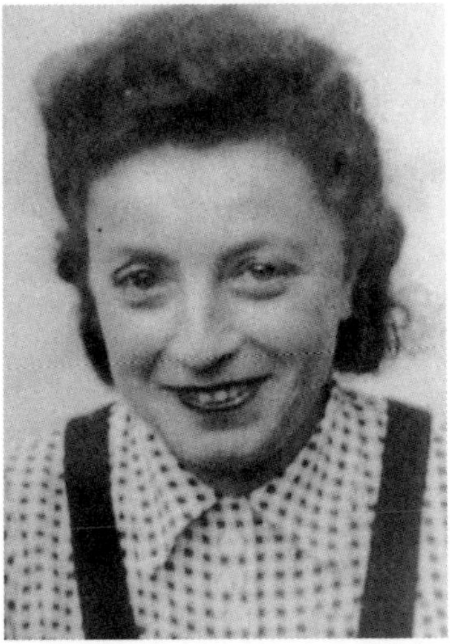

Genia Tiefeld 1945

Vater Bachners kleines Gebetbuch (oben) und dessen Titelseite (rechts), auf der unten das polnische Wort für Gebetbuch zu erkennen ist: Modlitewnik

Niederlassungen der Firma Kellner 1940 bis 1943
• Warschau, Polen: August 1939 bis Januar 1941
• Bialystok, Polen: Januar bis Juni 1941
• Berditschew, Ukraine: August bis Dezember 1941
• Kiew, Ukraine: Dezember 1941 bis September 1943
• Kowel, Ukraine: November 1943 bis Januar 1944
• Minsk, Weißrußland: Januar bis April 1944
Andere Einsatzorte der Firma Kellner 1941 bis 1943
Boguslaw, Ukraine
Spola, Ukraine
Nowograd-Wolynsky, Ukraine
Dnjepropetrowsk, Ukraine
Schitomir, Ukraine
Winniza, Ukraine
Ostsee
ESTLAND
LETTLAND
LITAUEN
Wilna
Minsk
Bialystok
Treblinka
Warschau
WEISS-
RUSSLAND
RUSSLAND
Kursk
POLEN
Kowel
Kiew
Charkow
Nowograd-Wolynsky
Schitomir
Lwów
Boguslaw
UKRAINE
Berditschew
Winniza
Spola
Dnjepropetrowsk
MOLDAWIEN
Odessa
RUMÄNIEN

Niederlassungen der Firma Kellner
Januar 1944 bis Mai 1945
• Bromberg, Polen: Mai bis Oktober 1944
Oktober bis Dezember 1944
• Gdynia
• Stettin
• Eberswalde
• Wittichenau
• Cottbus
• Bautzen
• Berlin: 24-Stunden-Halt, Januar 1945
• Erfurt: Januar bis März 1945
• Gera: März 1945
• Plauen: April bis Mai 1945
SCHWEDEN
Ostsee
Gdynia
Danzig
Stettin
Eberswalde
Bromberg
Bialystok
Treblinka
Berlin
DEUTSCHLAND
Cottbus
Warschau
Wittichenau
Erfurt
Dresden
Bautzen
Lodz
POLEN
Frankfurt
Gera
Plauen
Plaszow
Prag
Auschwitz
Krakau
TSCHECHOSLO-
WAKEI
Bielsko
Brünn
München
Wien
ÖSTERREICH
Budapest
UNGARN
ITALIEN

Befreiung und Vernichtung

Reiße mich aus dem Schlamm,
daß ich nimmer versinke.
Entrissen sei ich meinen Hassern
und den Wassertiefen!
Nimmer spüle mich der Schwall des Wassers hinweg,
nimmer verschlinge mich der Strudel,
nimmer mache der Brunnen seinen Mund über mir zu!
Psalm 69:15-16

Als sich die Tore von Janowska wie eine Höllenpforte vor ihm abzeichneten, verließ Bachner vorübergehend der Mut, den er auf dem Bahnhof gefaßt hatte. Er wußte, daß die Einweisung in das Lager Janowska einem Todesurteil gleichkam und daß er die letzte Überlebenshoffnung seines Onkels war. Aber sein Vorhaben war Wahnsinn. Wie hatte er sich jemals einbilden können, einfach kaltblütig in ein Arbeitslager der Nazis zu spazieren und die Freilassung eines Insassen zu fordern! Andererseits besaß er die entsprechenden Papiere: einen Antrag der Firma Kellner auf Freistellung des Schreiners Fabiszkiewicz für kriegswichtige Arbeiten in Kiew.
Deutsche Tüchtigkeit, dachte Bachner, ich muß den Inbegriff des tüchtigen Ingenieurs darstellen, der keine Behinderung auf dem Weg zum Ziel duldet. Er hatte sich der Rolle entsprechend gekleidet: schwarzer Ledermantel, kniehohe Stiefel und die beste Hose. Er ging auf die beiden Wachposten am Tor zu und verlangte, den Kommandanten zu sprechen. Die Wachposten klärten ihn auf, daß der Kommandant in der Regel keine Besucher empfange, und forderten ihn auf, sein Anliegen vorzutragen.
»Ich bin gekommen, um einen der Lagerinsassen für kriegswichtige Arbeiten in Kiew abzuholen«, verkündete Bachner selbstbewußt. Er hoffte, Eindruck damit zu schinden, daß er sein dreistes Ansin-

nen als völlig normal und legal hinstellte. »Ich möchte Herrn Obersturmführer Gebauer sprechen.«
Eine der beiden Wachen verließ ihren Posten, um im Lagerbüro Rücksprache zu halten. Bachner durfte das Gelände nicht betreten, was ihm allerdings ganz recht war. Wer weiß, ob er je wieder lebend aus der Höhle des Löwen herausgekommen wäre; er wurde von dem seltsamen Gefühl beschlichen, als könne man ihm an jenem gespenstischen Ort seine wahre Identität ansehen. Man mußte das Lager nicht betreten, um sich ein Bild von den üblen Zuständen drinnen zu machen. Bachner erkannte, daß es sich bei den Arbeitern am Bahnhof tatsächlich um die kräftigsten und gesündesten Insassen gehandelt hatte. Die übrigen schlurften teilnahmslos auf dem Lagerhof herum, schleppten Steine oder hoben Abwassergräben aus.
Die Lagerinsassen arbeiteten unter den Argusaugen von SS-Leuten, Ukrainern und einigen russischen Kriegsgefangenen, die als Lagerkapos die Befehle ihrer deutschen Herren vollstreckten. Rund um das Lager standen in regelmäßigen Abständen Wachtürme mit Suchscheinwerfern. Die Insassen waren nicht nur an ihrem erbärmlichen Aussehen zu erkennen, sondern auch an dem roten Streifen auf dem Rücken und dem Eßgeschirr, das mit einer Schnur an ihrer Taille befestigt war und bei jedem Schritt klapperte. Auf einer leichten Erhebung am entgegengesetzten Ende des Lagers entdeckte Bachner einen unordentlichen Haufen Stoff, den er zunächst für einen Berg Lumpen hielt, der sich jedoch bei näherem Hinsehen bewegte. Bachner zuckte zusammen; seine Hände ballten sich zu Fäusten, seine Fingernägel bohrten sich in die Handballen, als er mit Schrecken erkannte, daß in den Lumpen Sterbende und Tote steckten. Die frisch Verstorbenen und die dem Tode Nahen wurden wie schmutzige Wäsche achtlos auf einen Haufen geworfen. Bachner wandte den Blick ab und ließ seine Gesichtszüge gefrieren, um seine Erregung vor dem Wachposten zu verbergen.
Während er mit versteinerter Miene vor sich hinstarrte und versuchte, seine brodelnde Wut unter Kontrolle zu halten, kehrte der andere Wachposten mit einem SS-Offizier zurück.

»Ich bin Sturmscharführer Willhaus. Was hat diese Angelegenheit zu bedeuten? Wie kommen Sie dazu, einen unserer Arbeiter abholen zu wollen?«
»Herr Willhaus«, begann Bachner mit einem erzwungenen Lächeln, das verschwörerisch wirken sollte. »Mein Name ist Wilhelm Bachner. Ich bin Architekt, im Auftrag der Reichsbahn für den Wiederaufbau des Bahnhofs von Kiew zuständig. Zufällig habe ich heute hier auf dem Bahnhof einen Ihrer Insassen erkannt. Es handelt sich um einen Schreinermeister aus meiner Heimatstadt Bielitz. Er hat dort für den Betrieb meiner Familie gearbeitet. Die Arbeitskraft eines solchen Mannes wird hier nur verschwendet. Er kann dem Reich bei meiner Firma wesentlich besser dienen.«
Willhaus starrte Bachner ungläubig an.
»Sie meinen also, ich sollte Ihnen den Mann einfach überlassen? Sind Sie verrückt? Wir sind hier doch keine Arbeitsvermittlungsstelle!«
»Ich versichere Ihnen, daß ich sämtliche erforderlichen Papiere für seine Versetzung besitze.« Bachner zog einen ganzen Stapel vorbereiteter Dokumente aus der Manteltasche.
»Der Mann ist Jude! Sie können doch keinen Juden nach Kiew mitnehmen.«
»Sehen Sie«, erwiderte Bachner verunsichert, »von mir aus kann der Mann Indianer sein. Ich habe in Kiew kriegswichtige Arbeiten zu erledigen. Können Sie sich vorstellen, wie schwierig es ist, dort qualifiziertes Personal zu bekommen? Dieser Jude kann dem Reich in Kiew von weit größerem Nutzen sein als hier.«
Willhaus schien noch immer mehr verblüfft als verärgert zu sein. Bachner preßte die Lippen zusammen, faltete die Hände auf dem Rücken und versuchte, Augenkontakt zu halten. Wahrscheinlich hatte er den SS-Offizier mit einer ihm neuen Situation konfrontiert. Bachner bezweifelte, daß es vor ihm jemand gewagt hatte, ins Lager zu spazieren und die Entlassung eines Juden zu verlangen. Er beobachtete das Mienenspiel seines Gegenübers; im Gesicht des SS-Manns wechselten Ungläubigkeit, Verwirrung und Unsicherheit, während

er die für einen Untergebenen typischen Berechnungen anstellte, um der unbekannten Situation Herr zu werden.
Bachner spielte nervös mit seinen hinter dem Rücken verschränkten Händen, während die Sekunden wie eine Ewigkeit verstrichen. Reichte sein dreistes Auftreten etwa nicht, um die Freilassung seines Onkels zu erwirken? Aus den tiefen Falten auf der Stirn des Deutschen konnte man schließen, daß Willhaus darin geübt war, sich die schlimmsten Konsequenzen auszumalen. Bei sorgfältiger Abwägung der Risiken konnte der SS-Offizier eigentlich nur zu dem Schluß gelangen, daß er mit der Entlassung eines Juden unweigerlich den Zorn seiner Vorgesetzten auf sich ziehen würde, während die Abweisung dieses ihm unbekannten Reichsbahnarchitekten vermutlich keinerlei negative Konsequenzen hätte. Insofern schien die Entscheidung nicht schwer.
»Es gibt keine Versetzung von Arbeitern aus diesem Lager. Guten Tag, Herr Architekt«, verkündete Willhaus mit einer Bestimmtheit, die keinen Widerspruch duldete, machte auf dem Absatz kehrt und ließ Bachner mit den beiden grinsenden Wachposten allein. Bachner gab einen, wie er hoffte, verärgert klingenden Seufzer von sich und schritt äußerlich gelassen zu dem wartenden Wagen. Doch in seinem Kopf geisterten Bilder von seinem Onkel inmitten jenes Lumpenhaufens herum. Zitternd wie Espenlaub und mit weichen Knien stieg er ins Auto. Beim Wegfahren starrte er wie gebannt in den Rückspiegel. Hinter ihm schlossen sich die Tore von Janowska. Wenn ihm kein besserer Plan einfiel, würde sein Onkel Fabisch bis ans Ende seiner Tage in diesem Höllenlager der Nazis schmoren müssen. Wie konnte er seine Entlassung bewirken? Wie nur? Die Antwort lag in den Sternen.
Der Zug Warschau-Kiew war bereits abgefahren, so daß Bachner seine Rückkehr in die ukrainische Hauptstadt auf den folgenden Tag verschieben mußte. Und wenn die Freilassung seines Onkels auch fürs erste gescheitert war, so war er doch keinesfalls willens, die Flinte ins Korn zu werfen.
Nach seiner Ankunft in Kiew entwarf er den Plan für ein noch wag-

halsigeres Rettungsmanöver. Er hatte vor einiger Zeit die Bekanntschaft eines der zahlreichen ukrainischen Schwarzmarkthändler gemacht. Der bereits zu Zeiten der Kommunisten existierende Untergrundmarkt florierte nach der deutschen Invasion aufgrund der Rationierung aller Verbrauchsgüter besser als je zuvor. Bachner stellte dort Nachforschungen betreffend der Anheuerung eines diskreten Fahrers in Lemberg an. Sein Bekannter bot bereitwillig seine Hilfe an und nannte ihm Name und Adresse eines zuverlässigen Mannes. Eine weitere Reise nach Westen war problemlos zu rechtfertigen, da die Kellner-Firma in Lemberg ein Büro unterhielt. Als Grund schob Bachner eine Konferenz mit dem dortigen Bauleiter vor; seinem Vorarbeiter erklärte er, er werde in zwei Tagen zurück sein. Alles würde von der Einhaltung eines exakten Zeitplans abhängen. Bachner hatte den Ablauf des Unternehmens minutiös ausgearbeitet. Während er noch einmal über den Zugfahrplänen brütete, konnte er nur noch beten, daß seine Rechnung auch aufging.

Am nächsten Morgen fuhr er mit dem Zug nach Lemberg zurück. Den Nachmittag verbrachte er mit dem dortigen Bauleiter der Kellner-Firma, lobte dessen Organisationstalent und bewunderte die Fortschritte auf der Baustelle. Am Abend traf er sich mit dem Fahrer, den man ihm empfohlen hatte, sowie einem weiteren erforderlichen Helfer. Die beiden waren begeistert von der Aussicht, der SS eins auszuwischen, und der Preis, den Bachner dafür zu zahlen bereit war, lohnte das Risiko. Er gab dem Fahrer hundert Mark im voraus; die zweite Hälfte der vereinbarten Summe wurde nach erfolgreichem Abschluß des Auftrags fällig.

Es war das gefährlichste Unternehmen, auf das sich Bachner je eingelassen hatte. Er war von Fremden abhängig, die ihn jederzeit verraten konnten; doch dieses Risiko mußte er in Kauf nehmen. Es würde höchstens noch ein paar Wochen dauern, bevor sein Onkel den wandelnden Leichen im Lager gleichen würde, falls er überhaupt so lange durchhielt.

Der folgende Tag war kalt und regnerisch. Bachner erkundigte sich am Bahnhof nach den Abfahrtszeiten der Züge und hörte mit Erleichterung, daß nicht mit Verspätungen zu rechnen sei. Anschließend traf er sich mit seinen beiden ukrainischen Helfern und begab sich mit ihnen zum Rangierbahnhof, wo die Janowska-Insassen mit Aufräumungsarbeiten beschäftigt waren. Einer der Ukrainer schlenderte auf seinen Landsmann zu, der die Arbeiter bewachte. Zigaretten wurden angesteckt, worauf eine angeregte Unterhaltung folgte. Bachners Komplize plauderte beredt über Krieg, Juden, Frauen, Wodka und andere populäre Themen. Der Wachmann war dankbar für die kleine Abwechslung an einem solch elenden Vormittag und ließ sich bereitwillig auf das Gespräch ein.

Bachner bemerkte, daß seinem Onkel nichts davon entging. Der alte Mann beobachtete die Unterhaltung aus den Augenwinkeln und warf danach einen verstohlenen Blick auf seinen Neffen, der in einem neben den Gleisen geparkten Wagen saß. Willi nickte, worauf sich Fabiszkiewicz unauffällig Richtung Auto bewegte. Auf ein Zeichen von Bachner hin lenkte der geschwätzige Komplize die Aufmerksamkeit des Wachmanns auf eine gegenüberliegende Baustelle. Seine Chance witternd, spurtete Fabiszkiewicz zum Auto. Bachner öffnete von innen die hintere Tür; mit einem Satz war der Onkel im Wagen und duckte sich auf den Boden.

Niemand schlug Alarm. Mit einem wachsamen Auge auf die Umgebung steuerte der Fahrer den Wagen ruhig aus der Gefahrenzone, während sein Kollege weiter den interessierten Gesprächspartner des Janowska-Wachmanns spielte.

»Gratuliere, Willi«, ließ sich Onkel Fabisch aus seinem Versteck auf dem Boden vor dem Rücksitz vernehmen. »Du hast dir mit dem Wiederkommen zwar Zeit gelassen, aber ich habe nie daran gezweifelt, daß mein Lieblingsneffe mich retten würde. Ist mein Abgang bemerkt worden?«

»Nein. Sie sind viel zu sehr damit beschäftigt, an ihren Zigaretten zu ziehen und sich gegenseitig auf die Schulter zu klopfen, soweit ich das beurteilen kann.« Bachner griff nach hinten, um die Hand seines Onkels zu drücken. »Du bist in Sicherheit, Onkel Fabisch.« Er kniff die Augen für einen Moment zu, um die Tränen zurückzudrängen.

Würde man überhaupt bemerken, daß ein Insasse fehlte? Wahrscheinlich nicht. Ihr Äußeres hinderte die Männer daran, in der Menge unterzutauchen, und die Vorstellung, daß jemand von außerhalb einen Fluchtversuch organisieren könnte, fanden die arroganten Nazis offenbar so absurd, daß sie zur Bewachung von zwanzig bis dreißig Arbeitern nur einen einzigen Ukrainer abstellten. Die Abwesenheit seines Onkels würde frühestens beim Abendappell im Lager entdeckt werden.

»Ist es gestattet zu fragen, wohin unsere kleine Reise geht? Und was meinen Neffen dazu führt, auf dem Bahnhof von Lemberg herumzuspazieren?« fragte Fabiszkiewicz. Selbst die Erschöpfung konnte ihm seinen charakteristischen Humor nicht nehmen.

»Wir fahren nach Kiew, Onkel. In ein paar Minuten werden wir den Zug dorthin besteigen. Ich weiß, daß du eine Menge Fragen hast, aber ich kann sie dir jetzt nicht beantworten. Tu genau, was ich dir sage. Halte dich bereit; es kann um Sekunden gehen.«

Der Wagen fuhr zum Hauptbahnhof zurück und hielt neben einem wartenden Zug an. Bachner überreichte seinem ukrainischen Helfer einen Umschlag mit der zweiten Hälfte der Belohnung und stieg aus. Er lief zu einem am Zugende stehenden Reichsbahnbeamten hinüber, zeigte seinen Firmenausweis und fragte nach der Abfahrtszeit.

»Wann immer Sie bereit sind, Herr Ingenieur«, lautete die Auskunft. Bachner öffnete die Schiebetür eines der letzten Waggons, in dem sich Baumaterial für die Firma Kellner in Kiew stapelte. Nachdem er einen Blick hineingeworfen hatte, ließ er sich von dem Reichsbahnbeamten die Ladeliste zeigen und ging diese mit dem Mann Punkt für Punkt durch, um ihn vom Geschehen abzulenken. Inzwischen öffnete der Fahrer für Onkel Fabisch die hintere Wagentür. Bachner wünschte, er hätte Augen im Hinterkopf, um sich davon überzeugen zu können, daß es sein Onkel geschafft hatte; so mußte er sich mit dem Geräusch des wegfahrenden Wagens als Indiz begnügen. Nachdem er dem Beamten erklärt hatte, er wolle noch einmal persönlich die Ladung kontrollieren und ziehe es deshalb vor, im Frachtwaggon zu reisen, stieg Bachner ein und schloß die Tür hinter sich. Mit einem Finger auf den Lippen bedeutete er seinem Onkel, sich während der letzten kritischen Minuten ruhig zu verhalten. Als sich der Zug nach einem Pfiff endlich in Bewegung setzte, umarmte er den Onkel schweigend und ließ seinen Tränen freien Lauf. Er hatte es geschafft! Er hatte einen der Seinen gerettet!

Nachdem der Zug einmal in Fahrt war, konnte ihnen bis zum nächsten Halt nichts passieren. Der einzige Zugang zu den Viehwaggons, die zum Warentransport benutzt wurden, war die seitliche Schiebetür. Bachner holte Brot, Wurst und eine Reiseflasche mit Tee aus der Tasche. Sein Onkel stürzte sich auf die Köstlichkeiten und erzählte seinem Neffen kauend, wie es ihm seit ihrer letzten Begegnung Anfang 1939 ergangen war. Wie Heniek war auch Onkel Fabisch aus Bielsko deportiert worden. Doch im Gegensatz zu jenem war es ihm gelungen, sich in die UdSSR abzusetzen. Zum Zeitpunkt der deutschen Invasion hatte er sich in Lemberg aufgehalten und war der ersten Welle der Massenerschießungen, die ukrainische Nationalisten im Auftrag der Deutschen durchführten, entgangen. Danach arbeitete er eine Zeitlang im Ghetto von Lemberg, bis er bei einer der in den vergangenen Wochen vermehrt stattfindenden »Aktionen« der Einsatzkommandos aufgegriffen wurde. Die Nazis räumten bei ihren Razzien im Ghetto ganze Wohnblocks. Wer als arbeitsunfähig eingestuft wurde, wurde in der Regel auf der Stelle erschossen. Diejenigen, die noch einen Funken Kraft für ein paar Wochen Zwangsarbeit besaßen, wurden ins Lager Janowska geschafft. Dort schufteten sie bis zu dem Tag, an dem sie sich zu langsam bewegten und von ihren Wachen erschlagen oder niedergeschossen wurden.

Vorsichtig erkundigte sich Fabisch nach seiner Frau Anni. Hatte Bachner von ihr gehört? Willi erzählte ihm, daß seine Eltern sie zuletzt Anfang 1940 gesehen hatten, als Bielsko wieder seinen deutschen Namen Bielitz erhielt und alle Juden zum Umzug ins Generalgouvernement gezwungen wurden. Im Gegenzug fragte Bachner, ob sein Onkel vielleicht Hilde oder Anna in Lemberg gesehen habe.

Fabisch überraschte die Nachricht, daß sich seine Nichten in der Stadt aufgehalten hatten; er selbst war erst im Sommer 1940 dort eingetroffen und hatte keine der beiden gesehen.
Die Fahrt nach Kiew dauerte den ganzen Tag: Nach Zwischenaufenthalten in Dubno, Sepetowka und Schitomir traf der Zug am späten Abend schließlich im Hauptbahnhof Kiew ein. Bachner hatte seinen Onkel in Dubno verlassen und war in ein Passagierabteil umgestiegen, da er einen längeren Verbleib in dem Viehwaggon nicht hätte rechtfertigen können. An der Endstation ging Bachner sofort zum Waggon der Firma Kellner. Dort warteten bereits ein Dutzend seiner Arbeiter, um die Ware auszuladen. Drinnen hatte sich Fabiszkiewicz die Kleidungsstücke angezogen, die ihm sein Neffe mitgebracht hatte. Als das Entladen begann, mischte sich Onkel Fabisch gemäß den Instruktionen seines Neffen unter die Arbeiter und entfernte sich unauffällig von der Gruppe, sobald er einmal draußen war.
Nachdem alle Güter ausgeladen waren, wünschte Bachner den Arbeitern eine gute Nacht und begab sich anschließend auf den Nachhauseweg. Sein Onkel folgte in gebührendem Abstand und gesellte sich zu ihm, als sie sich Bachners Haus näherten.
»Willkommen in Kiew, Onkel Fabisch!« Bachner grinste.
»Wie kann ich dir nur jemals danken, Willi?« Fabiszkiewicz' faltiges Gesicht sah plötzlich noch runzliger aus; unter den tiefliegenden Augen hingen dicke Tränensäcke. Jede Spur von Schalk war verschwunden. »Ich war kurz vorm Aufgeben«, flüsterte er.
Bachner ergriff die zitternden Hände seines Onkels. »Du bist in Sicherheit, Onkel«, redete er besänftigend auf den alten Mann ein. »Du und ich, wir sind zu dickköpfig, um uns kampflos geschlagen zu geben, oder? Wir sind Juden. Wir haben die Pharaonen überlebt, wir haben die Römer überlebt, und wir werden auch die Deutschen überleben.«
Fabisch wischte sich die Augen mit dem Handrücken. »Weißt du was? Vielleicht hast du recht. Vielleicht können wir diese Nazibastarde sogar besiegen.«

Wilhelm hatte jede Spur von Zweifel aus seiner Stimme verbannt. Sein Onkel mußte glauben, daß sie es schaffen würden; daß ihre Familie diese Schreckenszeit überstehen würde. Er legte den Arm um die scharfkantigen Schultern des ausgemergelten alten Mannes und geleitete ihn zu seinem neuen Heim. Ein weiterer Flüchtling, den es im Heer der Reichsbahnarbeiter zu verstecken galt; ein weiteres gerettetes Leben – vorläufig.

Onkel Fabisch brauchte ein paar Wochen, um wieder zu Kräften zu kommen. Der Haushälterin wurde er als neuer Mitarbeiter der Firma vorgestellt. Um seine Anwesenheit im Haus zu rechtfertigen, bekam Fabisch von seinem Neffen einen Satz Baupläne mitgebracht, in die er eifrig Änderungen einzeichnete, wenn die Ukrainerin in der Nähe war. Bachner besorgte dem Onkel eine Arbeitskarte, die ihn als Vorarbeiter der Firma Kellner auswies. Da Fabiszkiewicz polnisch klang, mußte man keinen falschen Namen erfinden. Bis Anfang Mai 1942 war Fabiszkiewicz schon soweit wiederhergestellt, daß er die Kellner-Arbeiter in der ihm eigenen, rauhen aber herzlichen Art beaufsichtigte, anspornte und zurechtwies, wie er es von früher gewohnt war.

* * *

Als Bachner Mitte April nach Kiew zurückkehrte, war die Eisenbahn praktisch das einzige Verkehrsmittel, da die aufgeweichten Wege unpassierbar waren. Selbst Hitlers unaufhaltsamer Krieg stockte, als sich die Straßen in Flüsse verwandelten. Auch die im Dezember begonnene sowjetische Gegenoffensive war zum Stillstand gekommen. Die Deutschen formierten sich neu und stabilisierten ihre Positionen. Der Vormarsch der Wehrmacht war zwar gebremst worden, jedoch hatte die Rote Armee bei ihrem logistisch schlecht vorbereiteten Simultanangriff an drei Fronten schwere Verluste erlitten. Stalins großartige Pläne zur Rückeroberung verlorenen Territoriums wurden erneut dadurch vereitelt, daß er den Gegner unterschätzte, seine Truppen zu konzentrieren versäumte und sich kategorisch wei-

gerte, Nachrichtendienstinformationen zu glauben, die seinen vorgefaßten Ansichten widersprachen.
Für die Juden in Europa und dem besetzten Teil der Sowjetunion nahm das Schicksal 1942 einen neuen Verlauf. Am 20. Januar 1942 trafen sich führende Funktionäre des Reichs zur Wannsee-Konferenz, um die »Endlösung der Judenfrage« zu manifestieren. Zwangsemigration wurde als ebenso unpraktisch erachtet wie die weitere Ernährung der Ghettobevölkerung. Statt dessen sollten alle Juden aus Westeuropa in Arbeitslager im Osten deportiert werden, »wobei zweifellos ein Großteil durch natürliche Verminderung ausfallen wird«, wie es im Abschlußprotokoll hieß. Die Arbeitsunfähigen sollten in eigens hierfür konstruierten Vernichtungslagern eliminiert werden. Die Durchführung des Projekts lag in den Händen von Reichsführer-SS Heinrich Himmler. Im Gegensatz zu früheren antisemitischen Übergriffen handelte es sich bei der »Endlösung« nicht um ein haßerfülltes, emotionales Pogrom, sondern um eine eiskalt berechnete Politik der Vernichtung. Es war die logische Fortführung jener »sauberen bürokratischen Gewalt«, die »nutzlose Münder« in den Ghettos an Krankheit und Hunger zugrunde gehen ließ. Doch in ihrem grenzenlosen Streben nach Perfektion wollten sich die Nazis mit solchen Methoden auf die Dauer ebensowenig begnügen wie mit den chaotischen Massenerschießungen von Juden in der besetzten UdSSR.
Die »Endlösung« war bereits im September 1941 geprobt worden: Am 3. September 1941 wurde im Konzentrationslager Auschwitz ein erster Vergasungsversuch durchgeführt. Sechshundert sowjetische Kriegsgefangene und dreihundert Juden wurden in Arrestzellen im Keller gesperrt, in die anschließend das Giftgas Zyklon B – ein Blausäurepräparat zur Ungeziefervertilgung – eingeleitet wurde. Die Häftlinge starben innerhalb kürzester Zeit. Das Experiment wurde für gelungen erklärt.
Am 7. Dezember 1941 wurde in Westpolen in der Nähe von Łódź das Vernichtungslager Kulmhof (ehemals: Chelmno) in Betrieb genommen. Unter dem Vorwand, in Arbeitslager im Osten geschickt

zu werden, wurden Juden und Zigeuner aus der Umgebung in Lastwagen geladen, die so umgebaut waren, daß die Auspuffgase nach innen geleitet werden konnten. Die Opfer erstickten langsam und qualvoll. Erst wenn das letzte verzweifelte Winseln um Gnade verstummt war, hielten die Deutschen die Lastwagen an. Nachdem die Wagen in das Waldlager zurückgekehrt waren, mußten jüdische Insassen die Leichen entladen. Anschließend wurden sie gezwungen, die Toten zu entkleiden, ihnen sämtlichen Schmuck abzunehmen und sie zu begraben. Wenn sie diese grausame Arbeit vollbracht hatten, folgten die jüdischen Insassen den anderen Opfern in die Totengrube nach.
In der zweiten Märzwoche wurde nördlich von Lemberg das Vernichtungslager Belzec eröffnet, in das die Nazis als erstes über tausend Juden aus dem Ghetto Theresienstadt deportierten. Im Mai folgte das Vernichtungslager Sobibor. Im Sommer 1942 wurden in diesen drei Lagern täglich bereits Tausende von Menschen vergast. Zwei weitere Lager befanden sich im Bau: Treblinka in der Nähe von Warschau und das nördlich von Bielsko bei Krakau gelegene, zum Lagerkomplex Auschwitz gehörende Birkenau in Südwestpolen. All diese Lager wurden an Bahngleisen in dünnbesiedelten Gebieten angelegt.
Durch entflohene Insassen oder ausgeschmuggelte Notizen drangen vage Gerüchte über die Lager in die Ghettos. In ihrem Bestreben, die Lüge von der »Umsiedlung« aufrechtzuerhalten, gingen die Nazis so weit, gefälschte Postkarten in die Ghettos zurückzuschikken, die das Lagerleben beschrieben. Todesgerüchte wetteiferten mit Gerüchten, daß alle Juden nach Arabien umgesiedelt würden oder nach einem deutschen Sieg nach Hause zurückkehren dürften. Bei so wenig Anlaß zur Hoffnung schien es nicht verwunderlich, daß sich viele blindlings an die Erfindungen der Nazis klammerten.

* * *

In Kiew gingen die Bauarbeiten am Hauptbahnhof weiter. Bachner war dankbar für die Gesellschaft seines Onkels, durch den sein Dasein weniger einsam geworden war. Eine positive Wende der politischen Lage war nicht in Sicht; die Menschen in den besetzten Ländern waren verzweifelt angesichts der aktuellen Kriegsmeldungen. Die Alliierten hatten sowohl in Nordafrika als auch im Baltikum Rückschläge erlitten. Es gab keinerlei Anzeichen für eine Landung anglo-amerikanischer Truppen auf dem europäischen Festland. Im Osten hielt die sowjetische Front zwar noch im Norden und in der Mitte, die Deutschen hatten jedoch bei ihrer Frühjahrsoffensive die Krimregion erobert und stießen nun auf die Wolga und die strategisch wichtige Stadt Stalingrad vor.

Gelegentlich besuchten Bachner und sein Onkel einige der Sehenswürdigkeiten von Kiew: die byzantinische Sophienkathedrale, Museen und andere historische Stätten der alten Stadt. Es war eine verrückte Welt. Inmitten der Trümmer ausgebombter Häuser erhoben sich majestätisch prachtvolle Gebäude. Die blühenden Blumen in den Parks zeugten vom Einzug des Frühlings in die Stadt. Doch selbst wenn sich Bachner hinunterbeugte, um den süßen Duft einer roten Rose einzusaugen, konnte er nicht vergessen, daß unter der dünnen Kruste der Normalität Tod und Gefahr lauerten. Die Rückkehr der Blumen konnte die bedrückende Wolke des Krieges, die über Kiew hing, nicht vertreiben.

Bachner versuchte sich mittels Befragung von neu eintreffendem Personal über die Lage in Warschau auf dem laufenden zu halten. Doch die Nachrichten flossen spärlich und verstärkten nur seine Befürchtungen, zumal sich Gerüchte über die Lager in der polnischen Bevölkerung herumzusprechen begannen. Im Warschauer Ghetto wurden gezielte Massenerschießungen mit bis zu sechzig Opfern pro Nacht durchgeführt. Gerüchte über bevorstehende Deportationen hielten sich hartnäckig, wenngleich viele noch immer an ein Weiterbestehen des Ghettos glaubten.

Letztere wurden durch die Ankunft zahlreicher Juden aus Westeuropa in ihrer Überzeugung bestärkt. Die Neuankömmlinge dachten, am Ziel der von den Deutschen verkündeten »Umsiedlung in den Osten« zu sein. Viele behaupteten, der Krieg werde bald zu Ende gehen. Sie gönnten sich einen kleinen Schuß Optimismus, obwohl es wenig sichtbare Anzeichen dafür gab, daß Anlaß zur Hoffnung bestanden hätte. Neben den täglichen Exekutionen dezimierten weiterhin Hunger und Krankheit die Ghettobevölkerung. Im Mai 1942 starben 3636 Warschauer Juden an Unterernährung.

Berichte über Massenerschießungen, Deportationen und Vernichtungslager fanden ihren Weg nach Warschau und von dort nach Kiew. Bachners Besorgnis wuchs, doch er konnte unmöglich so kurz nach seinem letzten Urlaub nach Warschau zurückkehren. Er mußte sich die Reise für den Zeitpunkt aufsparen, wenn er dort wirklich gebraucht wurde. Ein von Schwalbe mit der offiziellen Firmenpost mitgeschickter Brief beruhigte ihn wieder etwas. Obwohl das Schreiben so verschlüsselt war, daß es auf einen Außenstehenden harmlos wirken mußte, gelang es Schwalbe, Bachner darin mitzuteilen, daß seine Familienangehörigen inzwischen spezielle Arbeitspapiere für eine innerhalb des Ghettos angesiedelte deutsche Fabrik besaßen. Dieses Werk des einflußreichen Ostrowski trug nicht nur zu einem besseren Auskommen bei, sondern lieferte überdies einen zusätzlichen Schutz gegen die Deportation in ein Arbeitslager.

Bachner konnte nicht ahnen, daß ein für die Juden Zentralpolens – einschließlich der 350 000 Bewohner des Warschauer Ghettos – bestimmtes Todeslager kurz vor seiner Inbetriebnahme stand. Die Warschauer Juden kannten Treblinka. Seit Dezember 1941 gab es dort ein Arbeitslager. Was sie nicht wußten, war, daß in unmittelbarer Nähe dessen schrecklicher Zwilling entstand: das Vernichtungslager Treblinka.

* * *

Ende Juni schien es nur mehr eine Frage der Zeit zu sein, wann die Deportationen beginnen würden. Als die polnischen Juden am 26. Juni im Radio einen BBC-Bericht über die Judenvernichtung in Polen hörten, wuchs die Panik. Es gab keinen Grund mehr, an den wahren Absichten der Deutschen zu zweifeln. Dennoch überwog Wunschdenken. Nirgendwo war diese Kurzsichtigkeit augenfälliger als in den Tagebucheintragungen des Judenratsvorsitzenden Adam Czerniakow. Er schrieb über Konzerte, Besuche auf Kinderspielplätzen, Extrazuteilungen von Mehl durch die Deutschen und über kleine bürokratische Ärgernisse. Fast täglich fragte er die Deutschen, was an den Gerüchten über geplante Deportationen dran sei. Nachdem man ihm versichert hatte, das die Gerüchte falsch seien, reiste er durch das Ghetto und versuchte, die Bevölkerung zu beruhigen. Trotz seines zur Schau gestellten Optimismus, mußte der Judenratsvorsitzende auf Nachfragen hin nervös eingestehen, daß er nicht erklären könne, warum auf dem Rangierbahnhof am Nordende des Ghettos vierzig Güterwaggons warteten.

* * *

Am Freitag, den 26. Juli, traf ein Güterzug mit Baumaterial für die Firma Kellner am Hauptbahnhof Kiew ein. Bachner beaufsichtigte die Verteilung von Holz, Werkzeug und Kleinteilen auf die einzelnen Baustellen des Bahnhofskomplexes. Er war überrascht, die lange, dünne Gestalt Julek Schwalbes aus dem Zug steigen zu sehen. Von plötzlicher Panik ergriffen, stürzte er auf ihn zu. Nachdem er in dem Gedränge auf dem Bahnsteig fast einen schwerbeladenen Arbeiter umgerannt hätte, versuchte er sich zu beherrschen, um sich nicht zu verraten. Juleks Auftauchen verhieß nichts Gutes. Schwalbe würde nicht aus einer puren Laune heraus nach Kiew kommen. Er fühlte sich in seinem Büro in Warschau sicher. Obwohl er völlig assimiliert war und sehr polnisch aussah, vermied er jedes Risiko. Sein ernster Gesichtsausdruck bestätigte Bachners Befürchtungen.
»Was gibt es, Julek?« forschte Bachner gespannt.
Schwalbe setzte zu einer Erklärung an, wurde jedoch von Bachner mit einem Kopfnicken in Richtung der hin und her eilenden Arbeiter unterbrochen. »Nicht hier«, warnte er.

Bachner instruierte einen polnischen Vorarbeiter und führte Schwalbe anschließend in den Büroraum der Kellner-Firma im Bahnhofsgebäude. Nachdem er die ukrainische Sekretärin in die Pause geschickt und die Tür hinter ihr geschlossen hatte, drehte er sich in Erwartung des Schlimmsten zu Schwalbe um.

»Es hat angefangen«, sagte Julek. Er wandte sich ab und starrte aus dem Fenster, während er Bachner die Neuigkeiten überbrachte. »Deportationen aus dem Ghetto. Sie haben Montag Sechstausend abgeholt.«

»Meine Familie! Ist sie weg?«

»Nein, sie sind fürs erste in Sicherheit. Aber wie lange noch?« Er zuckte mit den Achseln und schaute seinem Freund in die Augen. »Ich weiß es nicht. Kazaniecki steht in täglichem Kontakt mit Ostrowski, deinem Vater und dem Bruder seiner Freundin. Sie holen Leute ohne Arbeitspapiere ab, packen sie einfach auf der Straße.«

»Wohin ...?«

»Niemand weiß das so genau. Gerüchte sagen: Treblinka.«

»Das Arbeitslager?« In Bachners Erschütterung mischte sich ein Funken Hoffnung. Selbst ein Arbeitslager war besser als einige der Gerüchte, die er gehört hatte.

»Ich weiß es nicht, Willi«, sagte Schwalbe. »Aber wir hielten es für besser, dich zu informieren. Zum Glück war gerade die Materiallieferung fällig, und Kellner ist zur Zeit in Dresden. Ich fahre morgen mit dem Zug zurück. Kommst du mit?«

»Natürlich. Wir dürfen keine Zeit verlieren. Sind die Ausweise fertig?«

»Ausweise sind kein Problem. Aber deine Leute aus dem Ghetto herauszubekommen, ist ein Problem. Seit die Deutschen die Falle haben zuschnappen lassen, ist das Ghetto verriegelter als je zuvor. Es ist machbar, aber es wird eine Menge Geld kosten.«

»Mach dir keine Gedanken um die Kosten. Dein Schwiegervater und du, ihr könnt zur Not die Bücher manipulieren. Können wir uns auf Kazaniecki verlassen?« fragte Bachner.

»Hundertprozentig«, versicherte Schwalbe. »Er liebt Hania Tiefeld abgöttisch. Ihre Freunde sind auch seine Freunde. Er läßt bereits seine Beziehungen spielen, um zu helfen.«
In diesem Augenblick platzte Fabisch ins Büro. »Willi«, rief er erregt, »ich habe gerade gehört, daß ...« Er hielt mitten im Satz inne, als er Schwalbe entdeckte.
»Alles in Ordnung, Onkel. Das ist Julek Schwalbe alias Juliusz Strojnowski.«
»Unser jüdischer Buchhalter?« fragte Fabisch vorsichtig, um sogleich aufgeregt fortzufahren: »Weißt du, was ich gerade von einem der neuen Arbeiter gehört habe?«
»Ich ahne es. Die Deportationen«, erwiderte Bachner.
»Dann weißt du es also schon. Was wirst du unternehmen?«
»Wir müssen sie hierherbringen. Warschau ist für Juden nicht mehr sicher. Was ist mit dir, Julek?«
»Ich werde in Warschau bleiben. Ich fühle mich dort sicherer. Außerdem braucht ihr jemanden im Büro. Mein Schwiegervater und ich können von dort aus mehr erreichen.«
Bachner stimmte zu. »Onkel Fabisch, ich übertrage dir die Verantwortung für die Baustelle. Ich weiß nicht, wie lange es dauern wird. Glaubst du, daß du zurechtkommst?«
»Kein Problem. Hauptsache, du holst sie raus.« Er legte seine gekräftigten Hände auf die Schultern seines Neffen. »Bring sie sicher hierher; und alle heil.«
»Falls es Probleme gibt, wende dich an den Ingenieur Nieczajuk. Das ist der Kellner-Bauleiter in Schitomir. Er kennt unser Geheimnis nicht, aber er schuldet mir einen Gefallen. Sag ihm einfach, ich habe dich geschickt.«
Als die Sekretärin zurückkehrte, fand sie die drei Männer in ein ernsthaftes Gespräch vertieft. Bachner erklärte ihr, daß er dringende Geschäfte in Warschau zu erledigen habe und während seiner Abwesenheit von Fabiszkiewicz vertreten werde. Den ganzen Rest des Tages fühlte er sich wie benommen und schlief kaum in der folgenden Nacht. Der Zug nach Warschau fuhr am nächsten Mittag ab

und traf mit der üblichen Verspätung mit einem übermüdeten Bachner am Sonntag morgen, den 28. Juli 1942, in Warschau ein. Kellner war noch nicht nach Warschau zurückgekehrt. Die Arbeit in der Ukraine hatte sich als so profitabel erwiesen, daß die Firma expandierte. Kellner hielt sich zur Zeit in Norwegen auf, um sich um den Auftrag für ein Wasserkraftwerk zu bewerben, das die deutschen Besatzer und ihr Marionettenregime unter Vidkun Quisling dort wollten. Kellner wurde in frühestens drei Wochen in Warschau zurückerwartet.

Bachner und Schwalbe gingen vom Bahnhof aus sofort zum Büro, das Julek und seiner Frau Ruth auch als Wohnung diente. Dort trafen sie eine in Tränen aufgelöste Gerda Reichenbaum, aus deren Gesicht jegliches Selbstvertrauen gewichen war.

»Gerda«, forschte Julek, »Was ist los? Was ist passiert?«

»Es geht um Dita«, antwortete Gerda schluchzend. »Sie sind entdeckt worden. Ein *Szmalcownik* hat herausgefunden, wer sie und ihr Mann sind. Sie hat ihm die Juwelen ihrer Mutter gegeben, aber er fordert noch 10 000 Zloty, sonst verrät er sie an die Gestapo.«

Szmalcowniks waren Polen, die ihren Lebensunterhalt damit verdienten, Juden entweder gegen Belohnung bei der Gestapo zu denunzieren oder von ihren Opfern Geld zu erpressen – häufig beides. Gerda hatte bei ihrer Freundin Edith und deren Mann gewohnt: Juden, die sich wie sie als Nichtjuden ausgaben.

»Diese Dita«, stammelte Gerda fassungslos, »reagiert so schnell; sie gerät niemals in Panik. Als der Schuft vor der Tür stand, steckte sie den Kopf in mein Zimmer und flüsterte: ›Hau ab!‹« Gerda wischte sich mit ihrem weißen Halstuch die Augen. »Ich bin aus dem Fenster geklettert und weggerannt. Dann habe ich sie von gegenüber angerufen. ›Nein‹, sagte sie in den Hörer, ›ich habe keine Zeit. Ich kann dich heute nicht treffen.‹ Ich wußte, daß etwas nicht in Ordnung war. Also habe ich gewartet, bis sie aus dem Haus kam, und bin ihr nachgelaufen. Sie hat mir erzählt, daß der Erpresser ihren Mann festhalte, obwohl sie ihm alles gegeben habe. Das Schwein hatte sie weggeschickt, um Geld aufzutreiben.« Gerda ergriff Schwalbes Hand. »Julek, ich weiß, daß sie nicht deine Freundin ist, sondern meine. Sie hat mich aufgenommen, als ich keinen Platz zum Schlafen hatte. Kannst du mir das Geld leihen?«

»Gerda«, stöhnte er kopfschüttelnd, »Ich würde es furchtbar gerne tun, aber wir müssen Willis Familie aus dem Ghetto holen; und die Tiefelds; und die Ostrowskis. Ich weiß nicht, wo ich das Geld hernehmen soll.«

»Du bekommst das Geld, Gerda«, unterbrach Bachner. »Aber du kannst nicht mehr dort wohnen.« Er holte 10 000 Zloty aus einem Schreibtisch und steckte sie in einen Umschlag. »Gib dies deiner Freundin. Hol deine Sachen, falls es möglich ist, aber geh kein unnötiges Risiko ein. Komm hierher zurück. Du kannst uns helfen. Es gibt eine Menge zu tun.«

Ein paar Stunden später war Gerda sicher zurück. Ihre Freunde hatten bei einem gemeinsamen Bekannten Unterschlupf gefunden und befanden sich fürs erste ebenfalls in Sicherheit. Der Zwischenfall hinterließ jedoch tiefe Spuren bei Gerda. Bisher hatte sie sich frei in Warschau bewegt, hatte tagsüber als Kosmetikerin oder Sekretärin gearbeitet und war abends ihrer wahren Leidenschaft – der Musik – nachgegangen. Sie hatte sich ein fast normales Leben geleistet. Nun gestand sie Bachner, daß sie sich angesichts der Deportationen und des Verlusts ihrer Bleibe wie eine Vertriebene vorkomme. Mitfühlend schlug Bachner ihr vor, sie zusammen mit seiner Familie nach Kiew mitzunehmen – ein Angebot, das sie dankbar akzeptierte.

Am nächsten Tag, dem 29. Juli 1942, begann die konkrete Planung der Flucht. Bachner war enttäuscht, als er erfuhr, daß eine gewisse Wartezeit unvermeidlich sein würde. Die Sicherheitsvorkehrungen im Ghetto waren im Augenblick zu scharf. Diejenigen, die sich normalerweise bestechen ließen, verweigerten die Zusammenarbeit, solange die Deutschen ihren eisernen Griff um das Ghetto nicht lösten. Seit den ersten chaotischen Deportationstagen waren rund um die Ghettomauern im Abstand von zweihundert Metern ukrainische und lettische Milizeinheiten postiert. Die Sicherheitmaßnahmen wurden im Lauf der Woche zwar etwas gelockert, ein Betreten oder

Verlassen des Ghettos war jedoch weiterhin unmöglich. Die einzige Kontaktmöglickeit nach drinnen war das Telefon. Wenngleich das Ghetto fast völlig von der Außenwelt abgeschnitten war, wurden doch heimlich einige wenige Telefonleitungen unterhalten. Die meisten dieser Anschlüsse waren geraume Zeit zuvor bei ahnungslosen Ghettobewohnern angezapft worden. Gegen Bestechung schalteten Elektriker eine existierende Telefonnummer an einen anderen Ort. Bachner benutzte das Telefon eines Schwarzhändlers, um mit seinem Vater und Ostrowski zu kommunizieren. Im Ghetto konnte man für Geld alles kaufen – alles außer Freiheit.

Bachners beste Informationsquelle über die Vorgänge im Ghetto war Tadeusz Kazaniecki, obwohl dieser inzwischen auch nicht mehr hinein durfte. Tadeusz war nicht gerade der Typ, dem man Untergrundarbeit zugetraut hätte. Er wurde als Sohn einer nichtjüdischen Familie der gehobenen Mittelschicht in Nordpolen geboren, ging in Warschau zur Schule, kehrte anschließend in seine Heimat zurück und begann eine Bankkarriere. Aus beruflichen Gründen nahm er Verbindung zu einem alten Schulfreund, dem reichen Juwelier Abraham Tiefeld auf. Durch Abraham lernte er dessen Schwester Hania kennen. Kazaniecki wußte, daß seine Familie niemals eine jüdische Schwiegertochter akzeptiert hätte, ebenso wie die verwaiste Hania wußte, daß es ihr Bruder nicht gutheißen würde, wenn sie einen Nichtjuden heiratete. Dies hinderte den großen, blonden, gutaussehenden Tadek allerdings nicht daran, sich in die zierliche, blauäugige Hania zu verlieben.

Nach Kriegsausbruch wurde das Geschäft der Tiefelds von den Deutschen beschlagnahmt. Kazaniecki versprach Hania, er werde sie, ihren Bruder und ihre drei Schwestern retten. Er kehrte nach Warschau zurück und zog bei der Familie ein, bei der er während seiner Schulzeit gewohnt hatte.

Bachner, Schwalbe und Kazaniecki beschlossen, Angehörige und Freunde nacheinander in kleinen Gruppen aus dem Ghetto zu schmuggeln und sie mit verschiedenen für die zweite Augusthälfte geplanten Gütertransporten nach Kiew weiterzuschicken. Willi wollte mit dem ersten Zug mitfahren, um den Neuankömmlingen behilflich zu sein. Bachners Eltern, sein Bruder Bruno, seine Frau Cesia, Heniek und Gerda sollten nach Kiew gebracht werden; die Tiefelds und die Ostrowskis planten, im nichtjüdischen Teil Warschaus unterzutauchen.

Alte Leute und Kinder waren am meisten gefährdet, letztere in besonderem Maße. Die Deutschen schienen bedacht darauf zu sein, alle Kinder aus dem Ghetto zu entfernen. Der fünfzehnjährige Bruno sollte deshalb als erster herausgeholt werden. Der wie sein Vater kleingewachsene Bruno sah nach zwei Jahren Ghetto blaß und ausgemergelt aus, so daß er wesentlich jünger wirkte. Ihn in ein Arbeitskommando zu stecken, würde nicht möglich sein; also mußte Bachner notgedrungen eine gefährlichere Alternative wählen. Direkt auf der Ghettogrenze stand ein Gerichtsgebäude. Es hatte zwei Eingänge: einen scharf bewachten auf der Ghetto-Seite und einen für nichtjüdische Polen frei zugänglichen auf der »arischen« Seite. Mit Hilfe einer kräftigen Bestechung arrangierte Bachner, daß Bruno für den Vormittag des 6. August als Zeuge in einem Prozeß zum Gericht bestellt wurde. Eine weitere Summe ging an einen nichtjüdischen Polen, der den Jungen dort treffen und aus dem »arischen« Ausgang schleusen sollte.

An dem bewußten Morgen gingen Bruno und Heniek nicht zur Arbeit, sondern warteten in der Wohnung in der Sliska-Straße auf den für elf Uhr angesetzten Gerichtstermin. Auf der anderen Seite der Stadt wartete Bachner nervös im Kellner-Büro. Elf Uhr kam und verstrich, elf Uhr dreißig, zwölf Uhr, ohne daß es ein Lebenszeichen von Bruno gab. Von den anderen angespannt beobachtet, lief Bachner ruhelos im Büro auf und ab. Um ein Uhr mittags klingelte endlich das Telefon. Der Pole war am Apparat.

»Es gibt ein Problem«, hörte Bachner ihn sagen. »Ich habe zur Sicherheit bis jetzt gewartet. Im Kleinen Ghetto fand heute eine Aktion statt. Ihr Bruder ist nicht im Gericht aufgetaucht.«

»Wo bringen sie sie hin? Wissen Sie das?«

»Wo sie alle hinbringen. Zum Umschlagplatz.« Damit meinte der

Anrufer den Rangierbahnhof am Nordende des Ghettos, wo die Juden zum Transport in die Lager in Eisenbahnwaggons verladen wurden. »Es tut mir leid, Herr Bachner, aber ich kann nichts mehr für Sie tun.«

Bachner legte den Hörer auf und wandte sich an die Anwesenden. »Bruno und Heniek. Sie sind auf dem Weg zum Umschlagplatz.« Sein sachlicher Ton verriet nicht die Panik, die ihn ergriffen hatte.

Kazaniecki sprang auf und eilte zur Tür. »Ich habe einen Kontaktmann, einen deutschen Offizier«, erklärte er knapp, bevor die Tür hinter ihm zuschlug. Bachner setzte seine Runden durch den Raum fort.

Der Nachmittag zog sich hin. Es gab nichts weiter zu tun, als zu warten. Bachner konnte sich nur zu gut vorstellen, wie es in den Ghettostraßen zuging. Bruno war erst fünfzehn, Heniek zwanzig. Würden sie eine Chance zur Flucht haben?

Um kurz vor vier kehrte Kazaniecki ins Kellner-Büro zurück. Er schüttelte den Kopf. »Ich habe vor der Mauer gewartet. Der Deutsche war fast eine Stunde lang drinnen. Er sagte, es sei aussichtslos, unter den mehr als zehntausend Menschen jemanden zu finden.« Er legte eine Hand auf Bachners Schulter. »Es gibt noch Hoffnung. Der Deutsche sagte, einige Leute mit Arbeitspapieren seien ins Ghetto zurückgeschickt worden.«

Also ging das Warten weiter. Sich entgegen jeder Wahrscheinlichkeit an den letzten Funken Hoffnung klammernd, saßen Bachner und seine Freunde noch im Kellner-Büro, als die Morgendämmerung anbrach. Gegen acht läutete das Telefon. Bachner nahm den Hörer ab. Am anderen Ende der Leitung war sein Vater, der von einem Ghettoapparat aus anrief. Heniek war in die Wohnung zurückgekehrt – ohne Bruno. Wilhelm preßte den kalten Hörer ans Ohr, während ihm sein Vater die Geschichte vom Verschwinden seines kleinen Bruders erzählte.

Die beiden jungen Männer hatten sich an jenem Vormittag allein in der Wohnung aufgehalten. Bruno trug seinen besten Anzug, der ihm mindestens zwei Nummern zu klein war; er hatte ihn fast zwei Jahre lang nicht angehabt. Der Tag begann sonnig und warm. Gegen acht, etwa eine Stunde, nachdem die übrigen Familienmitglieder zur Arbeit gegangen waren, drang Motorenlärm von Lastwagen durchs offene Fenster.

»Aktion! Aktion!« Per Lautsprecher wurden die Menschen aufgefordert, die Häuser zu verlassen und sich auf der Straße zu versammeln. Im Gegensatz zu vielen anderen Familien hatten die Bachners keinen Versteckplatz in ihrer Wohnung. Sie hielten eine solche Vorsichtsmaßnahme für überflüssig, weil sie Arbeitspapiere besaßen. Während Bruno und Heniek gespannt abwarteten, hörten sie in der Nachbarschaft Schreie und Gewehrfeuer. Die ukrainischen Handlanger der Nazis durchsuchten jedes Zimmer, um sicherzugehen, daß ihnen niemand entwischte. Wer nicht freiwillig herauskam, wurde erschossen.

»Heniek«, sagte Bruno, »wir gehorchen lieber.«

Da ihm auch keine bessere Alternative einfiel, packte Heniek hastig ein paar Scheiben Brot in eine Serviette und gab sie seinem jüngeren Vetter. »Hier, nimm das. Du hast noch nicht gefrühstückt, und wer weiß, wann wir wieder was zu essen bekommen.«

Bruno schulterte den kleinen Rucksack, den er für die geplante Flucht aus dem Ghetto mit seinen Habseligkeiten gefüllt hatte. Niedergeschlagen gingen die beiden jungen Männer die Treppe hinunter und reihten sich in die Menschenmenge ein.

Fast tausend alte Leute, Kinder und Frauen liefen in Panik auf der Straße herum. Die Menge wurde von ein paar SS-Offizieren, Hunderten von ukrainischen oder lettischen Wachen und einem Kontingent jüdischer Polizisten in Schach gehalten. Heniek schaute sich um; so weit er sehen konnte, bot sich das gleiche Bild. Es schien, als sei das gesamte Kleine Ghetto in der Sliska-Straße versammelt.

Zu seiner Rechten erkannte er die Kinder aus Janusz Korczaks Waisenhaus. Viele weinten, doch die meisten folgten gehorsam Korczaks Anweisung, sich in einer Reihe aufzustellen und ruhig zu verhalten. Es war ein trauriger Anblick, wie sie da bleich und mager in ihren blauen Uniformen standen.

Alle paar Minuten übertönte das Rattern von Gewehrfeuer den Lärm auf der Straße; die Miliz rechnete gnadenlos mit jedem ab, der zu fliehen oder sich zu verstecken versuchte. Heniek ging auf einen mit einem Gummiknüppel bewaffneten jüdischen Polizisten zu.

»Wo bringen sie uns hin?« fragte er.

»Wohin glaubst du wohl? Zum Umschlagplatz«, antwortete jener gleichgültig. »Der Judenrat hat den Befehl bekommen, täglich sechstausend Juden zu liefern.«

»Und Czerniakow hat zugestimmt?« fragte Heniek ungläubig zurück.

»Czerniakow?« Der Polizist schnaubte. »Czerniakow ist tot. Er hat sich umgebracht, als er merkte, daß ihn die Deutschen über die Deportationen belogen haben.«

»Wie können Sie so was tun?« stammelte Heniek. »Wie können Sie Ihre eigenen Leute nach Treblinka schicken helfen?«

Der Mann wurde vorsichtig, schaute sich um und stieß zwischen den Zähnen hervor: »Sieh mal, mein Freund: entweder du oder ich. Ich habe Frau und Kinder. Was soll ich also machen, etwa gegen die Nazis kämpfen und dabei getötet werden?« Damit schubste er Heniek in den Pulk der Sliska-Straßenbewohner zurück.

»Aber wir haben Arbeitspapiere!« protestierte Heniek.

»Erzähl das nicht mir, sondern den Deutschen auf dem Umschlagplatz.«

Sie standen noch mindestens eine Stunde lang auf der Straße herum, während die Sonne allmählich über die Häuser im Osten stieg und auf die Wartenden zu brennen begann. Endlich setzte sich der Zug in Bewegung – entlang der Sliska- und der Twarda-Straße, dann über die Brücke an der Chlodna-Straße, die das Kleine Ghetto mit dem Hauptteil verband. Sie schauten auf den Finger »arischen« Territoriums hinunter, der die beiden jüdischen Viertel voneinander trennte, und auf die Wachposten und die wenigen Nichtjuden, die sie dabei beobachteten, wie sie über die Holzbrücke trotteten – ein Abbild des Elends und der Furcht.

Als er zurückschaute, entdeckte Heniek die Waisenkinder mit

Korczak an der Spitze, der ein kleines Mädchen in den Armen hielt. Ein älterer Junge trug die grüne Fahne des Waisenhauses mit dem Davidstern – wie damals, als das Waisenhaus zum Umzug ins Ghetto gezwungen worden war.

Heniek überlegte, ob er davonlaufen sollte. Wie groß war seine Chance, den Maschinenpistolen der Miliz zu entkommen? Vermutlich gleich Null. In diesem Augenblick ergriff Bruno Henieks Hand und schaute hilfesuchend zu seinem Vetter auf; eine Geste, die man eher von einem kleinen Kind als von einem Fünfzehnjährigen erwartet hätte.

Heniek hätte dem Jüngeren zu gerne versichert, daß alles in Ordnung sei, daß sie zum Abendessen wieder zu Hause wären; aber er wußte, daß dies nicht stimmte. Wer zu den Eisenbahnwaggons geschickt wurde, kam nicht zurück.

Der Fußmarsch zum Umschlagplatz dauerte Stunden. Bevor der Zug das Kleine Ghetto verließ, hatten sich den Bewohnern der Sliska-Straße die der umliegenden Straßen angeschlossen. Tausende von Juden waren in unregelmäßige Reihen gedrängt worden. Zeitweise bewegte sich nichts mehr, doch den größten Teil jenes endlosen Vormittags kroch die Menschenschlange wie ein Wurm zentimeterweise dem Rand des Abgrunds entgegen. Die Sonne brannte erbarmungsloser, je weiter der Tag fortschritt. Bruno und Heniek aßen etwas von ihrem knochentrockenen Brot, litten jedoch solchen Durst, daß sie die Bissen kaum hinunterwürgen konnten.

Am späten Nachmittag erreichten sie das Nordende des Ghettos. Die Menge geriet ins Stocken, als sie sich durch das Tor zum Umschlagplatz zwängte. Dort kontrollierten SS-Offiziere die Arbeitspapiere derjenigen, die das Glück hatten, welche zu besitzen. Gelegentlich wurde ein relativ kräftig aussehender Mann aus dem Troß der zu den Waggons schlurfenden Juden geholt.

Bruno schaute mit tränengefüllten Augen zu Heniek auf. »Mir ist inzwischen alles egal«, seufzte er. »Aber was wird Mama sagen?«

Nachdem ein Offizier einen flüchtigen Blick auf ihre Papiere geworfen hatte, musterte er Heniek und Bruno von oben bis unten.

Auf seinen Wink hin wurde Heniek aus der Reihe geholt und zu der kleinen Gruppe von Männern am Tor beordert. Nach einem prüfenden Blick auf Bruno widmete sich der SS-Mann noch einmal dessen Arbeitspapieren. Er schnaubte verächtlich und warf das Dokument auf den wachsenden Haufen vor seinen Füßen. Ein Milizsoldat stieß den kleinen Jungen in die Menge der Verdammten zurück. Heniek mußte hilflos zuschauen. Weder er noch Bruno protestierten; es wäre sinnlos gewesen. Selbst die leiseste Form von Widerspruch wurde sofort mit Maschinengewehrfeuer beantwortet. Die Wachen zogen die Opfer aus dem Weg und warfen sie auf einen Haufen an der Mauer, damit sie nicht den stetigen Fluß zu den Waggons blockierten. Heniek starrte seinem Vetter nach, bis er ihn schließlich aus den Augen verlor.

Bachner lauschte schweigend in den Telefonhörer, während ihm sein Vater am anderen Ende die Geschichte erzählte. Nach einer kurzen Pause stellte er eine letzte Frage: »Kazaniecki hat einen deutschen Offizier bestochen, damit er nach den Jungs sucht. Hat Heniek ihn gesehen?«

»Nein«, flüsterte Vater Bachner mit versagender Stimme.

Wilhelms Hand zitterte; seine Finger verkrampften sich um den Hörer, als er die tragische Nachricht vernahm, daß weder Heniek noch Bruno den deutschen Offizier bemerkt hatten, der in dem allgemeinen Chaos ihre Namen ausrief. Dessen Rufe waren in den Schreien, dem Fluchen und dem Gewehrfeuer auf dem Umschlagplatz untergegangen – untergegangen mit Bruno, inmitten des unfaßbaren Terrors des Dritten Reichs.

Bachner legte langsam den Hörer auf. Ohne einen Blick auf die anderen zu werfen, ging er in den Nebenraum, den er als Büro nutzte, und schloß die Tür vor den neugierigen Blicken von Tadek, Ruth, Gerda und Julek. Er starrte auf den Schreibtisch. Im Gegensatz zu seinem penibel aufgeräumten Schreibtisch in Kiew stapelten sich hier Papierberge. Er hatte zwischendurch zu arbeiten versucht, hatte die Ausweise ausfertigen wollen, die seine Angehörigen nach der Flucht aus dem Ghetto brauchen würden. Je weiter die Zeit fortgeschritten war, desto schwerer war es ihm gefallen, die aufsteigende Verzweiflung zu unterdrücken. Als er Brunos Namen mit schwarzen Blockbuchstaben in eine Arbeitskarte der Reichsbahn eingetragen hatte, waren seine Finger plötzlich wie gelähmt gewesen; Tinte war auf das halbfertige Dokument getropft. Fluchend hatte er das Papier zusammengeknüllt und weggeworfen. Nun kniete er sich auf den Boden und wühlte den Papierkorb nach dem zerknitterten Dokument durch. Immer noch kniend strich er das Papier auf seinem Oberschenkel glatt; unter Tränen starrte er auf den Namen seines Bruders. *Bruno Bachner.*

Sein Magen verkrampfte sich; stöhnend beugte er sich vornüber und preßte die Fäuste gegen den Bauch. Er hatte das Gefühl, als würde er innerlich zerrissen. Von all denen, die er zu retten gehofft hatte, warum ausgerechnet Bruno?

»Er ist doch erst fünfzehn!« schrie Bachner. »Fünfzehn, hört ihr?«

Mit zusammengeballten Fäusten kämpfte er gegen den Schmerz an, der aus ihm herausplatzen wollte, und versuchte krampfhaft, die kühle Arroganz zu wahren, die seinen Geist wie ein Beruhigungsmittel umnebelt hatte, so daß der Nazi-Terror nie ganz in sein Bewußtsein eingedrungen war. Er verlor den Kampf. Keine anerzogene deutsche Disziplin vermochte den Schmerzensschrei zu unterdrücken, der im nächsten Augenblick die Stille zerriß.

Hoffnung im Osten

Wenn die Gottlosen aufkommen,
so verbergen sich die Leute;
wenn sie aber umkommen,
werden der Gerechten viel.
Sprüche des Salomon

Freitag, der 7. August 1942, verstrich in Passivität. Im Kellner-Büro ruhte die Arbeit. Bachner war fast den ganzen Tag über allein; die Schwalbes und Gerda waren zu Stambergers Wohnung gegangen. Tadek Kazaniecki schaute kurz vorbei, doch nachdem er vergeblich versucht hatte, Bachner zu trösten, verließ auch er das Büro wieder. Von Schuldgefühlen und Selbstvorwürfen geplagt, lag Bachner in dem abgedunkelten Büro auf dem Bett, ohne Schlaf zu finden. Seine Familie war bis jetzt verschont worden – vorausgesetzt, Anna und Hilde waren noch am Leben. Niemand wußte etwas Genaues, doch Wilhelm wollte einfach glauben, daß sie rechtzeitig weiter nach Osten gezogen waren, daß sie der Todeswelle im Gefolge der Nazi-Invasion entronnen waren. Und nun ausgerechnet Bruno – erst fünfzehn Jahre alt und sein ganzes Leben noch vor sich!

Bachner wälzte sich in der immer drückender werdenden Augusthitze auf dem harten Bett hin und her. Vielleicht würde der Junge das Lager überleben. Vielleicht konnte er seinen Bruder herausholen. Welch absurder Gedanke! Er verfluchte sich dafür, daß er sich noch immer solch unrealistische Hoffnungen machte. Sein Bruder war bestimmt längst tot. Bachner hatte genügend Gerüchte gehört; nach seinen Erfahrungen im Osten glaubte er sie. Die Nazis hatten das unorganisierte Abschlachten in der Ukraine durch die bürokratische Effizienz der Vernichtungslager ersetzt.

Er spielte im Geist so lange alle denkbaren »Wenn und Aber« durch, bis ihm jeder andere Weg besser als der von ihm eingeschlagene erschien. Er hatte sich eingebildet, das gesamte Deutsche Reich hinters Licht führen zu können. Hatte er sich etwa für begnadeter gehalten als Hunderttausende, die bereits tot waren? Dabei hatte er einfach nur mehr Glück gehabt, und jetzt hatte sich das Blatt gewendet.

Er wußte, was er eigentlich tun sollte: ins Ghetto zurückgehen, um den Schmerz seiner Eltern zu teilen und seine Frau zu trösten – Jude sein, statt sich als einer der Unterdrücker auszugeben; sich nicht länger durch den ständigen Kontakt mit der monströsen Herrenrasse vergiften lassen.

Sollte er sich tatsächlich in das Heer der zahllosen stummen Opfer einreihen, die würdevoll in den Tod gingen, ohne mit ihrem Opfer etwas zu bewirken? Was kümmerte es die Deutschen, ob Juden in Würde starben? Erweichte es etwa ihre Herzen, wenn sie Söhne und Töchter sahen, die ihre alten Eltern nicht im Stich ließen? Erkannten sie die Menschlichkeit von Juden, wenn Eltern bis zum Ende darum kämpften, ihre Kinder vor dem Unausweichlichen zu bewahren?

Nein; wie konnten sie Menschlichkeit in anderen erkennen, wenn ihre eigene Menschlichkeit begraben lag unter den Leichen Tausender von Juden – erstickt in Gräben, vergast in Todeslagern, niedergeschossen in den Straßen eines jeden eroberten Dorfes. Falls die Nazis je eine Form von Mitgefühl gekannt hatten, so war es im Blut eines ganzes Volkes ertränkt worden. Nein, sie empfanden keinerlei Mitleid mit ihren Opfern.

Der einzige Weg, sie zu besiegen, war zu leben – zu überleben, trotz all ihrer Bemühungen, trotz ihrer Lust am Töten. Er durfte nicht aufgeben; er mußte sich weiter wehren: Für Bruno, für jeden auf dem Altar von Hitlers Wahnsinn geopferten Juden würde er sich mit ganzer Kraft dem Ziel widmen, den Rest seiner Familie aus dem Ghetto zu befreien. Ihr Überleben würde die beste Rache sein. Doch wie sollte er es bewerkstelligen? Zwar hatte sich der Kordon um das Ghetto etwas gelockert, weil für eine lückenlose Bewachung der Mauer auf Dauer das Personal fehlte, dafür waren die Sicherheits-

vorkehrungen an den Toren verdoppelt worden. Noch immer ließen sich die bekannten Schlepper selbst durch hohe Bestechungsgelder nicht dazu verlocken, jemanden herauszuschmuggeln.
Am Samstag traf sich Bachner wieder mit Julek und Tadek. Alles war vorbereitet. Die Papiere für seine Frau und seine Eltern sowie für Heniek, Hania Tiefeld und ihre Geschwister und für die Ostrowskis waren fertig. Eine Serie von Materialtransporten nach Kiew würde in der folgenden Woche beginnen. Die Flüchtlinge sollten in mehreren Gruppen reisen. Bachner würde die ersten mitnehmen; den zweiten Zug sollte Kazaniecki beaufsichtigen, der inzwischen formell Angestellter der Firma Kellner war; Schwalbe war für den dritten Zug verantwortlich. Bachners Haus war fürs erste ein sicheres Quartier für die Neuankömmlinge; später würde man weitersehen.
Während sie noch einmal die Dokumente prüften, klingelte das Telefon. Vater Bachner war am Apparat.
»Willi, du mußt kommen. Es geht um deine Mutter.«
Bachner holte tief Luft. »Wieder eine Aktion?«
»Nein, nein«, antwortete sein Vater, »es ist etwas anderes. Sie hat sich aufgegeben, Willi. Sie will nichts essen. Sie sagt nichts. Sie sieht mich nicht an, wenn ich mit ihr zu reden versuche. Wir haben sie heute morgen in die Fabrik mitgenommen, aber sie sitzt nur da und starrt vor sich hin. Wenn sie dich sieht, kommt sie vielleicht wieder zu sich.«
»Aber Papa«, erwiderte Bachner sanft, »ins Ghetto rein und wieder raus zu kommen ist nicht mehr so leicht wie früher.«
»Versuch es, Willi. Das ist alles, worum ich dich bitte. Versuch es. Wir sind den ganzen Tag in der Többens-Fabrik an der Ecke Leszno- und Zelazna-Straße. Bitte komm!«
Bachner legte den Hörer auf und wandte sich an den neugierigen Kazaniecki. »Es geht um meine Mutter. Sie ist sehr niedergeschlagen wegen Bruno. Mein Vater besteht darauf, daß ich komme.«
»Es ist gefährlich«, gab Tadek zu bedenken. »Vielleicht lassen sie dich rein, aber nicht wieder raus.«

»In diesem Fall«, konterte Bachner mit einer Spur von Humor, »mußt du Wilhelm Bachner eben auf die Liste der Leute setzen, die du aus dem Ghetto befreien willst.«
Er wandte sich an Gerda, die gerade die Ladelisten für die bevorstehenden Transporte tippte. »Gerda, schreib mir doch bitte eine hochoffizielle Anfrage an die Firma Walther Többens betreffend der Bestellung von Wollmänteln für die Kellner-Baustelle in Kiew.«
»Wollmäntel im August? Glaubst du, daß das funktioniert?« fragte Tadek zweifelnd.
»Sieh mal, Tadek«, belehrte ihn Bachner, »du mußt denken wie ein Deutscher. Ich werde ihnen erklären, daß ich die Mäntel erst im Oktober brauche, sie aber jetzt schon bestellen möchte, um sicherzugehen, daß ich sie rechtzeitig bekomme.«
»Willi, du hast mehr Mut, oder wie sagt man in Jiddisch ... *Chuzpe*, als jeder andere, den ich kenne ... ausgenommen Hania natürlich«, ergänzte Tadek lachend.
»Ich werde alle *Chuzpe* brauchen, die ich aufbieten kann«, sagte Bachner grimmig.
Trotz der Hitze trug er seinen Ledermantel und Stiefel. Es schien, als sei jeder Einwohner der besetzten Gebiete darauf programmiert, sich in Gegenwart von schwarzem Leder automatisch zu ducken. Wenn schwarze Stiefel ungeduldig stampften, wurden Dokumente gewöhnlich nur mit einem flüchtigen Blick bedacht und deren Besitzer unbehelligt ihres Weges ziehen gelassen. Entsprechend war Bachners Empfang am Tor an der Leszno-Straße, das direkt gegenüber dem Eingang der in deutschem Besitz befindlichen Bekleidungsfabrik Többens lag. Nachdem er das Tor passiert hatte, wurde ihm der Weg von einer Gruppe jüdischer Arbeiter versperrt, die unter den wachsamen Augen ihrer ukrainischen Aufseher in einer langen Schlange an ihm vorbeischlurften. Nachdem er eine Weile gewartet hatte, ohne daß ein Ende der Kolonne in Sicht war, packte ihn plötzlich die Ungeduld. »Halt!« rief er im Befehlston.
Der Wachposten in seiner Nähe musterte ihn erstaunt; ohne sich nach dem Rufer umzuschauen, machten die Juden Platz, um ihn

durchzulassen. Beschämt eilte Bachner durch die Gasse, die seine Leute für ihn gebildet hatten, auf die gegenüberliegende Fabrik zu. Mit seiner typischen Geschäftigkeit trug er im Büro der Firma Többens sein Anliegen vor. Man versicherte ihm, seine Bestellung könne termingerecht erledigt werden – was er zwar bezweifelte, jedoch wohlwollend zur Kenntnis nahm. Nachdem er das Büro verlassen hatte, begab er sich auf die Suche nach seinen Angehörigen. Falls ihn jemand auf dem Fabrikgelände ansprach, konnte er seinen Lieferschein vorzeigen und behaupten, er habe sich verlaufen. In der Werkshalle bestand kaum Gefahr, bemerkt zu werden. In dem riesigen grauen Raum wimmelte es von grauen Menschen. Nur etwa ein Drittel von ihnen arbeitete: Ein Teil sortierte oder flickte gebrauchte Kleidungsstücke, andere nähten aus Decken und Stoffresten neue Kleidung. Entlang der Wände und im Hintergrund der Halle saßen, standen oder lagen Hunderte von Menschen untätig herum. Die Aufseher der Többens-Fabrik besserten ihr Einkommen damit auf, daß sie Arbeitspapiere verkauften, selbst wenn es keine Beschäftigung für die Leute gab. Unter diesen Scheinarbeitern fand Bachner auch seine Familie. Sein Vater dankte ihm fürs Kommen. Cesia hielt sich scheu zurück, bis er sie umarmte. Danach wandte er sich seiner Mutter zu. Helena Bachner wirkte völlig geistesabwesend. Kein Zeichen des Erkennens blitzte in ihren Augen auf, als sich ihr Sohn zu ihr kniete und ihre Hände ergriff. Auch als er beruhigend auf sie einredete und ihr versicherte, er werde sie aus dem Ghetto holen, starrte sie weiter teilnahmslos in die Ferne. Ihr einstmals dickes, dunkles Haar bildete einen schütteren, grauen Kranz um ihren Kopf; ihre hohlen Wangen hatten jeden Schimmer von rosiger Farbe verloren. Der Verlust ihres jüngsten Sohnes war endgültig über ihre Kräfte gegangen; sie schien am Ende zu sein. Willi drückte ihre schlaffe Hand, in der kaum noch Leben zu spüren war.
»Hat sie etwas gegessen?« fragte er seinen Vater.
»Ich habe ihr heute morgen etwas Brühe eingeflößt«, antwortete Heinrich. »Aber das ist nicht genug, Willi. Sie wird sterben, wenn sie nichts ißt.«

»Ich habe die ganze letzte Nacht an ihrem Bett gewacht«, ergänzte Cesia müde. »Ich glaube, sie hat überhaupt nicht geschlafen. Einmal hat sie Brunos Namen gerufen. Das war das einzige, was sie seit Donnerstag abend gesagt hat.«
»Tut euer Möglichstes. Versucht sie dazu zu bringen, daß sie etwas ißt und trinkt.« Er zögerte; dann ergriff er die Hand seiner Frau, ohne ihr ins Gesicht zu schauen. »Cesia, es tut mir leid, daß ich dich in dieser Zeit alleingelassen habe. Ich weiß, daß ich kein guter Ehemann bin.«
»Aber Willi«, widersprach sie in liebevollem Ton, »ohne dich wären wir längst tot. Das Geld, das du uns schickst, hält uns am Leben; nicht nur uns, sondern auch Heniek und meine Mutter. Ich weiß, daß du alles Menschenmögliche für uns tust.«
Er schaute sie schweigend an, während sie darauf wartete, daß er noch etwas sagte. Sie errötete, als sich seine Augen mit Tränen füllten. Plötzlich umarmte er sie mit einer Heftigkeit, die sie beide überraschte, und preßte sie gegen seine Brust, bis sie kaum noch Luft bekam.
»Bald, Cesia, sehr bald werde ich dich hier rausholen. In Kiew wartet ein wunderschönes Haus auf dich. Es hat eine gelbe Küche, einen riesigen Ofen, sogar ein Klavier. Wir hatten niemals die Chance, glücklich zu sein, Cesia. Aber ich verspreche dir, daß wir sehr bald glücklich sein werden.« Nachdem er sie zärtlich auf die Stirn geküßt hatte, ließ er sie schweren Herzens los und wandte sich an seinen Vater.
»Es tut mir leid, Papa, daß ich nicht mehr tun konnte.« Er senkte die Stimme, damit niemand mithören konnte. »Alles, was ich sagen kann, ist: Haltet durch. Ich weiß noch nicht den genauen Termin, aber im Lauf der nächsten Woche ist es soweit. Ostrowski wird dir Bescheid geben. Wie geht es Heniek?«
»Den Umständen entsprechend ganz gut«, antwortete Heinrich. »Er ist noch etwas mitgenommen. Aber wer wäre das nicht nach einem Marsch zum Umschlagplatz? Er arbeitet nach wie vor in der Wäscherei. Inzwischen verbringt er dort auch die Nächte, weil er sich

da sicherer fühlt. Aber er kommt heute zum Abendessen. Ich werde ihm deine Nachricht ausrichten.«
Bachner nickte. Nach einer letzten Umarmung eilte er davon, schlüpfte aus der Fabrik, überquerte die Straße und verließ unbehelligt das Ghetto.

* * *

Am nächsten Abend rief Vater Bachner erneut mit schlechten Nachrichten im Kellner-Büro an: Während die Familie an jenem Morgen beim Frühstück saß, berichtete er, drangen von der Straße laute Rufe herauf: »Aktion! Aktion!« Das Geschrei hallte durch die ganze Straße und wurde vom hektischen Getrampel aufgeschreckter Füße begleitet. Nach einer Schrecksekunde drängte Vater Bachner seinen Neffen Heniek wegzulaufen, damit er die Fabrik erreichte, solange die Straße noch nicht gesperrt war.
Niemand sah Helena aufstehen. Es war das erste Mal seit dem Verschwinden ihres Sohnes, daß sie sich aus eigenem Antrieb bewegte. Sie stand bereits auf dem kleinen Balkon, als sie sie bemerkten. Ohne zu zögern, stürzte sie sich über das Geländer kopfüber in die Tiefe, während ihr Mann und Heniek vor Entsetzen wie angewurzelt im Zimmer standen. Als die beiden Männer auf den Balkon eilten, sahen sie Helenas kleinen Körper vier Stockwerke unter sich zerschmettert auf der Straße liegen – unbeachtet von den in alle Richtungen strömenden Passanten.
Zwei Stufen auf einmal nehmend, stolperte Vater Bachner die Treppe hinunter; Heniek folgte ihm auf dem Fuß. Ein Nachbar aus dem zweiten Stockwerk rief ihnen hinterher: »Es ist alles in Ordnung. Falscher Alarm. Es gibt keine Razzia. Hallo! Haben Sie nicht gehört? Keine Aktion!«
Heinrich und sein Neffe rannten weiter, bis sie Helena erreichten. Sie lag mit dem Gesicht nach unten im Straßenstaub, ihr Körper bog sich über den Randstein. Vater Bachner nahm ihre Hand und tastete an dem gebrochenen Gelenk nach dem Puls. Er preßte sein Ohr ge-

gen ihren Rücken, lauschte, hoffte. Er fühlte nichts, hörte nur Stille. Heniek legte ihm die Hand auf die Schulter.
»Komm, Onkel. Wir müssen sie von der Straße wegholen«, sagte er sanft.
Sie trugen Helena in die Wohnung und legten sie auf ihr Bett. Heniek entschuldigte sich mehrmals dafür, daß er nicht bleiben könne, weil er zur Arbeit müsse.
»Geh nur.« Vater Bachner winkte ihn Richtung Tür. »Du darfst nicht zu spät kommen und deinen Arbeitsplatz aufs Spiel setzen. Es gibt hier nichts weiter zu tun.« Er wandte sich wieder seiner Frau zu. »Geh«, wiederholte er leise. Heinrich blieb bei seiner Frau, bis sie von den Totengräbern abgeholt wurde. Heinrich Bachners Stimme klang hohl am Telefon, älter als das verblichene Gebetbuch, das er immer in der Hosentasche trug. Wilhelm fragte sich, ob sein Vater wohl ein Gebet finden würde, das seinen Schmerz lindern konnte. Heinrich erklärte, er habe schon früher anrufen wollen, doch der Schwarzhändler habe ihn trotz Bezahlung nicht eher telefonieren lassen. »Wenn sie nur noch ein paar Tage länger durchgehalten hätte, Willi, dann wäre sie in Sicherheit gewesen«, jammerte er.
Bachner spürte, wie sich seine Halsmuskeln versteiften, als sträubten sie sich gegen die Worte, die er schreien wollte: *Nein! Wenn ich vor Monaten gehandelt hätte, wäre sie längst in Sicherheit. Bruno wäre noch am Leben. Ich habe euer Leben aufs Spiel gesetzt, weil ich in Sicherheit war, weit weg in Kiew. Ich habe euch zum Sterben im Ghetto zurückgelassen.*
Aber er sagte nur: »Papa, es tut mir leid.«
»Vielleicht war es Gottes Wille. Es wäre ihr sicher schwer gefallen, jemand anderer sein zu müssen, als sie war. Sie konnte es einfach nicht mehr ertragen. Ihr Kleiner verschwunden, ihre beiden Töchter Gott-weiß-wo, und du ... niemals zu wissen, ob du wiederkommst; dich jedesmal zu verlieren, wenn du gingst.«
Bachner preßte den Hörer an sein Ohr, versuchte krampfhaft, die richtigen Worte zu finden, kämpfte gegen die Schuldgefühle an, die ihn zu überwältigen drohten.

»Was wirst du jetzt machen, Papa?« fragte er nach langer Pause.
»Ich denke, ich werde zu Cesia und ihrer Mutter ziehen. Es gibt Gerüchte, daß das Kleine Ghetto in ein paar Tagen endgültig liquidiert wird. Ich weiß nicht, ob das stimmt; aber ich glaube, daß ich im Hauptghetto sicherer bin. Außerdem wäre ich hier ganz allein, da Heniek ja in der Wäscherei schläft.« Mit ungewöhnlicher Offenheit ergänzte er: »Ich will nicht hierbleiben, Willi. Die Wohnung ist so voll von schlimmen Erinnerungen.«
Mit der Mahnung an seinen Vater, Ostrowski wegen der bevorstehenden Flucht über seinen Aufenthaltsort auf dem laufenden zu halten, legte Bachner den Hörer auf. Der Druck, sie um jeden Preis aus dem Ghetto zu holen, wuchs. Kazaniecki hielt die Lage noch immer für zu gefährlich und erinnerte Bachner daran, daß das Leben aller noch im Ghetto eingesperrten Freunde und Verwandten sowie ihr gesamtes vom Kellner-Büro aus gesteuertes Unternehmen auf dem Spiel stünden, wenn auch nur ein Mitglied der Gruppe gefaßt würde.
Ein paar Tage später, am Freitag, dem 14. August, war es dann allerdings Kazaniecki, der auf eine schnelle Rettungsaktion drängte. Tadek stürmte an jenem Morgen blaß und erregt ins Büro.
»Du hast recht, Willi. Wir dürfen nicht länger warten. Wir müssen unsere Belohnung so lange erhöhen, bis die Schlepper bereit sind, sie rauszuholen«, forderte er.
»Was hat dich dazu veranlaßt, deine Meinung zu ändern?«
»Gestern mittag fand eine Razzia in der Többens-Fabrik statt.«
Bachners Finger umklammerten die Tischkante.
»Keine Angst«, beschwichtigte Tadek. »Sie sind alle in Sicherheit. Ich habe heute morgen mit Tiefeld gesprochen.«
»Also, was ist passiert?« mischte sich Schwalbe ein. »Ich dachte, sie wären dort sicher. Diese Arbeitskarten haben schließlich ein Vermögen gekostet.«
»Die Deutschen sind dahintergekommen, daß nicht alle Leute in der Fabrik auch wirklich arbeiten. Sie haben die abgeholt, die sich augenscheinlich dort nur versteckten ... einschließlich Hania.«

»Aber du hast doch gesagt, sie seien alle in Sicherheit«, warf Bachner ein.
»Laßt mich zu Ende erzählen«, fuhr Tadek mit erhobener Hand fort. »Ihr kennt Hania nicht. Wenn man sie in Wut bringt, kann sie ungeahnte Kräfte entwickeln. Sie hat sich mit ihren ganzen ein Meter fünfzig Körpergröße vor einem deutschen Offizier aufgebaut und gesagt: ›Mein Herr, hier liegt ein Irrtum vor.‹ Könnt ihr euch das vorstellen? Sagt einem Gestapo-Mann ins Gesicht, daß er einen Fehler gemacht hat! Sie hat sich über die Behandlung beschwert und betont, daß sie eine gute, schon lange in der Fabrik beschäftigte Arbeiterin sei.« Tadek schüttelte kichernd den Kopf. »Er hat sie als Lügnerin bezeichnet, sie aber trotzdem in die Reihe zu den anderen Arbeitern zurückgestoßen.«
»Ich kann's kaum glauben«, stöhnte Bachner erleichtert. »Hanias Instinkte haben perfekt funktioniert. Manchmal ist es am besten, wenn man wütend reagiert. Sie erwarten es nicht. Ich habe den Trick selbst schon mehrmals angewandt.«
»So ist sie«, ergänzte Tadek. »Leichen auf dem Boden; wer sich wehrt, wird erschossen. Und sie bietet einem Deutschen die Stirn.« Er schnalzte mit der Zunge.
»Tadek, ich kann es kaum erwarten, deine Hania kennenzulernen«, sagte Bachner. »Eine wie sie können wir in Kiew gut gebrauchen.«
»Ich kann dir sagen, daß ich nach diesem Erlebnis selbst so schnell wie möglich aus Warschau verschwinden will. Hanias Bruder meint, wir dürfen nicht länger warten. Im Ghetto ist man nirgendwo mehr sicher. Ob zu Hause oder auf der Arbeit, sie holen die Leute überall ab.« Er schüttelte seufzend den Kopf. »Was meinst du, Willi? Sollen wir loslegen?«
»Ja. Wir wollten ohnehin nächste Woche anfangen.« Bachner blätterte einen Stapel Papiere durch, bis er den Zeitplan gefunden hatte, und ging noch einmal die einzelnen Schritte durch. »Der erste Transport fährt am Dienstag. Ich werde mit Cesia und meinem Vater reisen. Du, Tadek, wirst mit dem Transport am folgenden Dienstag kommen. Kannst du Hania bis dahin verstecken?«

»Kein Problem. Es ist alles arrangiert. Abraham will seine Schwestern so schnell wie möglich aus dem Ghetto raushaben. Genia wird Hania folgen.«

»Soweit in Ordnung.« Bachner zeigte auf Julek. »Schwalbe wird den letzten Transport am Freitag, den 28. begleiten. Heniek, Juleks Bruder und Ruths Onkel werden mit diesem Zug fahren. Sind deine Leute bereit, Julek?«

»Sie können es kaum erwarten«, bestätigte Schwalbe. »Sie sind das Verstecken leid.« Anders als Julek und sein Schwiegervater Adolf konnten Richard Schwalbe und Moritz Stamberger nicht so leicht »durchgehen« und lebten deshalb seit Monaten in einem Schlupfwinkel im nichtjüdischen Teil Warschaus.

»Tadek«, fuhr Bachner fort, »wir brauchen jemanden, der Heniek einen Unterschlupf außerhalb des Ghettos beschafft und ihn später zum Bahnhof bringt. Es gefällt mir zwar nicht, den Kreis der Eingeweihten zu vergrößern, aber wir brauchen noch einen Vertrauensmann.«

»Ich habe schon jemanden im Kopf«, antwortete Kazaniecki. »Es ist ein alter Freund aus der Schulzeit. Ich habe bei seinen Eltern gewohnt. Wir sind wie Brüder.«

»Brüder schön und gut«, warnte Bachner, »aber kannst du ihm auch hundertprozentig vertrauen?«

»Er weiß bereits über Hania Bescheid. Wir werden bei seinen Eltern wohnen. Aber ich dachte an einen kleinen Anreiz. Biete ihm eine Stelle in Kiew an. Er ist ein guter Arbeiter.«

»Laß uns erst sehen, ob er Heniek sicher nach Kiew bringt. Wenn ihm das gelingt, stelle ich ihn ein.«

* * *

Wie es das Glück wollte, ließen die Razzien nach dem 15. August etwas nach. Am 11. August erging der Befehl, das Kleine Ghetto bis spätestens 14 Uhr zu räumen. Vater Bachner war gerade rechtzeitig umgezogen, so daß er noch ein paar persönliche Dinge hatte mitnehmen können. Seine Schwiegertochter und er warteten in der Wohnung von Cesias Mutter auf Nachricht über den Zeitpunkt ihrer Flucht.

Cesia hatte ihre Mutter wiederholt zu überreden versucht, das Ghetto mit ihnen zu verlassen, doch die alte Frau weigerte sich konstant. Sie war im jüdischen Viertel Warschaus geboren und aufgewachsen. Sie wußte, daß sie niemals »durchgehen« und die anderen nur gefährden würde.

Die Ungewißheit nagte an allen dreien. Stunden erschienen ihnen wie Tage, Tage wie Wochen.

Als die Sonne an dem wolkenlosen Morgen des 18. August aufging, machte die schwüle, windstille Luft das Atmen schwer. Die Nacht hatte die brütende Hitze des vergangenen Tages nicht vertreiben können. Vater Bachner und Cesia hatten die Anweisung erhalten, mehrere Kleidungsstücke übereinander anzuziehen, da sie kein Gepäck mitnehmen durften. Heinrich drückte die Hand seiner Schwiegertochter und lachte.

»Es scheint, daß sich Willi den heißesten Tag des Jahres ausgesucht hat, um uns mit Bergen von Kleidungsstücken auf dem Leib rumlaufen zu lassen.«

Sie sollten das Ghetto mit verschiedenen Arbeitskolonnen verlassen. Als es Zeit zum Abschiednehmen wurde, verbeugte sich Vater Bachner tief vor Frau Diamant und dankte ihr für ihre Gastfreundschaft. Er umarmte Cesia, wünschte ihr viel Glück und verabredete mit ihr, am Abend gemeinsam auf die Freiheit anzustoßen. Danach machte er sich auf den Weg.

Cesias Mutter begleitete ihre Tochter zu dem Treffpunkt, an dem sie sich in die Arbeitskolonne einreihen sollte. Dort warteten bereits Lonia Ostrowski, Abraham Tiefeld und eine zierliche, dunkelhaarige Frau mit dicken Brillengläsern. Für ein gegenseitiges Vorstellen blieb keine Zeit.

Cesia ergriff die Hand ihrer Mutter. »Mama, ich kann dich doch nicht alleine hier zurücklassen«, stammelte sie mit Tränen in den Augen.

Ihre Mutter gab ihr einen aufmunternden Klaps auf den Rücken, packte sie dann an den Schultern und sah ihr in die Augen. »Cesia, ich bin alt. Mein Leben ist fast vorbei. Mein Mann ist tot, meine Söhne sind tot. Du bist das einzige auf der Welt, das ich noch habe. Du gehörst zu deinem Mann. Geh! Lebe! Das ist alles, was ich will.«
Cesia umarmte ihre Mutter; beide schluchzten leise. Lonia Ostrowski wartete schweigend im Hintergrund, während sich Mutter und Tochter verabschiedeten. Nach einem Moment tippte er Cesia leicht auf die Schulter.
»Es wird Zeit, Cesia. Du und Hania müßt nun gehen«, mahnte er.
Cesia und die dunkelhaarige junge Frau, die sich als Hania Tiefeld herausstellte, überquerten schweigend die Straße und reihten sich unauffällig in die Schlange der Arbeiter ein, die sich zum Verlassen des Ghettos bereit machten. Der polnische Aufseher musterte die beiden Frauen kurz, schaute anschließend zu Ostrowski hinüber und nickte. Danach führte er die Gruppe Richtung Tor. Der dort postierte jüdische Polizist hielt ihn an, überprüfte seine Papiere und zählte die Arbeiter. Die Prozedur wurde von dem Ukrainer auf der anderen Seite des Tors wiederholt.
Die beiden Frauen vermieden es, durch allzu neugierige Blicke aufzufallen, obwohl es ihr erster Ausflug aus jenen wenigen Quadratkilometern Elend in fast zwei Jahren war. Cesia schaute aus den Augenwinkeln zu der kleineren Frau hinüber, als sie sich der verabredeten Stelle näherten. Neben ihnen säumte dichtes Gebüsch die Straße. Hania ergriff die Initiative und zog ihre Begleiterin in das Gewirr aus Zweigen und Blättern. Der polnische Aufseher ließ sich nicht anmerken, ob er ihre Flucht beobachtet hatte.
Sie kauerten unter dem dichten Laub, während die Sonne immer heißer vom Himmel brannte. Am späten Vormittag bot selbst der Schatten der Sträucher keinen Schutz mehr vor der sengenden Hitze. Der Geruch von dem Schweiß, der ihnen in Strömen aus den Lagen wollener Kleidung lief, vermischte sich mit dem erdigen Geruch der unter ihnen raschelnden trockenen Blätter. Jedesmal, wenn jemand in ihrer Nähe vorbeiging, erstarrten sie wie Kaninchen vor

der Flinte des Jägers. Da sie sich aus Angst vor Mithörern nicht zu unterhalten wagten, saßen sie einfach nur schweigend da, beobachteten gespannt das Geschehen auf der Straße und warfen sich gelegentlich verstohlene Blicke zu.

Sie erschraken zu Tode, als sie plötzlich die Beine eines Mannes auf das Gebüsch zukommen sahen. Dann hörten sie eine Stimme »Hania?« flüstern.

Hania lächelte und wollte sich aufrichten. Cesia packte sie am Arm, um sie zurückzuhalten.

»Es ist alles in Ordnung«, beruhigte Hania. »Das ist Tadek, mein Freund.«

»Kommt raus«, raunte Kazaniecki. »Geht einfach ganz normal.«

Das Auftauchen aus dem Gebüsch war der gefährlichste Moment, den sie bis jetzt zu meistern hatten. Wenn sie erst mal in Begleitung dieses gutaussehenden blonden Mannes über die Straße liefen, würden sie nicht weiter auffallen; falls sie allerdings jemand beim Herauskriechen aus dem Gebüsch beobachtete ...

Hania stand auf, nahm Cesia an die Hand, zog sie hoch und hinter sich her ins grelle Sonnenlicht.

Tadek legte einen Arm um Hania und lächelte Cesia an. »Komm, Willi wartet auf dich.«

Nervös liefen sie zu dem ein paar Straßen weiter gelegenen Kellner-Büro. Kazaniecki forderte Cesia auf hineinzugehen. Er selbst wollte Hania in seine eigene Unterkunft mitnehmen. »Also dann bis in Kiew, Frau Bachner.«

Cesia ging schüchtern die Steintreppe hoch, öffnete zögernd die Tür und spähte ins Büro.

»Du mußt Cesia sein«, sagte die attraktive blonde Frau am Schreibtisch. »Ich bin Gerda. Willi!« rief sie ins Nachbarzimmer.

Bachner eilte aus seinem Büro und schloß seine Frau in die Arme. Sie klammerte sich verzweifelt an ihn; ein Meer von Tränen strömte aus ihr hervor, als hätte sie sie den ganzen Morgen zurückgedrängt.

»Jetzt ist alles gut«, tröstete er sie. »Du bist in Sicherheit. Ich werde nicht zulassen, daß dir etwas zustößt. Aber zuerst müssen wir dir

ein anderes Aussehen verpassen. Ich komme mit meinem dunklen Haar durch«, erklärte er und strich sich durch die schwarzen Lokken, »aber aus dir machen wir eine Blondine. Was meinst du Gerda, wie wird ihr Blond stehen?«
»Phantastisch«, schwärmte Gerda lächelnd.
»Und nicht nur eine neue Haarfarbe«, ergänzte Bachner, »sondern auch einen neuen Namen. Fräulein Ferenc, darf ich Sie mit meiner guten Freundin, Fräulein Czeslawa Dambrowska bekannt machen.«
»Fräulein?« Cesia wich einen Schritt zurück und starrte Willi an. »Darf ich nicht mehr deine Frau sein?«
»Eine Ehefrau ruft zu viele Fragen hervor. Vorübergehend wirst du meine Freundin sein müssen«, ergänzte er mit einem Augenzwinkern. Ihre blassen Wangen nahmen die Farbe reifer Äpfel an. Lachend zog Willi sie wieder an sich und küßte ihr weiches, über die Stirn fallendes braunes Haar. »Cesia, was wir zu deiner eigenen Sicherheit auch vortäuschen müssen, dort, wo es zählt, wirst du immer meine Frau bleiben: in meinem Herzen.«
Gerda nahm Cesia in die angrenzende Wohnung mit, um die geplante Verwandlung in Angriff zu nehmen. Gerda hatte vor dem Krieg als Kosmetikerin gearbeitet und mit ihren Fähigkeiten in den letzten Jahren schon einigen Freundinnen zu einem »arischeren« Aussehen verholfen. Als sich Cesia ein paar Stunden später im Büro vorstellte, war sie kaum wiederzuerkennen.
Ihr Haar war blondiert und zu einem modischen Lockenkopf frisiert; ihre Brauen waren zu einer schmalen Linie gezupft. Sie trug zwar nur eine einfache weiße Bluse und einen Wollrock, doch auf ihren Mann wirkte sie wie eine elegante Dame.
Vater Bachner, den Willi ein paar Stunden vor Cesia ins Büro gebracht hatte, schaute von seiner Zeitung auf und scherzte: »Nanu, wen haben wir denn hier? Willi, weiß deine Frau, daß du dich mit einem polnischen Mädchen triffst?«
»Natürlich! Sie weiß, daß Czeslawa Dambrowska das hübscheste Mädchen in ganz Polen ist«, antwortete Willi, ohne die Augen von seiner Frau zu lassen.

»Aber ihr fehlt noch etwas«, ergänzte er lächelnd, während er zum Schreibtisch ging und ein Kästchen aus der Schublade holte. Er öffnete es und zog ein großes silbernes Kreuz hervor. Als er es Cesia um den Hals legen wollte, wich sie zurück.
»Ist das wirklich nötig«, fragte sein Vater, Cesias Gedanken aussprechend.
»Ja, es ist nötig«, erklärte Bachner sachlich. »Alles was uns dabei hilft, die Deutschen zu täuschen, ist wichtig. Gott weiß, was wir in unseren Herzen glauben. So – und morgen fahren wir nach Kiew.«
Sie tranken ein Glas zusammen, wie Heinrich morgens versprochen hatte, und zogen sich nach kurzer Unterhaltung zu ihrer letzten Nachtruhe in Warschau zurück.
Am nächsten Morgen machten sie sich zu viert auf den Weg zum Bahnhof. Nach den Erfahrungen des vergangenen Tages waren Cesia und Vater Bachner dankbar, sich den Luxus von Koffern leisten zu können und nur eine Schicht Kleidung zu tragen. Am Bahnhof mußte Willi in seine Aufseherrolle schlüpfen, so daß er nicht mehr bei Cesia und seinem Vater bleiben konnte. Es gelang ihm jedoch, sich so lange in ihrer Nähe aufzuhalten, bis ihre Papiere kontrolliert waren und sie gemeinsam mit Gerda und anderen Arbeitern für die Ukraine einen Waggon dritter Klasse bestiegen hatten. Kurz vor der Abfahrt aus Warschau gesellte sich Bachner zu ihnen. Die harten Bänke waren unbequem, aber der Zug war sauber, und – was das Wichtigste war – er brachte sie weit weg vom Ghetto.
Am späten Vormittag erreichten sie ihre erste Zwischenstation: Lublin in Ostpolen. Gerda kündigte an, sie wolle sich draußen die Beine vertreten. Willi warf ihr einen warnenden Blick zu, den sie mit einem selbstsicheren Lächeln beantwortete. Sie war es nicht gewöhnt, in Deckung zu leben, und schien in der Umgebung von Deutschen furchtlos zu sein. Bachner wußte, daß sie nicht den ganzen Tag auf einer harten Bank zu sitzen gedachte.
Auf dem Bahnsteig herrschte viel Betrieb. Lublin war ein Knotenpunkt, an dem alle Züge auf dem Weg vom Reich in die Ostgebiete Station machten. Bachner behielt Gerda im Auge, als sie den Bahn-

steig entlangspazierte und Soldaten, Zivilisten, Kinder und Alte beobachtete. Kurz vor dem Ende des Bahnhofgebäudes hob sie den Kopf, als lausche sie einem Geräusch. Als sie später ins Abteil zurückkehrte, beschrieb sie Willi dieses Geräusch. Sie hatte ein piepsiges Wimmern wie von Welpen gehört, ein durchdringendes Wehklagen, daß von Schmerz und Verlassensein zeugte. Es kam von einem einzelnen Eisenbahnwaggon auf einem Nebengleis. Als sie in seine Richtung schaute, bemerkte sie plötzlich eine Bewegung hinter dem in etwa einem Meter fünfzig Höhe angebrachten Fensterschlitz. Alle paar Sekunden tauchte eine weiße Gestalt auf, um der Sicht kurz darauf wieder zu entschwinden; die ganze Zeit über dauerte das vielstimmige Wehklagen unvermindert an.
Gerda hielt sich die Hand vor den Mund, als ihr klar wurde, daß es sich bei den bleichen Gestalten um Kinder handelte; Kinder, die nicht älter als acht oder zehn Jahre alt sein konnten; kahlgeschorene Kinder, die sich am Fensterbrett hochzogen und sich einen flüchtigen Blick lang dort festhalten konnten, bevor sie wieder auf den Boden zurückfielen. Ein ganzer Eisenbahnwaggon voller kleiner, verängstigter Kinder, die nicht wußten, wo sie sich befanden und was mit ihnen geschehen würde; zweifellos jüdische Kinder – ein Indiz dafür, daß Deportationen nicht nur in Warschau stattfanden. Gerda wandte sich ab und schnappte nach Luft, um die in ihr aufsteigende Übelkeit zu bezwingen. Alles war um so schlimmer, weil sie nichts tun konnte. Sie konnte jenen verdammten Seelen, die ihr Elend beklagten, nicht einmal Trost spenden.
Blaß und schwitzend kehrte sie in ihr Zugabteil zurück. Auf Willis besorgten Blick konnte sie nur mit einem Kopfschütteln antworten. Lange Zeit saß sie selbstversunken da, als versuche sie zu vergessen, als wolle sie den Schrecken aus ihrem Gedächtnis verbannen. Dann beschrieb sie in rauhem Flüsterton, was sie gesehen hatte. Nachdem sie geendet hatte, starrte sie aus dem Fenster und schwieg für den Rest der langen, stillen Reise.

* * *

Die Kinder, die Gerda gesehen hatte, waren vermutlich auf dem Weg ins Vernichtungslager Belzec. Vielleicht hatte der Zug, der sie transportierte, zuviel menschliche Fracht an Bord, so daß ein Waggon abgehängt wurde, um mit einem späteren Zug befördert zu werden. Im August 1942 trafen die Transporte mit erschreckender Häufigkeit in Belzec ein. Im Laufe jenes Monats wurden dort 145 000 Juden vergast. Nachdem fast alle Juden aus der Umgebung von Lublin ausgerottet waren, deportierten die Nazis Juden aus Lemberg und der Ukraine ins Lager Belzec. Kaum vorstellbar, daß die Zahl der in Belzec ermordeten Juden knapp die Hälfte derer war, die in jenem Monat in Polen getötet wurden. 140 000 Juden aus Warschau und weitere 100 000 aus den angrenzenden Gebieten wurden nach Treblinka in den Tod geschickt. Im Lager Auschwitz wurden 13 000 Personen aus der näheren Umgebung sowie 22 000 aus Frankreich und den Niederlanden ermordet. Dreijährige Kleinkinder wurden ohne ihre Eltern in Lager deportiert. Innerhalb eines Monats vergasten die Nazis mehr als 400 000 Menschen.

* * *

Die Flüchtlinge trafen am späten Abend des 19. August in Kiew ein. Onkel Fabisch empfing sie am Bahnhof und geleitete sie zu dem Haus in der Jeweschenko-Straße, während Willi das Entladen der Waren beaufsichtigte.

Fabisch versicherte seinem Neffen, daß auf der Baustelle alles zufriedenstellend verlaufen sei und Nieczajuk sich äußerst behilflich gezeigt habe. Willi erzählte den anderen die Geschichte, wie er sich im Gestapo-Hauptquartier in Warschau die Dankbarkeit des ukrainischen Ingenieurs erworben hatte.

»Weiß er, daß wir Juden sind?« fragte sein Vater.

»Nein, ich glaube nicht«, antwortete Bachner. »Ich denke, es würde nichts an unserer Beziehung ändern. Wenn ich allerdings seine Angst vor der Gestapo sehe, dann möchte ich ihn lieber nicht mit dieser Information belasten.«

Gerda pflichtete ihm bei und ergänzte, sie habe in Warschau mehrere Leute getroffen, die sie für Juden gehalten habe, ohne diese jedoch jemals darauf anzusprechen. Denn im Fall einer Verhaftung werde man unter Druck gesetzt, andere zu denunzieren. »Was ich nicht weiß, kann ich auch nicht verraten«, schloß sie bestimmt.

Eine Woche später traf Kazaniecki mit dem nächsten Warentransport in Kiew ein. Auch er und Hania fanden in Bachners Haus Unterschlupf. Der Haushälterin wurden alle Neuankömmlinge als Angestellte der Firma vorgestellt. Die Ukrainerin reagierte beleidigt, als sie erfuhr, daß die neuen Hausbewohner ihre eigene Köchin mitgebracht hatten.

»Was kann dieses dünne polnische Mädchen schon vom Kochen verstehen?« fragte sie schnippisch, die Hände in ihre breiten Hüften gestützt. »Sie sieht nicht so aus, als hätte sie in ihrem Leben jemals gut gegessen.«

Cesia reckte ihr Kinn in die Höhe und öffnete den Mund; doch bevor sie etwas entgegnen konnte, trat Bachner zwischen die beiden Frauen.

»Ich würde es sehr zu schätzen wissen, wenn sie Fräulein Dambrowska die Küche überließen«, intervenierte Bachner höflich. »Sie können sich weiter um die übrige Hausarbeit kümmern, zum selben Gehalt natürlich.«

Aus der Art und Weise, wie sie die Lippen schürzte und die Augen musternd über Cesia wandern ließ, schloß Bachner, daß die Ukrainerin vermutete, daß die »Köchin« in Wirklichkeit etwas ganz anderes war. Genau darauf hatte er spekuliert. Er hoffte, daß die Frau den Mund halten würde, solange die Lebensmittelrationen und der zusätzliche Lohn an sie flossen; falls nicht, konnte sie nicht mehr als das Gerücht verbreiten, der Ingenieur habe sich endlich eine Geliebte genommen – ein Gerücht, daß seine Frau vor tieferen Nachforschungen schützen würde.

In der ersten Septemberwoche 1942, zu Beginn des dritten Kriegsjahres, traf Heniek endlich in Kiew ein. Willi holte ihn am Bahnhof ab und brachte ihn zu dem kleinen, zweigeschossigen Haus, das inzwischen bis unters Dach mit ehemaligen Einwohnern Warschaus vollgestopft war. Während er beim Abendessen Unmengen der eigens für seinen Empfang aufgetischten Köstlichkeiten verschlang, berichtete Heniek den anderen von seiner Flucht aus dem Ghetto. Für dreitausend Zloty Bestechungsgeld an einen polnischen Aufseher war er in einer Arbeitskolonne aus dem Ghetto geschleust worden. Danach ging er mit einer Gruppe von Arbeitern zu einer Fabrik. Vor dem Tor erwartete ihn eine Frau, die ihn zu einem benachbarten Hof brachte, auf dem riesige Röhren gelagert wurden.

»Sie dirigierte mich zu einer der Röhren und sagte, ich solle drinbleiben, bis mich jemand abholen kommt«, erklärte Heniek mit vollem Mund. »Sie sagte, sie würde mir Brot und Wasser bringen, wenn ich dafür bezahle.«

»Wer war diese Frau?« forschte Bachner, der sich wegen der wachsenden Zahl von Polen, die in Warschau in ihre Flucht eingeweiht waren, allmählich Sorgen zu machen begann.

»Ich hab keine Ahnung«, erwiderte Heniek schulterzuckend. »Sie hat mir ihren Namen nicht gesagt, aber sie hat mir genug für mein Brot abgeknöpft.« Er kicherte.

»Sie hat mit dem Aufseher zusammengearbeitet«, klärte Kazaniecki auf. »Sie hat meinen Freund Mietek benachrichtigt, daß Heniek auf ihn warte.«

»Wer ist eigentlich dieser Mietek?« fragte Heniek. »Er hat kaum drei Worte mit mir geredet. Ich habe zwei ganze Tage lang in der Röhre gewartet. In der Nacht gab es einen Luftangriff; Bomben fielen, Luftabwehrgeschosse zischten mir um die Ohren. Endlich kommt dieser Typ, ruft meinen Namen, bringt mich zum Haus seiner Verwandten – und jammert die ganze Zeit über seinen Kater. Redet nicht mit mir, stellt keine Fragen, setzt mich einfach bei seinen Leuten ab. Die stecken mich in ein Zimmer und sagen, ich soll mich nicht am Fenster blicken lassen. Eine Woche später kommt dieser Mietek wieder, bringt mich zum Bahnhof und steigt mit mir zu anderen Arbeitern in den Zug. Danach leert er eine Flasche Wodka und schläft den Rest der Reise.«

Kazaniecki sah verärgert aus. »Die letzten Jahre haben es nicht gut gemeint mit Mietek.«
»Du hast meinen Neffen einem Säufer anvertraut?« schnauzte Bachner Tadek an.
»Mietek Wilawski ist mein bester Freund«, protestierte Kazaniecki. »Er ist kein Säufer. Manchmal schmeckt ihm der Wodka zu gut. Aber glaub mir, er ist absolut zuverlässig. Hat er Heniek nicht sicher hier abgeliefert?«
»Wo ist dieser Wilawski jetzt?« fragte Bachner skeptisch.
»In der Baracke bei den anderen Polen«, antwortete Kazaniecki. »Mach dir keine Gedanken, Willi. Es ist alles in Ordnung.«
»Ich muß mir Gedanken machen, Tadek.« Bachner stand auf und ging zum Fenster. »Ich muß an uns alle denken. Ein einzelner kann alles zerstören. Ein Fehler, und wir sind alle tot.« Er wandte sich wieder an Tadek. »Ich mache mir mehr Sorgen um die Polen als um die Deutschen. Die Deutschen kann ich an der Nase herumführen, bei den Polen bin ich mir da nicht so sicher.«
»Richtig«, mischte sich Hania ein. »Diese Polen erkennen einen Juden auf einen Kilometer Entfernung. Ich kann blond sein, ich kann einen Ausweis auf den Namen Bronka Kazaniecka besitzen, aber sie schauen mich an und sagen: Sie könnte Jüdin sein.«
»Mir ist das mal passiert«, erzählte Gerda. »In Krakau. Ein Deutscher kam mir zu Hilfe.«
»Ein Deutscher hat dir geholfen, einen Polen loszuwerden?« fragte Bachner ungläubig.
Gerda nickte. »Ich wollte meine Mutter in Tarnów besuchen. Sie war dort im Ghetto, aber mit meinen Papieren konnte ich rein. In Krakau mußte ich auf einen Anschlußzug warten. Ich saß auf einer Bank. Ein junger Mann setzte sich neben mich und versuchte, mir ein Gespräch aufzudrängen. Ich ignorierte ihn. Nach einer Weile sagte er: ›Sie wollen also nicht mit mir reden? Ich denke, Sie werden mit mir reden müssen.‹ Er sagte es ausgesprochen liebenswürdig, doch wir wußten beide, was damit gemeint war. Er wußte, daß ich Jüdin war, und drohte, mich zu denunzieren. Ich stand auf und ging

weg. Er folgte mir. Ich lief auf die Straße; er direkt hinter mir. Ich wußte, daß ich in Schwierigkeiten war. Was sollte ich machen? Ich wandte mich an einen deutschen Bahnbeamten und sagte: ›Mein Herr, dieser junge Mann dort belästigt mich; ich weiß nicht, was er von mir will.‹ Dabei versuchte ich, ein unschuldiges Gesicht aufzusetzen.«

»Das darf doch nicht wahr sein«, stöhnte Hania.

»Doch«, erwiderte Gerda mit zufriedenem Grinsen. »Er fragte mich nach meinem Namen, ich gab ihm meine Papiere und landete damit einen zufälligen Glückstreffer. Auf dem Bahnsteig hatte ich einem kleinen Jungen ein Heiligenbildchen abgekauft, um ihn loszuwerden, und es in meine Ausweismappe gestopft. Als der Deutsche sie jetzt öffnete, kamen Maria und Josef zum Vorschein. Er fragte mich, ob ich Katholikin sei. ›Natürlich‹, antwortete ich mit unschuldigem Augenaufschlag. Der Deutsche ging zu einem zweiten Beamten hinüber. Gemeinsam knöpften sie sich den jungen Mann vor. Ich weiß nicht, was sie zu ihm gesagt haben; jedenfalls wurde der Junge ganz bleich und machte sich aus dem Staub. Der Deutsche kam zu mir zurück und sagte in einem Tonfall wie mein Lieblingsonkel: ›Keine Angst, mein Fräulein, er wird sie nicht mehr belästigen.‹«

Bachner war der einzige, der nicht in das allgemeine Gelächter einstimmte. »Gerda, du solltest vorsichtiger sein«, warnte er nachdenklich. »Eines Tages wird dich dein Glück im Stich lassen.«

»Hört nur, wer spricht!« ließ sich Onkel Fabisch vernehmen, um anschließend die Geschichte seiner abenteuerlichen Flucht aus Janowska zum besten zu geben.

Die Unterhaltung zog sich bis lange nach Mitternacht hin. Die Fluchtgeschichten halfen ihnen, über die Verluste hinwegzukommen, die sie alle erlitten hatten: der Verlust derjenigen, die sie zurückgelassen hatten, und derjenigen, die bereits tot waren.

Auf die Dauer war es zu unpraktisch, wenn sie alle in dem Häuschen blieben. Bachner behielt die untere Etage als Wohnung für sich und seine Frau, mit einem Gästezimmer für Kellner oder andere Firmenangestellte, die eventuell aus Warschau zu Besuch kamen. Im

Obergeschoß logierten Vater Bachner, Heniek und Gerda. Cesia verschwand nach oben, wann immer Besucher auftauchten. Kazaniecki und Hania mieteten eine kleine Wohnung in der Nachbarschaft, ebenso Onkel Fabisch.

Gerda fing sofort als Sekretärin im Kellner-Büro in Kiew an. Ihre Deutsch- und Schreibmaschinenkenntnisse, ganz zu schweigen von ihrer Zuverlässigkeit, machten sie für Bachner zu einer wertvollen Stütze. Auch für Kazaniecki war im Büro Verwendung: Er arbeitete als Buchhalter.

Heniek und Vater Bachner blieben in der Wohnung. Wilhelm mißtraute der Fähigkeit seines Vaters, »durchzugehen«, und im Büro gab es keine Beschäftigung für ihn. Heniek war zwar kräftig, doch seine Erfahrungen im Ghetto mit der nur knapp vermiedenen Deportation hatten ihn derart mitgenommen, daß Bachner es für besser hielt, ihm eine Erholungspause zu gönnen.

Am 17. September 1942 feierte Willi Bachner seinen dreißigsten Geburtstag. Seiner Frau gestand er allerdings, daß er sich wie hundert fühle.

Die Anwesenheit anderer Juden in Kiew war für Bachner sowohl Trost als auch Bürde. Er fand es herrlich, mit Menschen zusammenzusein, mit denen er offen reden konnte, und natürlich genoß er es, endlich jede Nacht mit seiner Frau das Bett zu teilen. Andererseits war jede Person ein potentielles Risiko, falls sie oder er gefaßt und gefoltert wurde. Jeder Jude konnte zur Zielscheibe mißtrauischer Nichtjuden werden.

Willis Bemühungen um die Sicherheit wurden durch die Ausdehnung von Kellner-Aufträgen auf die gesamte Ukraine erleichtert. Als die Bauarbeiten am Bahnhof von Kiew kurz vor dem Abschluß standen, riefen neue Aufgaben an anderen Orten der Ukraine.

Kellner kam Ende September in Begleitung seiner polnischen Geliebten nach Kiew. Er äußerte sich zufrieden darüber, was er am Bahnhof sah. Außerdem schien es ihm zu gefallen, daß sein junger Ingenieur sich nun auch eine Freundin gesucht hatte. Wie viele Schürzenjäger fand er es vermutlich beruhigend, daß andere seine Schwäche für ein hübsches Gesicht teilten. Kellner erklärte Bachner, daß sich der Operationsbereich der Gruppe bald erweitern werde. Sie würden weiterhin unter Vertrag der Reichsbahndirektion Ost stehen, jedoch an anderen Eisenbahnknotenpunkten eingesetzt werden: Winniza, Dnjepropetrowsk und, so bald wie möglich, in der südöstlich von Kiew gelegenen Stadt Bobrinskaja.

Bachner bemühte sich, seine Erregung zu verbergen. Bobrinskaja lag in der Nähe des Dorfes Boguslaw, dem letzten bekannten Wohnort seiner Schwester Anna. Wenn er Papiere besaß, die ihn zur Reise nach Bobrinskaja berechtigten, konnte er sich nach ihr umschauen. Bisher hatte er keinen legalen Grund gehabt, sich östlich von Kiew aufzuhalten. Wenn er seine Schwester und deren Mann finden und nach Kiew bringen könnte ... Er wußte, daß die Chance gering war und daß seine Schwester hinter den sowjetischen Linien weit besser aufgehoben wäre als in Kiew, aber er wollte Gewißheit haben.

Bachner fuhr Mitte Oktober mit einer Gruppe von Arbeitern nach Bobrinskaja. Nachdem die Hauptknotenpunkte wieder betriebsbereit waren, nahm sich die Reichsbahn kleinere strategisch wichtige Zentren vor. Die Firma Kellner war für den Bau von Lagerbaracken und Büros zuständig. Bachner heuerte einen ukrainischen Fahrer an, um sich nach Boguslaw bringen zu lassen, denn das Dorf war nur über eine schmale, unbefestigte Straße erreichbar. Willi trug eine schwarze Reichsbahnuniform, deren Taschen er mit Zigaretten und Schokolade vollgestopft hatte.

Während der holprigen Fahrt durch Schlaglöcher lehnte sich Bachner im Wagen zurück und gönnte sich etwas Entspannung. Die Straße führte an abgeernteten Weizenfeldern entlang und schlängelte sich durch Birkenwäldchen, die in warmen Herbstfarben leuchteten. Bachner sprach kaum mit dem schweigsamen ukrainischen Fahrer, sondern döste in der Wärme des sonnigen Tages vor sich hin.

Ihre Ankunft im Dorf verursachte einen größeren Volksauflauf. Nur selten verirrten sich Besucher nach Boguslaw, schon gar nicht solche in deutscher Uniform. Wie alle Ukrainer litten die Dorfbewohner unter den Folgen der Besatzung durch eine Macht, die sie ur-

sprünglich als Befreier begrüßt hatten. Nun erwachten sie allmählich aus ihren revolutionären Träumen und erkannten schmerzlich, daß selbst der verhaßte Stalin besser als die Nazis gewesen war. Doch schließlich gewann ihre Neugier die Oberhand über ihre anfängliche Abneigung, so daß Bachners Wagen bald von etwa fünfzig Erwachsenen und einer Horde barfüßiger Kinder umringt war.
Bachner sprach sie in einer Mischung aus Polnisch und Ukrainisch an. »Guten Tag. Ich komme aus Bobrinskaja, wo ich für die Reichsbahn arbeite. Aber ich bin kein Deutscher, sondern Pole.«
Diese Information ließ die Einheimischen etwas auftauen, wenn sie auch weiter reserviert blieben.
»Ich bin aus Warschau. Einige Juden dort haben mich gebeten – das heißt, sie haben mich dafür bezahlt –, hierher zu fahren und nach ihrer Tochter zu fragen. Ihr Name ist Anna Henrykowna Hershorn. Weiß jemand, wo sie ist?«
»Hier gibt es keine Juden«, rief ein Mann und spuckte auf den Boden.
Bachners Zuversicht schwand, doch er versuchte, unbefangen zu wirken. »Hat sie früher hier gewohnt?«
»Ja, sie hat hier gewohnt«, übertönte eine schrille Frauenstimme den Chor der Verneinungen. »Das war ihr Haus, gleich da drüben.«
Bachner stieg aus dem Auto und folgte der Frau zu einem winzigen Holzhaus mit schmalen Fenstern. Auf ihr Klopfen hin öffnete eine alte Frau. Anna Henrykowna habe hier mit ihrem Mann gewohnt, bestätigte sie. Bachner mußte sich anstrengen, um die Alte zu verstehen.
»Ihr Mann wurde wie alle jungen Männer aus dem Dorf von der Roten Armee mitgenommen, aber sie ist geblieben. Als die Deutschen kamen, haben sie sie umgebracht, wie alle Juden.«
»Das stimmt doch gar nicht«, rief eine weibliche Stimme aus dem Hintergrund der Menge. Als sich Bachner umdrehte, drängte sich die Ruferin zu ihm vor.
»Sie haben sie nicht umgebracht. Den Rest haben sie aus dem Dorf getrieben und erschossen. Wir haben den ganzen Tag die Schreie

gehört. Aber Anna haben sie mitgenommen. Sie konnte Deutsch, dieses jüdische Mädchen, und sie brauchten sie zum Übersetzen. Ich hab es mit eigenen Augen gesehen«, betonte sie mit einem triumphierenden Blick in die Runde der Dorfbewohner, damit niemand auf die Idee kam, ihr zu widersprechen. »Sie stand hinten auf dem Lastwagen mit ihrem Kind im Bauch und versuchte, nicht umzufallen, als sie losfuhren.«

»Sie war schwanger?« Bachner trat auf die Frau zu.

»Was geht Sie das an?« fragte die und musterte ihn dabei neugierig. »Sie hat erzählt, daß sie einen Bruder in Warschau hat. Sie sehen ihr etwas ähnlich, um die Augen herum. Sie könnten ihr Bruder sein.«

»Nein, nein«, wiegelte Bachner kopfschüttelnd ab und wich ein paar Schritte zurück. »Ihr Bruder hat mich angeheuert, Sie törichte alte Frau. Sie war Jüdin! Und ich bin Pole.« Damit griff Bachner in seine Taschen und bot alle Zigaretten an, die er eingesteckt hatte. Die Kinder versorgte er mit kleinen Stückchen Schokolade. Angesichts solchen Luxus' vergaßen die Dorfbewohner jeden Verdacht, den sie vielleicht hegten. Bachner forschte nach weiteren Einzelheiten, erfuhr jedoch keine. Anna war zum letzten Mal auf der Ladefläche eines deutschen Lastwagens gesehen worden; danach verlor sich ihre Spur.

Die Rückfahrt nach Bobrinskaja erschien ihm endlos. Während der sonnige Nachmittag in eine kalte, düstere Abenddämmerung überging, mußte sich Bachner eingestehen, daß alle Hoffnung auf eine Rettung seiner Schwester vergeblich war. Helena Buchführer-Bachner, Anna Henrykowna Hershorn, Bruno Bronislaw Bachner: erstere freiwillig in den Tod gegangen; die anderen beiden in der Todesmaschinerie der Nazis verschollen, vermutlich ebenfalls tot. Der Familienkreis um ihn herum schrumpfte wie ein von Feuer eingekreister Birkenwald. Einschließlich der beiden Männer in Warschau hatte er bis jetzt acht Juden gerettet. Weitere würden folgen. Sie würden alle seine Familie sein.

Versteckt im Schatten

Behüte mich wie das Püpplein im Augapfel,
im Schatten deiner Flügel verstecke mich!
Vor den Frevlern, die mich gewaltigen.
Psalm 17:8-9

Als Bachner nach Kiew zurückkehrte, war in dem sicheren Haus eine große Wiedervereinigung im Gange. Kazaniecki war gerade mit einem Gütertransport aus Warschau eingetroffen und hatte Lonia Ostrowski, dessen Frau Käthe sowie Hanias Schwester Genia mitgebracht. Abraham Tiefeld war trotz aller Überredungsversuche nicht zu bewegen gewesen, sein Versteck im »arischen« Teil Warschaus zu verlassen. Eine Schwester befand sich noch im Ghetto, und er wollte erst abreisen, wenn er auch sie herausgeholt hatte.

Tadek brachte Nachrichten aus Warschau mit, die alles andere als hoffnungsvoll klangen. Die Transporte vom Umschlagplatz gingen unvermindert weiter. Jeden Tag wurden Tausende in den Tod geschickt. Selbst die jüdischen Polizisten, die sich durch Kooperation mit den Nazis zu retten versucht hatten, waren inzwischen abtransportiert worden. Die wenigen Übriggebliebenen besaßen entweder die magischen Arbeitspapiere oder gehörten zu der wachsenden Zahl derer, die sich in verlassenen Gebäuden verschanzten, um den täglichen Aktionen zu entgehen.

»Was ich nicht verstehe ist: Warum kämpfen sie nicht?« fragte Kazaniecki verständnislos. »Sie wissen, was ihnen bevorsteht. Warum nehmen sie es einfach demütig hin?«

»Sei nicht töricht, Tadek!« brauste Bachner wütend auf. »Was sollen sie denn machen? Das Reich mit ihren bloßen Händen angreifen? Wie kannst du es wagen, uns als Feiglinge zu bezeichnen!«

»Aber einige wehren sich doch«, warf Lonia ein. »Die Jungen, die meinen, daß sie ebensogut ein paar Deutsche mit in den Tod nehmen können, wenn sie schon sterben müssen. Nicht daß sie sonderlich erfolgreich wären. Ich habe gehört, daß sie ihre eigene Untergrundbewegung gegründet haben: die Zydowska Organizacja Bojowa, eine jüdische Kampforganisation. Die meisten ihrer Anführer sind bereits erschossen worden. Aber du mußt immerhin ihren Mut bewundern.« Lonia hielt kurz inne, um dann leise zu ergänzen: »Für andere ist es nicht so leicht zu kämpfen. Sie versuchen alles Menschenmögliche, um zu überleben. Wißt ihr, was die Deutschen jetzt machen? Bei den Selektionen durchbohren sie jeden Rucksack mit dem Bajonett. Eltern geben ihren Kindern oft Schlafmittel und verstecken sie in Rucksäcken, um sie durch die Selektionen zu schmuggeln. Es gibt fast keine Kinder mehr im Ghetto. Wenn aus den Rucksäcken Blut tropft, werden die Eltern auf der Stelle erschossen.«

Im Zimmer herrschte auf einmal Totenstille. Tadek schämte sich, daß er den Mut dieser Menschen angezweifelt hatte. Bachner vermutete, daß Kazanieckis Vorwurf mehr aus dem Bedürfnis heraus entstanden war, Unerklärliches wie den systematischen Massenmord an Millionen von Menschen zu erklären. Mit der Berufung auf alte Stereotype wie jüdische Feigheit lenkte man den Geist von der Auseinandersetzung mit der gräßlichen, unfaßbaren Wahrheit ab.

Schließlich war Tadek selbst im Ghetto gewesen. Er hatte die Geschichten über Janusz Korczak gehört, der es ablehnte zu fliehen und seine Waisen zum Zug begleitete. Er wußte von Eltern, die ihr Leben geopfert hatten, um ihre Kinder zu retten. Alte Vorstellungen von Tapferkeit und Feigheit galten nicht mehr in der Alptraumwelt des Ghettos, wo Monate, ja Jahre der Erniedrigung, der Entmenschlichung und des Elends das nackte Überleben, und sei es nur für ein paar weitere Stunden, zum wertvollsten Ziel gemacht hatten.

Tadek hatte außerdem gesehen, wie sich Polen, Ukrainer, Russen und Letten den Mächten des Reichs gegenüber verhielten. Wenn die Bevölkerung ganzer Städte wegen des Verdachts der Zusammenarbeit mit den Partisanen zusammengetrieben und erschossen wurde, unterschied sich ihr Verhalten in gar keiner Weise von dem der Warschauer Juden.

Dennoch regte sich wachsender Widerstand. Mit dem Verlust ihrer Anführer und ihres gesamten kümmerlichen Waffenarsenals hatte die Zydowska Organizacja Bojowa zwar einen katastrophalen Start, ließ sich dadurch jedoch nicht entmutigen. Nachdem sie erkannt hatten, daß vom polnischen Untergrund kaum Unterstützung zu erwarten war, zogen sich die jüdischen Kämpfer zurück und begannen, sich ihre Ausrüstung innerhalb des Ghettos zu beschaffen. Aus den Treblinka-Transporten Geflohene waren ins Ghetto zurückgekehrt, um die anderen zu warnen. Niemand machte sich mehr Illusionen über sein Schicksal. Das Ghetto würde liquidiert werden. Ende August verkündete Generalgouverneur Frank, daß ab sofort keine Lebensmittel mehr geliefert würden. Die letzten Ghettobewohner sollten arbeiten, bis sie zu schwach dazu waren, um dann ebenfalls deportiert zu werden.

»Ach, Gerda«, begann Tadek, als wolle er unbedingt das Thema wechseln, »wie konnte ich das nur vergessen?« Er kramte aus seiner Tasche einen zerknitterten Briefumschlag hervor. »Julek hat mir den Brief für dich mitgegeben. Der Mann deiner Musiklehrerin hat ihn ins Büro gebracht. Der Brief wurde aus Tarnów an ihre Adresse geschickt.«

Alle Anwesenden starrten auf den Briefumschlag. Gerda riß ihn an sich; ihre Finger zitterten, als sie ihn langsam öffnete. Sie strich ihn sorgfältig auf ihrem Schoß glatt, als fürchte sie sich vor den Worten in schwarzer Tinte. Während sie las, füllten sich ihre Augen mit Tränen; sie wandte sich ab, um sie vor den anderen zu verbergen, und preßte das Papier an ihre Brust. Minuten verstrichen, ohne daß jemand ein Wort gesprochen hätte; jeder im Zimmer schien den Atem anzuhalten. Nachdem sie ihre Fassung wiedergewonnen hatte, wandte sich Gerda an Willi.

»Der Brief ist von meiner Schwester. Sie schreibt, wenn ich jemals einen von ihnen wiedersehen will, muß ich sofort kommen.«

Bachner stand auf und lief im Zimmer hin und her, während er versuchte, eine Lösung für das Problem zu finden. Was sollte er tun? Er konnte Gerda doch unmöglich zurückschicken. »Vielleicht könnte Julek Gerdas Familie rausholen, oder Tadek.« Er sah den beiden Männern ins Gesicht. »Ich schicke euch wirklich nur sehr ungern dorthin zurück.«

Kazaniecki ließ seinen Blick von Willi zu dem besorgten Gesicht von Hania schweifen. Bachner wußte, daß Tadek eine so baldige Rückkehr nach Warschau überhaupt nicht schmecken würde. Selbst für ihn als Polen bargen diese Reisen ein erhebliches Risiko, insbesondere, wenn man untergetauchte Juden beförderte. Kazaniecki runzelte die Stirn. Bachner wußte, daß der junge Mann dringend eine Pause brauchte.

Bevor Tadek antworten konnte, erhob sich Gerda mit dem Brief in der Hand. »Sie sind meine Familie. Ich muß sie da rausholen. Ich hätte es viel früher tun sollen. Wie konnte ich nur ohne sie in den Osten gehen? Ich wohne in einem sicheren Haus, esse gut und arbeite, als sei die Welt in Ordnung, während sie im Ghetto eingesperrt sind und nicht wissen, ob sie den nächsten Tag erleben.« Sie schlug die Hände vors Gesicht; ihre Schultern zuckten.

»Gerda, es ist viel zu gefährlich. Laß einen der Männer gehen«, beharrte Bachner.

»Nein.« Gerda hob den Kopf und wischte sich die Tränen weg, die ihr übers Gesicht liefen. »Ich werde gehen. Ich muß.«

Bachner erkannte bei Gerda jene durch Schuldgefühle ausgelöste Entschlossenheit, die er von sich selbst kannte. Er nickte.

»Du kannst morgen fahren. Ich werde dir deinen Marschbefehl besorgen.«

Niemand durfte in Nazi-besetzten Gebieten ohne Ausweis und spezielle Reisedokumente unterwegs sein; in dem sogenannten Marschbefehl mußten Grund und Dauer der Reise vermerkt sein. Bachner kannte die Gefahren, die Gerda bevorstanden, aber er wußte aus eigener Erfahrung auch, daß die Rettung der Familie jedes Risiko lohnte. Wenn er Gerdas Mut gehabt hätte, wäre Bruno vielleicht noch unter ihnen. Bachner brachte Gerda am nächsten Morgen zum

Bahnhof und ermahnte sie zum Abschied, vorsichtig zu sein und möglichst schnell nach Kiew zurückzukehren. Mit resolutem Lächeln versicherte Gerda, sie werde die Situation schon meistern.
Inzwischen waren die Wohnverhältnisse in Bachners Haus immer beengter geworden. Jetzt, wo Willi endlich mit seiner Frau zusammenleben konnte, sehnte er sich nach ein wenig Privatsphäre. Er verwandelte einen Raum des Kellner-Büros in der Sagsaganska-Straße in ein Quartier für sich und Cesia und überließ sein altes Zimmer den Ostrowskis.
Für einen Diamantenhändler gab es im besetzten Kiew kein Betätigungsfeld, und für körperliche Arbeit taugte der feingliedrige Ostrowski nicht. »Er könnte ein Ende einer Schaufel nicht vom anderen unterscheiden«, bemerkte Heniek sarkastisch.
Ostrowskis Frau Käthe entstammte einer angesehenen Wiener Familie. Selbst die entwürdigende Zeit im Ghetto hatte ihr ihre hochnäsige Vornehmheit nicht nehmen können. Den anderen ging sie häufig genug mit ihrer Arroganz auf die Nerven. Sie ließ keine Gelegenheit aus zu betonen, daß sie normalerweise in besseren Gesellschaftskreisen verkehrte. Der temperamentvolle Vater Bachner wiederum, der Snobismus überhaupt nicht leiden konnte, ließ es sich nicht nehmen, die elegante Käthe bei jeder Gelegenheit zu necken. Einmal ging er soweit, daß sie ihm mit einer schallenden Ohrfeige antwortete. Obwohl sich der immer höfliche Lonia Ostrowski im allgemeinen den Wünschen seiner Frau fügte, versuchte er unermüdlich, die Wogen zu glätten.
Genia Tiefeld, die wie ihre Schwester gut Deutsch und Polnisch sprach, färbte ihr Haar blond und wurde zu Janina Matjewska. Tadek mietete sie bei einer ukrainischen Familie ein. Wie die Ostrowskis stand auch Genia zunächst nur auf der Kellner-Lohnliste, um Essensmarken zu bekommen. Nachdem sie sich in Kiew jedoch etwas eingelebt hatte, begann sie, im Kellner-Büro auszuhelfen.
Während der Arbeitsalltag seinen normalen Verlauf nahm, warteten die ehemaligen Warschauer ungeduldig auf Gerdas Rückkehr. Sie traf eines Spätnachmittags in Begleitung einer verwirrten, veräng-

stigt wirkenden jungen Frau ein. Mit einem müden Kopfschütteln bat sie den auf dem Bahnsteig wartenden Bachner nur kurz, später vorbeizukommen, um ihre Begleiterin danach unverzüglich zu dem sicheren Haus zu zerren.

Als Bachner und Cesia am Abend zu Besuch kamen, schlief Halina bereits in dem für Kellner reservierten Gästezimmer. Gerda erzählte gerade Vater Bachner, Heniek und den Ostrowskis von ihren Erlebnissen als Retterin.

»Baruch!« stöhnte sie gereizt. »Könnt ihr euch das vorstellen? So ein Idiot in Tarnów hat ihr Geld genommen und ihr falsche Papiere mit einem Namen gegeben, der so jüdisch wie ihr eigener klingt. Julek und ich sind fast in Ohnmacht gefallen, als wir es gesehen haben. Wir haben beschlossen, eine Tschechin aus ihr zu machen, weil ihr Polnisch so schlecht wie meines ist. Sie heißt jetzt Helena Lipek.«

»Gab es irgendwelche Schwierigkeiten?« fragte Bachner.

»Nichts Nennenswertes«, erwiderte Gerda aufgeräumt. Sie wirkte wie jemand, der durch die Höhle des Löwen gegangen war und es als einen Spaziergang durch den Zoo abtat. »Außer ...« Sie schüttelte lachend den Kopf. »Auf der Hinreise nach Warschau«, erzählte sie kichernd, »saß ein junger deutscher Offizier auf Fronturlaub in meinem Abteil. Er starrte mich die ganze Zeit an. Ich bemerkte, daß er auf meine Nase schaute – das einzige an mir, was jüdisch aussieht. Ich habe mich von einer Seite zur anderen gedreht.« Sie machte es mit übertriebenen Bewegungen vor. »Ich schaue aus dem Fenster, stelle mich schlafend. Aber jedesmal, wenn ich zu ihm hinüberschiele, starrt er mich an.«

»Was ist daran so komisch?« fragte Vater Bachner verwirrt.

»Warte, laß mich zu Ende erzählen. Ich stehe auf, und wer folgt mir nach draußen? Der Offizier. Ich dachte, ich falle in Ohnmacht vor Aufregung. Ich stehe auf dem Gang und schaue aus dem Fenster, da ist er schon wieder hinter mir.«

Gerda fing erneut an zu kichern.

»Spann uns nicht so auf die Folter!« drängte Vater Bachner.

»Er sagt zu mir ...« Gerda senkte ihre Stimme um eine Oktave und

ahmte das geschliffene Deutsch des Offiziers nach: »Entschuldigen Sie bitte meine indiskreten Blicke, mein Fräulein, aber ich kann meine Augen einfach nicht von ihrer aristokratischen Nase lassen.«
Gerda brach in schallendes Gelächter aus, während sie die anderen nur schweigend anstarrten, bis Heinrich schließlich fragte: »Und was passierte dann?«
»Was glaubst du wohl? Er versuchte, mich in ein Gespräch zu verwickeln. Wo ich hinfahre, was ich in Warschau vorhabe. Vermutlich hoffte er auf eine Verabredung zum Abendessen; eine kleine Ablenkung vom tristen Kriegsalltag. Ich wollte ihn unbedingt loswerden ...« Gerdas Redeschwall stockte; jede Spur von Heiterkeit verschwand plötzlich aus ihrem Gesicht. »Besonders, als ich die Leichen gesehen habe.«
»Welche Leichen?« fragte Bachner
»Kurz vor Warschau, entlang der Gleise. Tote. Alle zehn, fünfzehn Meter eine Leiche. Einige müssen schon eine Weile tot gewesen sein; sie waren ganz aufgequollen.« Gerda schlug die Hände vors Gesicht. »Sie hatten alte, zerlumpte Kleidung an; ich glaube, es waren Juden.« Sie verharrte einen Moment schweigend, um danach mit ihrer Geschichte fortzufahren. »In Warschau bin ich gleich zu meiner alten Musiklehrerin, Frau Kaszowska, gegangen. Sie hat eine Freundin, auch Musiklehrerin, die in Tarnów wohnt. Diese Frau hat sich bereit erklärt, eine Armbinde überzustreifen, ins Ghetto zu gehen und meine Familie rauszuholen. Nur meine Schwester war noch übrig. Meine Eltern hatten sie schon deportiert. Halina hatte sich unter einer Treppe versteckt. Als mir Frau Kaszowska die Nachricht zukommen ließ, daß meine Schwester sicher bei ihr im Haus angekommen sei, ging ich sie abholen. Wir lagen uns weinend in den Armen. Die Frau, die sie gebracht hatte, brach in Tränen aus. Sie entschuldigte sich tausendmal dafür, daß sie für ihre Hilfe Geld nehmen müsse, aber schließlich habe sie Kinder zu ernähren. Ich erklärte ihr, daß ich dies begreife, und bezahlte sie. Nachdem ich Halina andere Papiere beschafft hatte – ›Baruch‹! Habt ihr je so was Dummes gehört? –, stiegen wir in den Zug, und da sind wir.«

»Wie geht es ihr?« fragte Bachner mit einem Nicken Richtung Schlafzimmer.

»So gut, wie man es nach ihren Erlebnissen erwarten kann.« Gerda ließ die Schultern hängen. »Sie hat schreckliche Angst, Willi. Ich mußte sie praktisch in den Zug ziehen. Ich war froh, daß so wenig Leute Richtung Osten unterwegs waren. Ich glaube kaum, daß sie durchgegangen wäre, wenn uns jemand ausgefragt hätte. Ihr Wille ist gebrochen. Weißt du, wie sie erfahren hat, was mit ihrem Mann passiert ist? Sie hatte den Mut, beim Gericht nachzufragen, nachdem man ihn letztes Jahr verhaftet hatte. Der Beamte sagte einfach: ›Der Mann ist tot.‹ Er schaute noch nicht mal von seinem Schreibtisch auf. Halina stand einfach da.« Gerdas feuchte Augen trafen Bachner; er wandte sich ab, weil er den niedergeschlagenen Ausdruck in diesen sonst so optimistisch blickenden blauen Augen nicht ertragen konnte.

»Willi!« Gerdas Stimme forderte Aufmerksamkeit, so daß er automatisch aufschaute. »Sie stand da wie versteinert, bis sie endlich jemand nach draußen schob.« Gerda schüttelte resigniert den Kopf. »Was haben wir nur getan, um das zu verdienen? Drei Tage lang hat sie sich unter der Treppe versteckt und mitangesehen, wie alle anderen Hausbewohner abgeholt wurden. Ich bezweifle, daß sie sich je wieder von dem Schock erholt.«

»Es braucht seine Zeit«, antwortete Bachner; er nahm Gerdas Hand und drückte sie sanft. »Wir werden alle helfen.«

Und dies gelang ihnen auch. Jeder der Neuankömmlinge ließ die Schrecken des Ghettos allmählich hinter sich und gewöhnte sich schrittweise an die relative Normalität in Kiew. Nach Monaten des Hungers empfanden sie das einfache, aber ausreichende Essen als unglaublichen Luxus; in einem warmen, verhältnismäßig geräumigen Haus schlafen zu können war ein Geschenk, das sie jede Nacht genossen.

Am 11. Oktober gab Kazaniecki ein kleines Fest zu Hanias Geburtstag. Sämtliche Warschauer und Bielskoer Juden mit Ausnahme von Willi und Cesia folgten der Einladung. Die beiden hatten am 11.

Oktober nämlich ihren eigenen Anlaß zum Feiern: Es war ihr dritter Hochzeitstag – und der erste, den sie ganz privat zu zweit verbringen konnten. Cesia bereitete in ihrer Unterkunft ein kleines Mahl zu. Beim Tischdecken rückte sie mit den Neuigkeiten heraus.
»Willi«, begann sie zögernd, als suche sie nach den passenden Worten.
Er spürte ihre Verlegenheit. »Cesia was ist los? Komm schon. Du kannst mir alles sagen«, munterte er sie auf. Die Tatsache, daß sie nach drei Jahren Ehe immer noch nicht wirklich vertraut miteinander waren, machte ihn betroffen.
Sie schaute ihn nicht an, sondern starrte auf ihre Hände. »Willi, ich glaube, ich bin schwanger.«
»Schwanger!« Bachner schoß in die Höhe. »Mein Gott, das hat uns gerade noch gefehlt!« Er preßte die Hände gegen die Schläfen. »Wie konnte ich nur so unachtsam und dumm sein!« Er drehte sich zu ihr um. Ihre Augen waren tränenverschleiert, ihr Mund aus Enttäuschung zu einer schmalen Linie zusammengekniffen. Er merkte plötzlich, daß sie wohl eine andere Reaktion erwartet hatte.
»Cesia«, sagte er mit sanfter Stimme, »das kann doch nicht dein Ernst sein. Wir können uns im Augenblick kein Kind leisten. Wir müssen jeden Moment fluchtbereit sein. Wir könnten gezwungen sein unterzutauchen. Ein Baby steht außer Frage.«
»Ich dachte, vielleicht hier in Kiew ...« Ihre Stimme versagte, und Tränen rannen ihr über die Wangen. Mit gesenktem Blick fragte sie schließlich zaghaft: »Was soll ich machen?«
Bachner dachte einen Moment nach. »Ich werde dich zu einem Arzt bringen. Wir sind hier nicht in Polen. In der Ukraine ist es üblich, daß Frauen auf diese Weise den Familienzuwachs begrenzen. Es ist kein Problem.« Willi setzte sich zu ihr und umarmte sie. »Wir werden Kinder haben, Cesia, wenn der Krieg vorbei ist. Wir werden viele Kinder haben, das verspreche ich dir.«
Cesia entgegnete nichts; sie starrte schweigend vor sich hin, während Tränen auf ihre gefalteten Hände tropften.

* * *

Ein paar Tage danach brachte Bachner seine Frau zu einem ukrainischen Arzt und erklärte ihm, sie benötige eine Abtreibung. Er zog es vor, dem Mann ihre wirkliche Beziehung zu verschweigen; da sie nicht denselben Namen trugen, würde er sie für ein Liebespaar statt für Eheleute halten. Abtreibungen waren in der Sowjetunion verbreitet, da die Freiheit der Familienplanung ein Vermächtnis der Revolution war. Nachdem der Arzt Cesia untersucht hatte, gab er Bachner einen Termin, an dem er sie ins Krankenhaus bringen sollte. Cesia klammerte sich entsetzt an Willi bei der Vorstellung, allein in einem fremden Krankenhaus liegen zu müssen. Bachner tätschelte beruhigend ihren Arm. Er hatte diese Reaktion von ihr erwartet. Er erklärte dem Arzt, daß sie sich als polnische Katholiken in einer äußerst heiklen Situation befänden, und er als Arzt müsse doch verstehen, daß sie die Operation am liebsten diskret durchgeführt haben würden; vielleicht gegen einen kleinen Aufpreis ...?
Der Arzt erklärte sich bereit, Cesia zu Hause zu operieren. Er erklärte Bachner, was er benötigte, und wies Cesia an, zwölf Stunden vor dem Eingriff weder zu essen noch zu trinken.
Am vereinbarten Termin verließen alle außer Gerda, Hania und Willi das Kellner-Haus. Cesia war bereit, als der Arzt eintraf. Laut Anweisung war der Eßtisch mit sauberen Laken bedeckt. Es gab natürlich kein Betäubungsmittel; Cesia mußte hart kämpfen, um vor Schmerz nicht laut aufzuschreien. Sie preßte die Hand ihres Mannes, der die Operation mit düsterer Miene verfolgte. Der Arzt agierte routiniert mit den zuvor sterilisierten Instrumenten, so daß die Prozedur schnell vorüber war. Cesia wurde in das Gästezimmer im Erdgeschoß gebracht, wo sich Gerda und Hania um sie kümmerten. Der Arzt ermahnte Bachner, ihn zu rufen, falls Cesia Fieber oder ungewöhnliche Blutungen bekäme, nahm Bachners Dank und sein Honorar entgegen und ging.
Die nächsten Tage blieb Cesia im Bett – mehr psychisch als physisch krank. Auch Willi litt unter Depressionen. Nun, da alles vorbei war, fragte er sich, ob er nicht zu vorschnell gehandelt hatte. Vielleicht hätten sie es geschafft; vielleicht hätte er die Entscheidung

seiner Frau überlassen sollen. Die stets praktische Gerda allerdings unterstützte ihn in der Ansicht, daß Kiew 1942 weder der Ort noch die Zeit sei, um eine Familie zu gründen. Sie versicherte ihm, daß Cesia darüber hinwegkommen werde und er die richtige Entscheidung getroffen habe.

* * *

Nach ein paar Tagen kehrte Cesia in die gemeinsame kleine Wohnung im Kellner-Büro zurück. Als das Leben wieder seinen gewohnten Gang ging, kam sie allmählich über die Abtreibung hinweg. Willi und Cesia blieben im Büro wohnen. Vater Bachner, Heniek, Gerda und die Ostrowskis bevölkerten weiterhin das Kellner-Haus. Tadek und Hania waren in eine andere Wohnung in der Nachbarschaft umgezogen. Gerda fand für ihre Schwester ein Zimmer im Haus einer Ukrainerin und deren Tochter; Hania brachte ihre Schwester Genia ebenfalls bei einer ukrainischen Familie unter. Onkel Fabisch hatte inzwischen ein Verhältnis mit einer Ukrainerin und lebte mit ihr zusammen.

Noch immer trafen Flüchtlinge aus Warschau in Kiew ein. Adolf Stamberger, der sich bereits vor dem Krieg Andrzej Staniecki nannte, stammte aus Bielsko. Unter den Bielskoer Juden war sein Deckname und die Tatsache, daß er mit einer nichtjüdischen Polin verheiratet war, bekannt. Auf diese Weise erreichten fünf weitere Juden aus Bielsko über das Kellner-Büro in Warschau die ukrainische Hauptstadt: Edith Frischler, ihre Schwester Uta und ihr Schwager Paul Pollak, Hugo Goldberg sowie Alfred Nichtenhauser. Bachner sorgte dafür, daß alle fünf eine sichere Unterkunft und Lebensmittelkarten der Firma Kellner bekamen.

Als Willi und Cesia eines Abends die anderen besuchten, erfuhren sie, daß es Vater Bachner ebenfalls gelungen war, jemanden zu retten. Neben Heinrich saß eine ängstlich wirkende Frau, die Bachner bekannt vorkam; ein fremder junger Mann unterhielt sich mit Heniek.

»Willi«, stellte sein Vater vor, »dies sind Frau Neumann und ihr Sohn Georg aus Bielsko.«
Bachner begrüßte sie mit einem skeptischen Seitenblick auf seinen Vater. Nach dem üblichen Austausch von Höflichkeiten winkte er seinen Vater ins Nebenzimmer, um herauszufinden, auf welchem Weg die Neumanns in das sichere Haus gelangt waren.
»Ich habe sie auf der Straße aufgelesen«, berichtete sein Vater. »Sie waren auf der Flucht. Du hättest ihren Blick sehen sollen, als ich ihr auf die Schulter tippte. Sie kamen letzten Sommer nach Kiew und wohnten bei einer ukrainischen Familie. Jemand hat sie denunziert, und jetzt ist die Gestapo hinter ihnen her.«
Willi schüttelte den Kopf. »Sie können nicht hierbleiben, wenn nach ihnen gesucht wird. Wir müssen ein anderes Quartier für sie finden.«
»Willi, sei bitte nett zu der Frau. Sie hat bereits ihren Mann und einen ihrer Söhne verloren. Sie stammt aus Bielsko. Sie ist eine von uns.«
»Ich weiß, Papa. Ich habe ja auch nicht gesagt, daß ich nicht helfen will. Ich werde eine Unterkunft für sie und ihren Sohn finden.«
Es war Gerda, die einen berüchtigten Einwohner von Bielsko entdeckte. Bachner und sie arbeiteten wie üblich in dem kleinen Kellner-Büro auf dem Bahnhof. Gerda warf gelegentlich einen flüchtigen Blick durchs Fenster auf die Menge. Plötzlich zog sie Wilhelms Aufmerksamkeit mit einem Pfiff auf sich.
»Schau nicht hin, aber da draußen steht jemand, der dich anstarrt«, raunte sie.
»SS?« fragte Bachner, ohne sich äußerlich etwas anmerken zu lassen.
»Er ist nicht in Uniform. Aber er ist Deutscher; seine Kleidung läßt zumindest darauf schließen. Ganz rechts, der Mann in dem schwarzen Mantel und dem weißen Schal.«
Bachner holte tief Luft, drehte sich um und blickte in die von Gerda genannte Richtung. Ein großer, schlanker, elegant gekleideter Mann lehnte lässig an der Mauer. Als sich ihre Blicke trafen, lächelte er,

griff sich grüßend an den Hut und bewegte sich mit sportlichem Schritt auf das Büro zu. Er öffnete die Tür und ging ohne Umschweife auf Bachner zu.

»Mensch, Willi Bachner! Das ist ja eine Ewigkeit her. Was für ein Zufall, dich ausgerechnet hier zu treffen!«

Gerda stand auf dem Sprung, um notfalls wegzulaufen, wurde jedoch von Bachner beruhigt.

»Keine Sorge, Gerda. Wir kennen uns. Du bist wahrscheinlich zu jung, um dich an Otto zu erinnern. Gerda, darf ich dir Otto Feuereisen aus Bielsko vorstellen.«

Gerda lachte erleichert. »Wie könnte ich zu jung sein, um mich an den besten Fußball- und Polospieler von Bielsko zu erinnern? Ich habe, seit ich klein war, Geschichten über dich gehört. Aber wie kommst du nach Kiew?«

»Auf dieselbe Art und Weise wie ihr«, antwortete Feuereisen, nahm auf einem Bürostuhl Platz und zündete sich eine Zigarette an. »Indem ich sehr wählerisch damit umgehe, was ich von meiner Vergangenheit preisgebe.« Er zog einen Ausweis aus der Manteltasche, der ihn als Otto Feuereisen, geboren in Bielitz, »Volksdeutscher«, identifizierte.

»Ist das nicht etwas gefährlich?« fragte Bachner. »Forschen sie nicht genau in deiner Vergangenheit nach, bevor sie ein solches Dokument ausstellen?«

»Mein lieber Willi«, antwortete Feuereisen mit einem Augenzwinkern Richtung Gerda, »es wurde nicht ausgestellt. Ich habe es gemacht. Was ist mit dir, mit deinem schönen deutschen Namen?«

»Ich habe es nicht probiert. Meinen Papieren nach bin ich Pole. Gerda ist Ungarin. Aber du hast meine Frage noch nicht beantwortet: Was machst du in Kiew?«

»Geschäfte. An- und Verkauf. Mit Salek zusammen. Erinnerst du dich an Salek Meisner, den Trainer vom Gymnasium in Bielsko?« Er wartete Bachners bestätigendes Nicken ab. »Wir reisen kreuz und quer durchs Großdeutsche Reich, kaufen hier etwas, verkaufen dort etwas. Wir sind ganz erfolgreich.«

»Ich verstehe«, sagte Bachner wachsam. Er erinnerte sich sehr gut an Otto Feuereisen. Der populäre jüdische Sportler war das Idol aller jüdischen Schuljungen in Bielsko gewesen: ein Fußballspieler, der es mit allen nichtjüdischen Spielern der Region aufnehmen konnte. Er brachte Mädchen ins Schwärmen und Väter in Rage. Er hatte die Zeit der krummen Touren zwar wahrscheinlich hinter sich, war jedoch offenbar zu ihnen zurückgekehrt, als ihm der Krieg eine Möglichkeit dazu bot.

»Es war nett, dich wiederzusehen, Otto, aber ich kann hier keinen Ärger gebrauchen.« Mit gedämpfter Stimme ergänzte Bachner: »Ich habe hier über zwei Dutzend Juden mit gefälschten Papieren. Ich kann es mir nicht leisten, mit dem Schwarzmarkt in Verbindung gebracht zu werden. Es wäre unser aller Ende.«

»Aber Willi, du kannst mir doch vertrauen«, erwiderte Feuereisen in beleidigtem Ton. »Ich denke nicht nur ans Geld. Ich schmuggle auch Menschen, genau wie du. Frühere Einwohner von Tarnów sind meine Spezialität. Meine eigene Mutter ist hier in Kiew. Ich habe Pläne, Leute über Odessa oder Bukarest nach Palästina zu schleusen. Ich habe vor, meine Gewinne in eine gute Sache zu investieren. Nun«, er erhob sich und verbeugte sich steif vor Bachner, »ich sehe, du hast zu arbeiten, also will ich nicht länger stören.« Er ging zu Gerda und nahm ihre Hand. »Ich würde mich freuen, dich bald wiederzusehen.« Er verabschiedete sich mit einem leichten Handkuß, schwebte aus dem Büro und verschwand in der Menge.

Bachner schaute ihm kopfschüttelnd nach.

»Was ist denn los?« fragte Gerda. »Er macht doch einen ganz netten Eindruck.«

»Oberflächlich betrachtet sicher. Aber ich traue ihm nicht. Nicht daß ich etwa befürchte, er würde uns verraten. Aber Otto ist mir immer ein wenig zu leichtsinnig und zu geschäftstüchtig gewesen. Er mag ja Juden nach Palästina schmuggeln, aber ich wette, er verdient daran. Halt dich von ihm fern, Gerda, er könnte uns gefährlich werden.«

Gerda war allerdings niemand, der sich durch Gefahr abschrecken ließ – auch nicht im Nazi-besetzten Europa. Anfang Dezember erzählte Cesia ihrem Mann, daß Gerda am Konservatorium sei und ihr Gesangsstudium wiederaufgenommen habe.

»Wann wird sie unsere Lage endlich ernst nehmen!« schäumte Willi. »Wie konnte sie so was tun, ohne mich zu informieren!« Aus Sorge um die Gefahr, in die Gerdas Verhalten sie alle bringen konnte, fand er in jener Nacht keinen Schlaf.

»Fräulein Ferenc, bitte zum Diktat!« rief er am nächsten Morgen von seiner Bürotür aus.

»Jawohl, Herr Ingenieur«, antwortete Gerda und griff nach ihrem Stenoblock.

Bachner schloß die Tür hinter ihr und fragte leise: »Was höre ich da, du gehst ins Konservatorium?«

»Ja.« Gerda lächelte. »Ist das nicht herrlich? Du hättest sie sehen sollen, Willi. Drei alte Russen mit weißen Bärten saßen an einem Tisch und hörten sich mein Vorsingen an, ohne einen Kommentar abzugeben. Aber ich habe es geschafft. Ich habe *Voi, che sapete* aus der *Hochzeit des Figaro* gesungen. Ich hatte solches Lampenfieber. Aber es hat geklappt.«

Willi saß hinter seinem Schreibtisch und spielte seine Autorität als ihr Arbeitgeber aus. »Gerda, wie konntest du das nur tun! Meinst du nicht, du hättest mich vorher fragen sollen?«

Gerda zog ihre sorgfältig gezupften Brauen hoch. »Willi«, begann sie sanft aber bestimmt, »du magst ja mein Chef sein, aber du bist nicht mein Vater. Ich muß dich nicht für alles um Erlaubnis bitten.«

»Aber das Risiko! Was ist, wenn du geschnappt wirst?«

»Niemand wird jemals ein Wort aus mir herausbekommen. Ich will lieber sterben, als daß ich etwas verrate. Ach Willi«, sie sprang auf und lief hin und her, »du mußt mich verstehen. Wenn ich meine Musik nicht habe, dann kann ich auch sterben. Ganz gleich, wo ich in diesem Krieg gewesen bin, ich habe niemals meine Musik aufgegeben. Ich habe es in Warschau nicht getan, und ich werde es auch hier nicht tun.« Sie blieb direkt vor ihm stehen und lehnte sich über den Schreibtisch. »Du machst dir zu viele Gedanken«, sagte sie.

Bachner fühlte sich plötzlich alt und müde. Er fuhr sich durch sein gewelltes Haar und fragte sich, wie bald es wohl vor Sorge grau würde. »Ich muß mir um euch alle Gedanken machen, die ganze Zeit über«, erwiderte er. »Ich liege nachts im Bett und denke darüber nach, was ich mache, falls einer von euch verhaftet wird. Was soll ich sagen? Wo können wir dann noch hingehen? Ich weiß, daß dir deine Musik wichtig ist. Aber bis das alles vorbei ist, gibt es nur eins, was wirklich zählt: Entdeckung zu vermeiden, uns gegenseitig zu schützen und unser aller Leben zu retten.«

»Sieh mal«, Gerda richtete sich zu voller Größe auf, »ich bin kein dummes Bauernmädchen. Ich spreche Deutsch wie meine Muttersprache. Ich besitze ausgezeichnete Papiere. Und im Gegensatz zu dir gibt es an mir nichts, was meine Herkunft verrät.«

»Und wenn dich jemand denunziert?«

»Dann hast du eben recht gehabt und ich unrecht.« Schulterzuckend setzte sie sich wieder hin und stützte die Ellbogen auf ihre Knie. »Nicht die schlimmste Folter könnte mich dazu bewegen, auch nur einen von euch zu verraten. Ich weiß, wozu ich fähig bin, Willi.«

Bachner gab noch nicht auf, doch Gerda blieb stur. Sie argumentierte, daß es nur Fragen aufwerfen würde, wenn sie sich vom Konservatorium zurückzöge. Mit dem Versprechen, vorsichtig zu sein, stand sie auf und öffnete die Tür.

»Jawohl, Herr Ingenieur«, sagte sie, der ukrainischen Schreibkräfte wegen, beim Verlassen des Büros. »Ich werde dies sofort tippen.«

* * *

Am Heiligabend wurde für die Büroarbeiter der Firma Kellner eine Weihnachtsfeier veranstaltet. Auch alle jüdischen Angestellten waren eingeladen. Vater Bachner sträubte sich zwar dagegen, einen christlichen Feiertag zu begehen, nahm dann aber doch widerwillig an dem Fest teil, da selbiges in dem Kellner-Wohnhaus stattfand. Hania und Kazaniecki brachten Tadeks Freund Wilawski mit, der, seinem Zustand nach zu schließen, schon vor der Ankunft kräftig gefeiert hatte. Gerda spielte Weihnachtslieder auf dem Klavier. Cesia tischte riesige Mengen von Bratkartoffeln, Kohl und Rindswürsten auf. Heniek hatte am Vormittag bei einem örtlichen Bauern frische Eier besorgt, so daß Cesia sogar eine Platte mit hartgekochten Eiern servieren konnte. Am späteren Abend verabschiedeten sich die ukrainischen Angestellten nach und nach, bis nur noch die Bachners, die Ostrowskis, Heniek, Gerda, Halina, Hania, Tadek sowie der inzwischen volltrunkene Wilawski übrigblieben. Cesia zog sich in die Küche zurück, um Geschirr zu spülen, woraufhin ihr der betrunkene Pole folgte. Er versperrte mit seinem Körper von innen die Tür und begann ihr mit schwerer Zunge zu erzählen, wie wunderbar sie sei, welch fantastische Köchin und so hübsch! Als einer der anderen hereinkam und ihn damit aus dem Gleichgewicht brachte, stürzte Cesia fluchtartig aus der Küche und ließ sich im Wohnzimmer keuchend auf einen Stuhl fallen. Wilawski torkelte hinterher und setzte sich direkt neben sie. Er beugte sich zu ihr hinüber und flüsterte ihr ins Ohr: »Es hat keinen Zweck, vor mir davonzulaufen, Cesia. Ich weiß, wer du wirklich bist.«

In Panik riß sich Cesia von Wilawski los, der sie am Arm festzuhalten versuchte, flüchtete sich zu ihrem Mann und erzählte ihm, was passiert war.

Bachner wandte sich sofort an Kazaniecki. »Ich glaube, es wird Zeit, daß du deinen Freund Mietek nach Hause begleitest.«

Kazaniecki schaute sich über die Schulter nach Wilawski um, der inzwischen mit leeren Augen vor sich hin stierte. »Oh nein! Nicht schon wieder! Ich glaube, Hania, das Fest ist für uns vorbei«, stöhnte Tadek. Er ging zu seinem Freund hinüber und forderte ihn gutmütig auf, mit nach Hause zu kommen.

»Ich will aber nicht nach Hause«, lallte der Pole streitsüchtig. »Ich will hierbleiben. Du kannst mir nicht vorschreiben, was ich zu tun habe. Ich will hier bei den Jidden bleiben. Wie kommt es eigentlich, Tadek, daß wir am Heiligabend in einem Zimmer voller Juden sitzen?« Er kam schwankend auf die Füße. »Ihr denkt wohl, daß ihr etwas Besseres seid als ich. Aber das seid ihr nicht. Verdammte Christus-Mörder, das ist es, was ihr seid! Ich werde es euch allen zeigen. Ich werde euch Judenschweinen zeigen, daß ich mich von euch nicht wie ein Stück Dreck behandeln lasse. Wir werden ja sehen, wer besser ist, wenn ich mit euch fertig bin.«

Im Raum herrschte entsetztes Schweigen. Kazaniecki fand als erster die Sprache wieder, legte den Arm um seinen Freund und redete sanftmütig auf ihn ein. »Es reicht jetzt, Mietek. Komm! Hania und ich bringen dich nach Hause.«

Wie häufig bei Betrunkenen, verschwand Mieteks Wut so schnell, wie sie gekommen war. »Der gute alte Tadek«, lallte er gutmütig. »Ich weiß ja. Laß uns einen trinken gehen. Nur du und ich.«

»Klar«, bekräftigte Kazaniecki und bugsierte ihn zur Tür, während Hania ihre Mäntel schnappte. Tadek drehte sich auf der Schwelle noch einmal zu den anderen um. »Macht euch keine Gedanken. Er ist nur betrunken. Er wird nichts verraten. Er meint es nicht so. Wodka scheint Polen auf das Niveau von dummen Schuljungen zurückfallen zu lassen.«

Die Tür schloß sich hinter ihnen. Die anderen verharrten weiter in Schweigen. Draußen stimmte Wilawski laut und dröhnend ein polnisches Weihnachtslied an.

»Und was machen wir jetzt?« unterbrach Gerda das Schweigen.

»Ich weiß es nicht«, antwortete Bachner. »Was können wir machen? Tadek meint zwar, es bestünde kein Anlaß zur Sorge, aber klar ist doch, daß uns sein Freund nicht leiden kann. Früher oder später wird er in betrunkenem Zustand plaudern. Mein Gott«, Willi begann, nervös auf und ab zu gehen, »das hat uns gerade noch gefehlt!«

Sie diskutierten in gedämpftem Ton verschiedene Alternativen durch. Hatte Tadek recht? Er hatte immer mehr Vertrauen in Wilawski gehabt als alle anderen. Was konnten sie unternehmen, um den Polen daran zu hindern, den nächsten Deutschen auf der Straße anzusprechen und sie zu denunzieren?

Fünf Minuten später ließ ein lautes Klopfen an der Tür Willi erstarren. So schnell? Konnten das bereits die Deutschen sein? Bachner

ging zur Tür und öffnete sie einen Spaltbreit. Ihr ukrainischer Nachbar stand im Schlafanzug und einem hastig übergeworfenen Mantel zitternd auf der Treppe.
»Ich wollte sie nur wissen lassen«, sagte er, »daß ein Mann, der vor kurzem aus ihrem Haus kam, direkt vor meiner Tür von einem Auto überfahren worden ist. Er ist schwer verletzt. Es war ein deutscher Wagen. Sie haben nicht mal angehalten.«
Bachner starrte den Mann ungläubig an.
Nachdem der Ukrainer vergeblich auf eine Antwort gewartet hatte, ergänzte er: »Wollen Sie nichts unternehmen? Es ist schließlich nicht meine Schuld. Sie sind derjenige, der einen Gast in betrunkenem Zustand auf die Straße laufen läßt, nicht ich. Ich werde mich nicht um ihn kümmern.«
»Natürlich«, stammelte Bachner, aus seiner Erstarrung erwachend. Er griff nach seinem Mantel und folgte dem Mann auf die Straße. Ein paar der anderen schlossen sich ihnen an. Wilawski lag mit dem Gesicht im Schnee zusammengekrümmt am Rand der vereisten Straße. Bachner drehte ihn um und fühlte seinen Puls. Blut sickerte aus einem tiefen Riß auf seiner Stirn.
»Er lebt noch«, sagte Bachner. »Kommt! Wir müssen ihn ins Haus zurücktragen.« Unter Mithilfe seines Vaters und seines Vetters gelang es ihm, Wilawski hereinzuschaffen. Sie legten den leblosen Körper aufs Sofa. Gerda und Heniek gingen einen Krankenwagen rufen. Wenig später kehrte Kazaniecki zurück, um zu fragen, ob jemand seinen Freund gesehen habe. Man zeigte ihm die Gestalt auf dem Sofa.
»Aber wo warst du?«
Kazaniecki sank erschüttert auf einen Stuhl. »Ich habe ihn zurückgelassen, um Hania nach Hause zu bringen. Er hat einen solchen Lärm veranstaltet. Darum dachte ich, es sei besser, sie zuerst nach Hause zu bringen. Ich bin gleich danach zurückgegangen. Das ist schrecklich. Es ist allein meine Schuld.« Er vergrub das Gesicht in den Händen. »Ich hätte ihn nicht allein lassen dürfen.«
Niemand reagierte. Niemand wagte auszusprechen, daß Mieteks Tod

eine große Erleichterung für sie alle bedeuten würde. Nach schier endloser Zeit, in der man nichts hörte außer Wilawskis unregelmäßigem, mühsamem Atmen, fuhr endlich der Krankenwagen vor und nahm ihn mit.

Es war inzwischen bereits drei Uhr früh. Bachner und Gerda hielten es für notwendig, daß jemand ins Krankenhaus ging, um herauszufinden, ob Wilawski sein Bewußtsein wiedererlangte. Kazaniecki beharrte weiterhin darauf, daß von seinem Freund keinerlei Gefahr ausgehe und dessen Drohungen nichts weiter als das Geschwätz eines Betrunkenen gewesen seien. Schließlich zogen sich alle für ein paar Stunden Schlaf zurück, der durch das bange Warten auf das schicksalhafte Klopfen an der Tür gestört wurde.

Am nächsten Morgen erkundigte sich Gerda im Krankenhaus nach Wilawskis Zustand. Sie kehrte mit der Auskunft zurück, daß der junge Mann ernsthafte Unterleibs- und Brustverletzungen erlitten habe, die er wahrscheinlich nicht überleben werde. Mietek wachte nicht mehr auf. Kazaniecki saß am Bett seines Freundes, bis dieser schließlich am späten Weihnachtsabend verstarb.

Sie erwähnten den Zwischenfall Kazaniecki gegenüber nicht mehr, da dieser sehr unter dem Verlust seines langjährigen Freundes litt. Unter sich allerdings dankten sie Gott dafür, daß er sie ein weiteres Mal vor den Nazis bewahrt hatte. Bachner beschloß, keinen Nichtjuden mehr je in ihr Geheimnis einzuweihen. Wie Gerda gesagt hatte: was man nicht weiß, kann man nicht verraten.

* * *

Bachner hatte weiterhin mit einer Fülle von Problemen zu kämpfen, da die anderen unnötige Risiken eingingen. Juleks Bruder Richard fand besonderen Gefallen daran, sich auf dem Kiewer Schwarzmarkt herumzutreiben; Heniek und Vater Bachner machten regelmäßige Abendspaziergänge. Gerda pflegte neben der Musik auch ein ausschweifendes Gesellschaftsleben. Sie besuchte häufig Otto Feuereisen. Sie erzählte Bachner von der Silvesterparty, zu der Otto

sie eingeladen hatte. Bachner mahnte sie erneut zur Vorsicht, doch Gerdas hohe Meinung von Otto war nicht zu erschüttern.
»Willi, du verstehst das nicht«, belehrte sie ihn. »Er verhilft einer Menge Leuten zur Flucht. Seine Schwester lebt in Bukarest. Otto bringt Juden aus den Ghettos hierher und beschafft ihnen Reisedokumente nach Rumänien. Von dort fahren sie nach Odessa und dann mit dem Schiff nach Palästina. Er hat angeboten, auch mich und Halina auf diesem Weg in Sicherheit zu bringen.«
Willi setzte zu einer Erwiderung an, doch Gerda hob abwehrend die Hand und ergänzte: »Es ist ein viel zu gefährliches Angebot, aber immerhin ein sehr großzügiges. Du solltest mehr Respekt vor Ottos Arbeit haben.«
»Gerda, du kannst tun, was du für richtig hältst, aber sei bitte vorsichtig!« Er spielte nervös mit einem Bleistift. »Otto läßt sich zu gern auf Abenteuer ein. Er pflegt zu engen Kontakt mit den anderen Schwarzhändlern. Eines Tages wird er einen Fehler machen.« Er zeigte mit dem Bleistift auf Gerda. »Ich will nicht, daß du dabei bist, wenn das passiert.«
»In einem Punkt hast du recht«, gab Gerda zu. »Er hat ein paar furchteinflößende Freunde. An Silvester habe ich diesen riesigen Bären von einem Mann kennengelernt. Sein Name ist Juri Strelzow. Er stammt aus Lemberg und sagt, er kenne Otto aus alten Fußballzeiten. Er hat etwas an sich ..., die Art und Weise, wie er dich ansieht.« Sie schauderte.
»Weiß er, daß du Jüdin bist?« fragte Bachner alarmiert.
»Ich glaube nicht, falls Otto es ihm nicht gesagt hat. Aber er weiß, daß Otto Jude ist. Er will, daß Otto ihn aus der Ukraine rausbringt. Soviel ich gehört habe, hat Otto ihm auch Geld gegeben.«
Bachner schüttelte deprimiert den Kopf. »Du weißt, wie ich darüber denke, Gerda. Sei um Himmels willen vorsichtig.«
Trotz aller Anstrengungen gelang es Bachner nicht, seine Schützlinge davon zu überzeugen, die Dinge so ernst zu nehmen, wie er es tat. Als er eines Abends auf einer Baustelle in Schitomir zu tun hatte, ließ sich sogar Cesia auf ein gefährliches Abenteuer ein.

Seit Wochen hatten Gerda und ihre Schwester Halina, die sich mittlerweile in der Musikszene auskannten, von einer bevorstehenden Ballettaufführung im Kiewer Opernhaus gesprochen. Wenn Willi gewußt hätte, daß sie seine Frau in die Oper mitnehmen wollten, hätte er dies strikt unterbunden; doch er erfuhr von Cesias Abenteuer erst nach seiner Rückkehr von der Baustelle.

»*Copellia*«, schwärmte Gerda Cesia vor, »ist eine wundervolle Geschichte über eine hübsche Tanzpuppe. Warum gehen wir nicht zusammen hin? Wir ziehen uns schick an und verbringen einen Abend in der Oper.«

Cesia, Hania und Genia ließen sich von Gerdas Begeisterung anstecken; die Aussicht auf einen abendlichen Ausgang war einfach unwiderstehlich. An dem betreffenden Abend machten sie sich gegenseitig die Haare zurecht, zogen ihre schönsten Kleider an und präsentierten sich so auf der Treppe des Opernhauses. Sie fanden sich von Deutschen umringt, die, mit Ausnahme einiger ukrainischer Kollaborateure, die einzigen Kunstkonsumenten im Nazi-besetzten Kiew waren. Die fünf jungen Frauen nahmen ihre Plätze im obersten Rang ein und genossen die Aufführung. Der erste Akt war bezaubernd. Als die Lichter im Zuschauerraum ausgingen und das Orchester die Ouvertüre anstimmte, hätte man fast vergessen können, daß Krieg war. Doch die Realität holte sie wieder ein, als sie sich in der Pause ins Foyer begaben. In der rauchenden, Champagner trinkenden Menge verwandelte sich ihre Begeisterung in Furcht. Hania, Genia und Cesia gerieten in Panik, als sie zahllose teutonische Blicke auf sich gezogen fühlten.

»Sie starren uns an«, flüsterte Hania der souveränen Gerda zu, als ihr ein junger, blonder Wehrmachtsoffizier bewundernd zulächelte. Gerda lachte. »Natürlich. Das tun sie immer in der Pause. Es gibt hier mehr Männer als Frauen, weißt du. Sieh mal«, ergänzte sie lächelnd, wobei sie kaum ihre Lippen bewegte, »es besteht kein Grund zur Sorge. Das sind Deutsche. Sie erkennen nicht, ob du Jude bist – außer, ein Pole oder Ukrainer klärt sie darüber auf. Entspann dich, sei nicht so nervös!«

Doch im Gegensatz zu den Reichenbaum-Schwestern waren es Cesia, Hania und Genia nicht gewohnt, sich in Feindeskreisen zu bewegen. Das Vergnügen am zweiten Teil der Aufführung war ihnen gründlich verdorben. Nach Ende der Vorstellung verließen sie fluchtartig die Oper und fuhren bedrückt nach Hause.

Als Bachner und Kazaniecki von Cesias und Hanias Ausflug hörten, machten sie sich schwere Vorwürfe, daß sie ihre Frauen allein gelassen hatten. Der Tag und Nacht um Hania besorgte Tadek konnte sich nicht entscheiden, ob er mehr verärgert oder erleichtert sein sollte.

»Hast du den Verstand verloren?« schnauzte er seine verstörte zierliche Freundin an. »Ich lasse dich ein paar Nächte allein, und was machst du? Du gehst mit der halben Wehrmacht in die Oper! Kann ich dir denn nicht eine Minute vertrauen?«

Hania suchte nicht nach Entschuldigungen für ihr Verhalten. Für sie war die ganze Sache ein Fehler gewesen, den sie nie wiederholen wollte, wie sie Kazaniecki feierlich versprach.

Für Cesia bedeutete Willis unausgesprochene Mißbilligung genug Strafe. Als sie später allein in ihrem Zimmer waren, nahm er sie in den Arm.

»Cesia, mein Liebling«, er küßte ihre tränenfeuchten Wangen, »du mußt mir versprechen, daß du so etwas Törichtes nie wieder tust. Ja?«

Cesia vergrub ihr Gesicht an seiner Schulter. »Du brauchst dir keine Sorgen zu machen«, versicherte sie. »Ein Abend in der Oper war mehr als genug.«

* * *

Im Lauf des Februars legten Kellner-Bauarbeiter letzte Hand an die Fertigstellung des Bahnhofs von Kiew. Die Firma besaß bereits Zweigstellen in der Umgebung: in Dnjepropetrowsk und Schitomir sowie in dem weiter westlich gelegenen Nowograd-Wolynsky.

Auf dem Kiewer Hauptbahnhof war ein deutlicher Stimmungsumschwung spürbar. Seit dem Herbst fuhren in Kiew Züge durch, die Verwundete aus der Schlacht um Stalingrad nach Deutschland zurücktransportierten. Der Kampf um die strategisch wichtige Stadt an der Wolga hatte im vergangenen Sommer begonnen. Die Deutschen hatten das Territorium nördlich und südlich von Stalingrad erobert, sämtliche Versuche, die Stadt selbst einzunehmen, scheiterten jedoch. Stalin hatte den Befehl erteilt, Stalingrad um jeden Preis zu halten. Die belagerten, schlecht ausgerüsteten sowjetischen Truppen hielten den monatelangen Angriffen der deutschen 6. Armee stand. Im November starteten die Sowjets unter dem Decknamen »Uranus« eine Gegenoffensive an drei Fronten, die dazu führte, daß die 6. Armee in nur vier Tagen eingekesselt wurde. Nicht willens, die Niederlage einzugestehen, befahl Hitler dem Oberbefehlshaber der 6. Armee, Generaloberst Paulus, die Stellung bis zum letzten Soldaten zu halten. Zermürbt vom russischen Winter und dem Mangel an Nachschub, kapitulierte Paulus mit den Überresten der 6. Armee am 31. Januar 1943. Stalingrad markierte den Wendepunkt im Zweiten Weltkrieg. Der deutsche Vormarsch war aufgehalten. Bis Anfang 1943 hatten die Deutschen über dreizehn Millionen Mann verloren, davon zehn Millionen allein an der Ostfront. Von jenem Zeitpunkt an bis zum Kriegsende war der Ostfeldzug ein einziger langer Rückzug Richtung Berlin.

Die Kellner-Arbeiter wurden in Kiew Zeuge der ersten Phase jenes Rückzugs. Die Bedeutung von Stalingrad war überall in der besetzten UdSSR spürbar. Der Rückzug verstärkte die ständige Rivalität zwischen Wehrmacht, SS und Zivilverwaltung. Der gesamte totalitäre Apparat begann zu zerfallen; es herrschte »autoritäre Anarchie«, wie ein Nazi-Funktionär später kommentierte.

Während die Deutschen noch ausharrten, war ihren italienischen Verbündeten der Kriegsverlauf längst klar. Ab Frühjahrsbeginn tauchten italienische Truppen in Kiew auf, die nur ein Ziel verfolgten, nämlich so schnell wie möglich aus Rußland zu verschwinden und nach Italien zurückzukehren. Die Deutschen machten italienische Feigheit für ihre Niederlage verantwortlich, was natürlich wesentlich akzeptabler war, als dem Führer Unfähigkeit vorzuwerfen. Zwischen deutschen und italienischen Soldaten brachen häufig Scharmützel aus. Da die Deutschen bei der Zuteilung von Essensrationen bevorzugt wurden, mußten sich die Italiener mit immer weniger begnügen.

Die Italiener behalfen sich, indem sie ihre Waffen auf dem Markt gegen Lebensmittel eintauschten. Gerda hatte sich mit einem Italiener angefreundet und konnte den anderen deshalb aus erster Hand von den Konflikten berichten. Als die Italiener schließlich den Befehl zum Abmarsch in ihr Heimatland erhielten, erbot sich jener junge Soldat, Gerda und Halina mit den Truppentransporten außer Landes zu schmuggeln. Da sie jedoch die unbekannten Gefahren in Italien mehr fürchtete als die bekannten in Kiew, lehnte Gerda dankend ab.

Bachner verbrachte einen großen Teil seiner Zeit damit, mit Zug oder Auto von einer Kellner-Baustelle zur nächsten zu reisen. Er begann, einige seiner Juden auf kleineren Baustellen unterzubringen, wenn dies auch neue Risiken barg.

Uta Frischler hatte in Dnjepropetrowsk eine Stelle als Sekretärin gefunden. Die Deutschen suchten ständig perfekt Deutsch sprechendes Büropersonal. Bachner brachte Utas Mann Paul auf einer Baustelle in derselben Stadt unter. Als Paul eines Tages bei einem Besuch im Büro seiner Frau von einem Deutschen befragt wurde, verlor er tragischerweise die Nerven und lieferte sich damit den Nazis aus. Paul, Uta und ihr kleiner Sohn verschwanden spurlos.

Die inzwischen über dreißig unter falscher Identität lebenden Juden, für die sich Bachner verantwortlich fühlte, beanspruchten ständig seine Hilfe. »Dieser Ukrainer schaut mich immer so mißtrauisch an«, beklagte sich einer, worauf Bachner entweder den Juden oder den mißtrauischen Arbeiter versetzen mußte. Er spürte, daß seine Schützlinge ein starkes Bedürfnis hatten, mit ihm zu reden, durfte sich ihnen jedoch nicht zu intensiv widmen, um keinen Verdacht bei den anderen Arbeitern zu erregen. Neben seinen normalen Pflichten als Ingenieur auch noch die Funktionen eines Vertrau-

ten und Retters erfüllen zu müssen, zehrte zunehmend an Bachners Kräften.
Als er eines Tages nach einer seiner üblichen Geschäftsreisen nach Kiew zurückkehrte, fand er das Kellner-Büro in heller Aufregung vor.
»Die SS war hier«, empfing ihn Kazaniecki. »Sie haben nach dir gefragt. Du sollst dich im Hauptquartier melden.«
Die beiden Buchstaben ließen Bachner jedesmal einen Schauer über den Rücken laufen. »Haben sie angedeutet, worum es sich handelt?« fragte er.
»Nein.« Tadek schüttelte den Kopf. »Sie sind hier reinmarschiert und haben sich nach dem Ingenieur Bachner erkundigt. Wir haben ihnen gesagt, du seist in Schitomir und würdest nicht vor heute abend zurückerwartet.« Er legte eine Hand auf Bachners Schulter und versuchte, ihn Richtung Tür zu schieben. »Willi, verschwinde! Du mußt untertauchen. Ich halte sie hier so lange wie möglich hin. Wir sollten damit beginnen, die Leute zu evakuieren. Ich kann die meisten nach Warschau zurückbringen. Julek, Adolf und ich kümmern uns dann um Verstecke.«
»Langsam, Tadek«, unterbrach Bachner. »Wir sollten keine übereilten Schritte unternehmen. Wenn ich fliehe, wissen sie, daß etwas nicht stimmt. Was passiert dann mit den anderen? Wir können sie unmöglich alle nach Warschau zurückbringen.«
»Aber die SS war hier! Das kann doch nur bedeuten, daß dich jemand denunziert hat«, erwiderte Tadek ungeduldig ob der Tatsache, daß sein Freund die Gefahr offensichtlich ignorierte.
»Tadek, muß ich dich daran erinnern: Dies ist nicht meine erste Unterhaltung mit der SS. Ich habe die bisherigen gemeistert, und ich werde auch die nächste meistern. Denk daran, was ich gesagt habe: Sie rechnen nicht damit, daß du ihnen die Stirn bietest. Es bringt sie aus dem Gleichgewicht.« Er wandte sich zum Gehen. »Wenn ich bis morgen früh nicht zurück bin«, sagte er ruhig über die Schulter, »beginn mit der Evakuierung.«
Bachner machte sich auf den Weg zu dem imposanten Gebäude in

der Khryshatek-Straße. Wieder holte er tief Luft und sprach ein stilles Gebet, als er die Höhle des Löwen betrat. »Ich bin Ingenieur Bachner«, stellte er sich selbstbewußt am Empfang vor. »Man hat mir ausgerichtet, ich solle mich hier melden.«
Der Diensthabende musterte ihn, um danach die Papiere auf seinem Schreibtisch zu studieren. »Bachner ... Bachner. Ja, hier haben wir es. Das ist aber eine Überraschung. Es kommt nicht häufig vor, daß Leute so prompt auf unsere kleinen Besuche reagieren. Warten Sie hier.« Er zitierte einen Untergebenen herbei. »Richten Sie Herrn Obersturmführer aus, daß der Ingenieur, den er sprechen wollte, hier ist.«

Das Wirken der eigenen Hände

Stämme sind in der Grube versunken,
die sie bereitet hatten,
im Netz, das sie heimlich legten,
hat ihr Fuß sich verfangen.
Kund hat ER sich getan,
Gericht hat er bereitet;
durch das Wirken der eigenen Hände
verstrickt ist der Frevler geworden.
Psalm 9:16-17

•

Während Bachner in der Eingangshalle des SS-Hauptquartiers wartete, versuchte er den Eindruck zu erwecken, als sei ein Besuch bei der SS eine Routineangelegenheit für ihn. Nach ein paar Minuten wurde er von einem Adjutanten abgeholt und in den ersten Stock geleitet. Sie kamen an dem Büro vorbei, in dem Bachner genau ein Jahr zuvor die Auseinandersetzung mit Müller gehabt hatte. Der Name auf dem Türschild informierte ihn darüber, daß Müller durch einen anderen Offizier ersetzt worden war. Wie seltsam, dachte er, daß ich mich immer noch in derselben Position befinde, während die Deutschen austauschbar sind.

Sie bahnten sich ihren Weg durch das überfüllte Hauptbüro zu einer Tür mit dem Schild: Stabsoberfeldwebel. Bachner spürte, wie die Spannung von seinem Körper abfiel. Unteroffiziere führten keine Verhöre durch. Der Adjutant klopfte, kündigte Bachner an und zog sich zurück. Der deutsche Offizier erhob sich und bot Bachner höflich einen Stuhl an.

»Herr Bachner, ich möchte Sie um einen Gefallen bitten. Ein hochrangiger SS-Offizier wird uns nächste Woche mit seinem Besuch beehren. Wir wollen natürlich einen guten Eindruck machen. Aber nach achtzehn Monaten in Kiew sehen unsere Büros, offen gestanden, ziemlich schäbig aus.« Er zeigte auf die Wände, deren renovierungsbedürftiger Zustand nicht zu übersehen war. »Sie sind mir von einem Freund von der Reichsbahn empfohlen worden. Er sagt, sie leisten ausgezeichnete Arbeit und sind im Gegensatz zu den meisten ihrer Landsleute absolut zuverlässig.«

»Ich freue mich, mein Herr, daß die Reichsbahn eine so hohe Meinung von mir hat«, sagte Bachner mit bescheidenem Kopfnicken.

»Zurück zu meinem Anliegen. Wir brauchen jemanden, der unsere Büros renoviert. Sie wissen schon: hier ein zerbrochenes Fenster ersetzen, dort einen Riß in der Decke dichten, neue Farbe für die Wände.«

»Selbstverständlich, mein Herr«, erwiderte Bachner. »Es ist mir eine Ehre. Ich werde Ihnen unverzüglich meine besten Männer schikken. Bis zu welchem Termin müssen wir fertig sein?«

»Bis nächsten Dienstag. Schaffen Sie es bis dahin?«

»Kein Problem. Haben Sie Zeit, um mir zu zeigen, was Ihnen im einzelnen vorschwebt? Es würde mir eine Vorstellung davon geben, wie viele Männer ich brauche.«

»Ausgezeichnet. Rudi hatte recht. Sie sind in der Tat ein außergewöhnlicher Pole. Wie kommt es, daß Sie so gut Deutsch sprechen?«

Während des Rundgangs durch das Gebäude gab Bachner seine Standarderklärung für sein perfektes Deutsch. Bei der Erwähnung der Deutschen Technischen Hochschule in Brünn schnalzte der Offizier anerkennend mit der Zunge, um sich anschließend weitschweifig darüber auszulassen, wie schwierig es sei, in der Ukraine qualifizierte Arbeitskräfte zu finden. Bachner nickte und stimmte an den angemessenen Stellen zu, wobei seine Gedanken die ganze Zeit um die Frage kreisten, wie es möglich war, daß ihm sein Glück ein weiteres Mal treu geblieben war. Falls ihn jemand denunziert hätte, wäre dies sein letzter Besuch in der Khryshatek-Straße gewesen. Wenn er Kazanieckis Rat gefolgt wäre, hätte er sich selbst verraten. Er dankte Gott, daß er ihn erneut die richtige Entscheidung hatte treffen lassen. Aber er war sich auch bewußt, daß er das Glück nicht gepachtet hatte, daß es nicht ewig halten würde.

Der anstehende Auftrag erschien Bachner in der Tat als ziemlich einfach. Er erklärte dem Offizier, daß die Renovierung mit genügend Arbeitern innerhalb eines Tages zu bewältigen sei. Mit dem Versprechen, gleich am nächsten Morgen zu beginnen, verabschiedete er sich.

Bachner kehrte zum Kellner-Büro zurück und erzählte den ungläubig staunenden Zuhörern die Geschichte seines »Verhörs«.

»Willi, ich weiß nicht, wie du das immer wieder machst«, stöhnte Kazaniecki erleichtert und trocknete sich mit dem Taschentuch die schweißnasse Stirn. »Du hast mehr Glück als jeder andere.«

»Bis jetzt, Tadek«, wiegelte Bachner ab. »Bis jetzt!«

Am nächsten Morgen wählte er etwa ein Dutzend seiner fähigeren polnischen und ukrainischen Arbeiter aus. Er schloß keinen der versteckten Juden in die Gruppe ein; es gab keinen Grund, das Schicksal herauszufordern. Er ging mit seinen Leuten zum SS-Hauptquartier, wo sie der Obersturmführer erwartete. Nachdem Bachner die Männer mit demonstrativer deutscher Übereifrigkeit eingewiesen hatte, stellte er seinen polnischen Vorarbeiter vor und erklärte, er werde die Arbeiter am Abend wieder abholen.

Als er zur verabredeten Zeit zurückkehrte, fand er die Renovierung zu seiner Zufriedenheit abgeschlossen; die Büros erstrahlten in leuchtendem Weiß. Seine Arbeiter waren in einer Reihe angetreten. Der Vorarbeiter sah allerdings reichlich zerknirscht aus. Er eilte auf seinen Chef zu, wurde jedoch, bevor er etwas sagen konnte, von dem Obersturmführer unterbrochen.

»Schön Sie zu sehen, Herr Ingenieur Bachner. Ich bin sehr zufrieden mit der Arbeit ihrer Leute. Es gab allerdings ein kleines Problem.«

Bachner warf einen flüchtigen Blick auf den Vorarbeiter, der verstohlen nickte; aus der Art und Weise, wie der Mann nervös von einem Fuß auf den anderen trat, schloß Bachner, daß in der Tat etwas vorgefallen sein mußte.

»Worum handelt es sich, mein Herr?« Bachner hoffte, daß seine Stimme seine wachsende Angst nicht verriet.

»Um einen Ihrer Arbeiter. Ein Ukrainer«, ergänzte der Offizier mit verächtlicher Betonung des Wortes, »hat in einem der Büros eine Flasche Wodka gefunden und sie ausgetrunken. Also nicht nur Trunkenheit, sondern auch noch Diebstahl! Dies ist ein schweres Vergehen.« Er wehrte Bachners Erwiderungsversuch mit einer Handbewegung ab. »Ich mache Ihnen persönlich keinen Vorwurf, Herr Ingenieur. Sie können das Benehmen dieser Tiere nicht kontrollieren. Ich ziehe Ihnen allerdings den Lohn dieses Mannes von der Rechnung ab. Und er wird hierbleiben, damit sich die SS mit ihm beschäftigen kann.«

›Ihn beseitigen, meinst du‹, dachte Bachner. Unter Zurschaustellung allen Ärgers, den er aufbieten konnte, sagte er kurz und bündig: »Ich entschuldige mich für diesen verachtenswerten Vorfall. Aber ich muß diesen Arbeiter sehen.« Sich kerzengerade aufrichtend, fuhr er fort: »Ich muß darauf bestehen, diesen Tölpel zu sehen! Die Ehre der Firma Kellner steht auf dem Spiel.«

»Also gut«, willigte der Deutsche ein, amüsiert über die antiquierten Wertvorstellungen des kleinen polnischen Ingenieurs.

Bachner wies den Vorabeiter an, die Männer in ihre Unterkunft zurückzubringen, und folgte dem Offizier zu einem Verhörzimmer auf der Rückseite des Gebäudes. Der Übeltäter saß mit den Händen vor dem Gesicht zusammengekauert auf einem Stuhl; einer seiner Landsleute in ukrainischer Milizuniform stand mit vor der Brust gekreuztem Gewehr hinter ihm Wache. Der Arbeiter hob kurz den Kopf und ließ seinen trüben Blick von Bachner zu dem deutschen Offizier wandern, bevor er nach einem tiefen Seufzer wieder den gebohnerten Fußboden anstarrte. Er schien sich in jenem Stadium der Trunkenheit zu befinden, in dem nur noch ein brennender Magen und ein dicker Kopf bleibt, nachdem sich die letzten Spuren von Euphorie verflüchtigt haben.

Bachner baute sich vor dem Mann auf und befahl ihm auf polnisch, aufzustehen. Ihn ignorierend, glotzte der Ukrainer weiter stumpfsinnig auf den Boden.

»Ich sagte: Aufstehen!« brüllte Bachner ihn an. Er packte den Arbeiter am Kragen und riß ihn hoch. Der Ukrainer war rund fünfzig Pfund schwerer und gut fünfzehn Zentimeter größer als Bachner, wurde jedoch von der Aktion seines Chefs dermaßen überrumpelt, daß er sich fügte.

»Ist das der Dank, den ich von dir erhalte? Ich gebe dir eine gute Arbeit, behandle dich anständig, sorge dafür, daß du genügend zu essen bekommst. Ist das der Lohn, den ich dafür verdient habe?« Bachner trat einen Schritt zurück und schlug dem Mann mit voller Kraft zweimal ins Gesicht. »Du hast der Firma Schande gemacht, du hast mir Schande gemacht. Und dennoch sehe ich keine Spur von Reue bei dir.« Bachner registrierte aus den Augenwinkeln, daß der Deutsche seinen Spaß an der Szene hatte. Er setzte seine Strafpredigt fort, wobei er die Tirade an den entsprechenden Stellen mit Ohrfeigen würzte. Der Arbeiter schwankte bei seinen schwachen Versuchen, die Schläge abzuwehren.

Schließlich wandte sich Bachner wieder an den deutschen Offizier. »Noch einmal, mein Herr, ich entschuldige mich für diese schändliche Tat«, stieß er zwischen zusammengebissenen Zähnen hervor, wobei sich sein Brustkorb infolge der Verausgabung bei der Attacke hob und senkte. »Aber Sie müssen den Mann mir überlassen. Es ist eine Frage der Ehre – meiner eigenen und der der Firma Kellner. Ich versichere Ihnen, Herr Kellner und ich werden mit äußerster Strenge vorgehen.«

Der Offizier ließ seinen Blick über Bachner, den ukrainischen Arbeiter und den Milizionär schweifen, der die Szene mit aufgerissenen Augen verfolgt hatte. Eigentlich konnte es dem Deutschen doch gleich sein, was mit dem Ukrainer passierte, dachte Bachner. Gehörte der Obersturmführer zu denen, die es befriedigte, anderen Schmerzen zuzufügen? Oder benutzte er seine SS-Mitgliedschaft einfach dazu, um an einem gottverlassenen Ort der Ukraine dem Fanatismus seiner Offizierskollegen aus dem Weg zu gehen? Niemand würde Einspruch erheben, wenn der Obersturmführer den Delinquenten in die Obhut des Polen entließ. Bachner hielt den Atem an und wartete.

»Von mir aus, Herr Ingenieur«, antwortete der Deutsche schließlich sichtlich amüsiert, »können Sie diese armselige Mißgeburt mitnehmen.«
Innerlich aufatmend, entschuldigte sich Bachner ein weiteres Mal und verließ mit dem Arbeiter im Schlepptau das Gebäude. Unterwegs mußte sich der Ukrainer übergeben. Danach schaute er seinen Vorgesetzten in Erwartung weiterer Züchtigungen schuldbewußt an, um festzustellen, daß jede Spur von Ärger bei dem Ingenieur verschwunden war. Bachner hielt ihm ein weißes Taschentuch hin.
»Hier«, sagte er ruhig, »wischen Sie sich erst mal das Gesicht ab. Das war wirklich eine unglaubliche Dummheit, die Sie da begangen haben. Ich hätte Sie fast nicht mehr rausbekommen.«
»Ja, Herr Bachner«, antwortete der Mann kleinlaut. Seine finstere Miene hellte sich allmählich auf, als er begriff, daß er diesem Polen sein Leben verdankte. »Danke, Chef!« Er verbeugte sich tolpatschig vor seinem Retter. »Das werde ich Ihnen nie vergessen.«
Der Ukrainer sorgte darüber hinaus dafür, daß auch niemand anderer die Tat vergaß. Bachner registrierte, daß er bei seinen Arbeitern plötzlich größeren Respekt genoß. Jeder schien zu wissen, daß der polnische Ingenieur einen Ukrainer vor der SS gerettet hatte.
Der Respekt und die Kooperationsbereitschaft der Arbeiter blieben auch Johannes Kellner nicht verborgen, als er Anfang 1943 nach Kiew kam, um die Firmenfilialen zu begutachten. Kellner brachte seine polnische Freundin mit, eine zerbrechlich wirkende blonde Frau, der er sehr zugeneigt war. Die im gleichen Haus wohnende Gerda hatte den starken Verdacht, daß der Grund für die Blässe und die Magerkeit der scheuen jungen Frau Tuberkulose war. Gerda wurde mehrmals Zeugin, wie die Polin von schweren Hustenanfällen geschüttelt wurde.
Kellner bat seinen Chefingenieur, mit ihm nach Warschau zurückzukehren, um ihm bei der Erstellung des Jahresrechenschaftsberichts der Firma behilflich zu sein. Für Bachner verbanden sich mit Warschau nur schlimme Erinnerungen: das Verschwinden seines Bruders Bruno, der Selbstmord seiner Mutter. Er hatte keinerlei Be-

dürfnis, dorthin zurückzukehren; da ihm jedoch keine passende Ausrede einfiel, fügte er sich notgedrungen den Wünschen seines Arbeitgebers.

Als sie in Warschau eintrafen, fanden sie die Stadt in Aufruhr vor. »Im Ghetto findet eine Revolte statt! Die Juden schlagen zurück!« Ob der Sprecher nun Deutscher oder Pole war, die Verblüffung war überall die gleiche.

Deutsche Artillerie nahm das Ghetto unter Dauerbeschuß, um den Aufstand zu zerschlagen; die SS führte großangelegte Haussuchungen durch, um die Heckenschützen- und Granatenangriffe auf die ins Ghetto einrückenden deutschen Truppeneinheiten zu unterbinden. Am Ostermorgen vermischte sich in Warschau das Geläut von Kirchenglocken mit dem Lärm von Gewehrsalven und Artilleriefeuer.

Bachner versuchte, in Gegenwart von Kellner nicht allzu großes Interesse an dem Geschehen zu zeigen, sobald er jedoch mit Julek und Andrzej alleine war, quetschte er jede Einzelheit aus den beiden heraus. Seit durchgedrungen war, was in Treblinka mit den Juden passierte, waren die Deutschen im Ghetto auf wachsenden Widerstand gestoßen. Die Juden willigten nicht mehr widerspruchslos in ihre Deportation ein. Bei den Leichen, die Gerda entlang der Gleise gesehen hatte, handelte es sich höchstwahrscheinlich um Juden, die bei Fluchtversuchen aus den Transporten erschossen worden waren.

Mitte Januar waren zwölf Deutsche getötet worden, als sie zu Beginn der endgültigen Liquidierungsphase das Ghetto betraten. Die jüdischen Kämpfer bemächtigten sich der Waffen der gefallenen Deutschen, um ihr winziges Arsenal aufzustocken, und setzten ihre Angriffe fort. In den folgenden drei Monaten sahen die Deutschen von weiteren Razzien ab und überließen das Ghetto dem Verhungern.

Doch der Druck aus Berlin bezüglich der Liquidierung des Ghettos wuchs. Die Deutschen zogen Verstärkung heran, um mit dem ihrer Einschätzung nach erneut nur sporadisch zu erwartenden Widerstand fertigzuwerden. Doch selbst drei Jahre langes Eingeschlossensein, Aushungern und systematisches Abschlachten der Ghettobewohner konnten jene letzten paar Tausend Juden nicht dazu bewegen, sich kampflos zu ergeben. Der Termin für die endgültige Liquidierung des Ghettos wurde – wie der der Gründung – absichtlich auf einen jüdischen Feiertag gelegt: Pessach 1943. Am 19. April rückten zweitausend schwerbewaffnete Soldaten ins Ghetto ein, denen siebenhundertfünfzig Juden mit leichten Waffen sowie ein paar Handgranaten und Molotow-Cocktails gegenüberstanden. In Häuserruinen und Bunkern verschanzt, bereiteten sich weitere Tausende darauf vor, kämpfend zu sterben statt sich deportieren zu lassen.

Mitten in diesen stürmischen Zeiten in der Stadt gelang es Bachner, zwei weitere ehemalige Einwohner von Bielsko zu retten. Als er eines Abends zu Adolf Stamberger und dessen Frau unterwegs war, hörte er plötzlich kurz vor deren Wohnung jemanden leise seinen Namen rufen. Er zuckte zusammen. Ein Paar trat aus dem Schatten eines Gebäudes.

»Bist du das, Willi?« fragte die Frau mit zitternder Stimme. »Mein Gott, bist du es wirklich?«

Bachner war zunächst nur verwirrt, doch allmählich dämmerte trotz der vielen dazwischenliegenden Jahre das Wiedererkennen. »Mila?« Die Frau nickte kräftig. »Ja, wir wollen zu Ruths Vater Adolf. Ich hatte noch seine Adresse aus der Zeit vor dem Krieg.« Sie hielt inne, um Luft zu holen, als sei sie es nicht gewohnt, mit jemandem zu sprechen. »Leon und ich kommen aus Krakau. Wir kennen sonst niemanden mehr, zu dem wir gehen könnten.« Der Redefluß endete in einem plötzlichen Weinkrampf. Der Mann neben ihr begann, sie auf eine zerstreute Art zu trösten, ohne Bachner dabei aus den Augen zu lassen.

»Kommt«, sagte Bachner und faßte die Frau am Ellbogen. »Laßt uns reingehen.«

Mila Bachner war eine Cousine mütterlicherseits von Willi. Ihren Mann Leon Finder hatte Bachner bisher nicht kennengelernt; die beiden hatten erst nach seinem Wegzug aus Bielsko geheiratet. Adolfs polnische Frau nahm die Ankunft der beiden Juden mit höflichem Gleichmut hin. Sie fühlte sich den Leuten ihres Mannes schon lange verbunden, und außerdem wußte sie, daß sie ihr relativ angenehmes Leben in Warschau der Stelle verdankte, die Bachner ihrem Mann besorgt hatte.

Die Geschichte von Leon und Mila klang vertraut, war aber deswegen nicht weniger anrührend. Die Deutschen hatten das Krakauer Ghetto am 15. März liquidiert. Leon und Mila war in letzter Minute die Flucht geglückt. Danach hielten sie sich mehrere Wochen versteckt, bis sie falsche Papiere bekamen. Mila war früher mit Ruth Schwalbe befreundet gewesen; Ruths Familie war ihre letzte Hoffnung. Mila und Leon wußten nichts von Bachners Verbindung zu den Stambergers.

Mila brachte Nachrichten von anderen Verwandten mit, die die letzten drei Jahre im Krakauer Ghetto zugebracht hatten. Ein weiterer Bachner-Vetter, Isador, und dessen Frau Mania waren geflohen und untergetaucht, ebenso Leons Schwägerin Jadwiga Finder mit ihrer sechsjährigen Tochter Nina. Allen fehlte das Geld, um falsche Papiere zu kaufen.

Leon und Mila sahen zwar nicht besonders jüdisch aus, ihre Papiere waren jedoch plumpe Fälschungen. Bachner wunderte sich, daß sie es überhaupt bis Warschau geschafft hatten. Er beauftragte sofort den Meisterfälscher Julek Schwalbe mit der Herstellung neuer Dokumente, die die Flüchtlinge zu Angestellten der Firma Kellner machten. Außerdem bat er Julek um Marschbefehle sowie Ausweise für die Verwandten, die sich noch versteckt hielten. Er instruierte die Finders, nach Krakau zurückzufahren, die anderen zu holen, mit ihnen nach Warschau zurückzukehren und von dort aus mit dem nächsten Gütertransport der Firma Kellner nach Nowograd-Wolynsky zu kommen. Obwohl die Finders eigentlich unter keinen Umständen so bald nach Krakau zurückkehren wollten, erklärten sie sich schließlich doch einverstanden, da es vielleicht die letzte Chance war, um Familienangehörige zu retten.

Bachner hielt sich nur kurz in Warschau auf; er erlebte den Ausgang des Aufstands nicht mehr mit, aber die Botschaft, die er nach Kiew mitnahm, war dennoch ermunternd. Die Nazis waren nicht unbesiegbar, und die größte Rebellion von Zivilisten gegen die deutsche Besatzungsmacht in Europa hatte im Ghetto stattgefunden; ausgeführt von Juden.

Wenngleich sich im Ghetto noch den ganzen Sommer 1943 über sporadischer Widerstand regte, kam der vernichtende Schlag erst am 16. Mai, als die Synagoge gesprengt wurde. Damals wurden die Transporte nach Treblinka von so heftigem Gewehrfeuer begleitet, daß Augenzeugen behaupteten, es habe geklungen, als tobe eine Schlacht entlang der Gleise.

Bei seiner Rückkehr erfuhr Bachner von einigen beunruhigenden Zwischenfällen, die sich während seiner Abwesenheit ereignet hatten. Cesia erzählte ihm von einem furchteinflößenden Besuch der Ostermesse mit der ukrainischen Haushälterin. Sie war nach Willis Abreise zu den anderen in das Kellner-Haus gezogen. Gerda hielt sich über Ostern in Schitomir auf; die Ostrowskis waren ebenfalls verreist. Die Haushälterin forderte Cesia auf, mit ihr am Ostersonntag zur Kirche zu gehen. »Keine anständige Katholikin würde die Ostermesse versäumen«, erklärte sie. »Es wäre eine Todsünde.«

Die ukrainische Kirche hatte im Gegensatz zur russischen nie engen Kontakt zu Rom gepflegt. Und obwohl die Nazis der Kirche als einer Quelle des Widerstands mißtrauten, ließen sie sie in der Ukraine unter der Bedingung gewähren, daß sich die Priester strikt an die Anweisungen der Nazis hielten.

Widerstrebend und ängstlich willigte Cesia ein, die Haushälterin zur Kathedrale zu begleiten. Sie versuchte verzweifelt, sich die Stichworte zu merken, an denen sie »Amen« oder »Dank sei Gott dem Herrn« antworten mußte. Sie quälte sich durch den schier endlosen Gottesdienst mit den ihr fremden Ritualen des Kniens, Aufstehens, Setzens, Bekreuzigens, während ihr von dem betäubenden Duft des Weihrauchs und den Gesängen des Priesters und des Chors der Kopf dröhnte.

Die Haushälterin bemerkte Cesias Unsicherheit, gab sich jedoch zum Glück mit deren Erklärung zufrieden, daß der ukrainische Gottesdienst anders als der polnische und ihr deshalb nicht vertraut sei.
»Oh, Willi«, stöhnte sie, »ich bin heilfroh, daß die meisten Ukrainer nur zweimal im Jahr in die Kirche gehen.«
Bachner lachte. »Ja, an Weihnachten und an Ostern.«
Von Heniek erfuhr Bachner, daß er nicht der einzige war, der Nachrichten vom Warschauer Ghettoaufstand nach Kiew gebracht hatte. Heniek hatte eines Abends mit anderen Arbeitern beim Kartoffelrösten um ein Feuer gesessen, als ein Neuankömmling aus Warschau von der Revolte zu erzählen begann.
»Die meisten sind bereits tot«, berichtete der Mann. »Die Gestapo liest jetzt willkürlich Leute auf der Straße auf. Falls sie Juden sind, wandern sie sofort nach Treblinka oder Majdanek.«
Ein anderer Arbeiter legte seinen Arm um Heniek und sagte: »Also, Kwiatkowski, das ist zumindest eine Sache, wofür wir den Nazis dankbar sein können. Wie schlimm die Zeiten auch sind, sie haben uns wenigstens die Juden vom Hals geschafft.«
Heniek wollte etwas erwidern; er hatte das Gefühl, als würde ihm das Herz stehenbleiben. So großer Haß von so vielen Menschen! Warum? Er wollte schreien, die Christen verfluchen; er hätte am liebsten seine wahre Identität enthüllt und seine Kollegen herausgefordert, ihn zu töten. Zum Glück wechselte jemand das Thema, bevor er seine Verbitterung ausspucken konnte.
Bachner lief ein Schauer über den Rücken, als er die wutgeladene Stimme seines Vetters hörte. Wie würde er sich an Henieks Stelle verhalten haben? Würde er den Mann angegriffen oder die Beleidigung schweigend hingenommen haben? Es war ein Problem, mit dem er täglich zu kämpfen hatte, während er versuchte, seine Lieben zu schützen. Ähnlich wie Heniek war auch er es allmählich leid, die Fassade aufrechtzuerhalten.

* * *

Neben den aus dem Westen mitgebrachten Neuigkeiten vom Warschauer Ghettoaufstand drangen vermehrt Nachrichten von deutschen Rückschlägen im Osten nach Kiew durch. Es war praktisch unmöglich, die Fakten an diesem zentralen Eisenbahnknotenpunkt geheimzuhalten. Die Zahl der Richtung Westen durchfahrenden deutschen Truppentransporte nahm ständig zu, während immer weniger Züge mit Nachschub und frischen Soldaten für die Ostfront den Kiewer Hauptbahnhof passierten. Charkow – die viertgrößte Stadt der UdSSR – wurde am 15. Februar von der Roten Armee zurückerobert; Rzev fiel am 3. März, Wjasma am 12. März. Sowjetische Fabriken produzierten inzwischen Ausrüstung und Munition in einer Größenordnung, an die die Deutschen nicht annähernd herankamen.

Die Arbeitskolonnen der Firma Kellner verbrachten weit mehr Zeit damit, durch Sabotageakte angerichtete Schäden zu reparieren, als neue Bauprojekte für das Reich zu verwirklichen. Eisenbahngleise und -brücken waren bevorzugte Ziele sowjetischer Partisanen, da die Sprengkörper im Schutz der Dunkelheit angebracht und später ferngezündet werden konnten. Bachners Leute kamen kaum mit der Arbeit nach. Sie wurden in einem endlosen Kreislauf von einem Ort zum anderen dirigiert; sobald sie einen Schaden repariert hatten, schlugen die Partisanen erneut zu und zwangen sie damit, die gleiche Arbeit noch einmal zu verrichten. In Kiew herrschte eine gespannte Atmosphäre, nicht nur wegen der Konflikte zwischen deutschen und italienischen Soldaten. Aufgrund zunehmender Partisanenaktivität betrachteten die Nazis die Ukrainer nicht mehr als ihre Vasallen, sondern als potentielle Gegner; logische Folge war eine massive Verhaftungswelle. Deutsche Patrouillen griffen wahllos Leute auf der Straße auf; die Festgenommenen wurden nie wieder gesehen. Beängstigende Gerüchte über die angebliche Erschießung in Kiew entdeckter polnischer Juden machten die Runde.

In Übereinstimmung mit seinen Freunden beschloß Bachner, die Gruppe aufzusplittern. Es war zu gefährlich geworden, so viele Juden an einem Ort in so engem Kontakt zueinander leben zu lassen.

Die Enttarnung eines einzigen konnte die Erschießung aller bedeuten. Das Problem bei der Aufteilung der Gruppe war, daß Bachner seine Schützlinge auf verschiedenen kleineren Baustellen unterbringen mußte, wo er sie nicht ständig im Auge behalten konnte. Außerdem würde es nicht mehr möglich sein, Juden auf die Kellner-Lohnliste zu setzen, ohne daß sie tatsächlich arbeiteten. Dafür war allerdings auf jenen kleinen Außenposten die SS weit weniger präsent als in Kiew, so daß man kaum mit systematischen Suchaktionen nach versteckten Juden rechnen mußte.

Onkel Fabisch war inzwischen zum Oberaufseher der neuen Baustelle in Nowograd-Wolynsky befördert worden. Willi schickte seinen Vater und Heniek dorthin, in der Hoffnung, daß der Onkel und der Vetter seinen oftmals leichtsinnigen, starrköpfigen Vater vor Dummheiten bewahren würden. Bachner hatte Nowograd-Wolynsky auch bewußt als Anlaufstelle für die aus Krakau eintreffenden Juden gewählt, da es an dem relativ unbedeutenden Eisenbahnknotenpunkt keine SS gab.

Der ukrainische Ingenieur Nieczajuk, dessen Leben Bachner in Warschau gerettet hatte, leitete die Kellner-Baustelle in Schitomir. Bachner hatte ihm zwar nie erzählt, daß er Juden versteckte, vermutete aber, daß der Ukrainer etwas ahnte. Dennoch verhielt sich Nieczajuk weiterhin absolut loyal ihm gegenüber.

Auch Gerda wollte Kiew unbedingt verlassen, nachdem sie Gerüchte über die Jagd nach versteckten Juden gehört hatte. Sie erzählte, ihr »sechster Sinn« sage ihr, daß es an der Zeit sei zu gehen. Da sie mit einer mit Ruth Schwalbe verwandten Pianistin befreundet war, die in Schitomir lebte, war sie sehr froh, dorthin umziehen zu können, um als Nieczajuks Sekretärin zu arbeiten. Ihre Schwester fand eine Stelle bei einem anderen deutschen Baubetrieb in derselben Stadt. Kazaniecki übernahm die Buchhaltung im Kellner-Büro in der Kleinstadt Spola, beaufsichtigte darüber hinaus aber auch Projekte der Firma in Winniza und Dnjepropetrowsk. Hania, Genia, die Ostrowskis und Moritz Stamberger wurden auf verschiedene Baustellen verteilt.

Bachner und Cesia blieben in ihrer kleinen Wohnung im Hauptbüro der Firma in Kiew wohnen. Frieda Neumann, ihr Sohn Georg und Julek Schwalbes Bruder Richard teilten sich das Kellner-Wohnhaus.

Durch Gerdas Wegzug entstand ein ernsthaftes Problem: Bachner mußte sich nun ganz auf seine ukrainische Sekretärin Irina Kolomitchok verlassen. Irina ging ganz in ihrer neuen Rolle auf. Bachner fand sie etwas zu eifrig, zu kokett. Je aufdringlicher ihr Flirten wurde, desto unwohler fühlte er sich in seiner Haut. Er vermied es, sie zum Diktat in sein Büro zu rufen, sondern schrieb seine Briefe lieber von Hand oder diktierte sie ihr in Gegenwart der anderen Sekretärinnen im Vorzimmer.

Irina betrachtete Cesia, die allgemein für Bachners Geliebte gehalten wurde, zweifellos als Rivalin. Wann immer Cesia das Büro betrat, warf ihr die Ukrainerin feindselige Blicke zu und versuchte durch ihr Auftreten zu demonstrieren, daß der Chef sich etwas Besseres leisten könne als diese kleine graue Maus. Bachner wußte, daß seine Frau die Sekretärin nicht leiden konnte, und befürchtete, daß Irina bei der kleinsten abfälligen Bemerkung von Cesia auf die Idee kommen könnte, die Rivalin loszuwerden, indem sie sie bei den Behörden anschwärzte.

Bachner entledigte sich des Problems, indem er Irina für ein paar Wochen auf eine andere Baustelle versetzte. Er hoffte, ihr auf diese Weise begreiflich machen zu können, daß er kein Interesse an einer Beziehung mit ihr hatte; die mit der Beförderung verbundene kleine Gehaltserhöhung sollte Irina davon abhalten, Rache zu nehmen.

Ein paar Wochen später erfuhr er, daß Irina zusammen mit einer Gruppe ukrainischer Partisanen von der Gestapo verhaftet worden war. Er versuchte vergeblich herauszufinden, was mit ihr geschehen war; sie verschwand einfach – wie so viele in Kiew im Frühjahr 1943. Die ersten Tage nach Irinas Verhaftung rechnete Bachner noch stündlich mit dem berühmten Klopfen an der Tür, mit einem weiteren Verhör bei der SS wegen einer bei ihm beschäftigten Partisanin. Als die Tage jedoch verstrichen und nichts dergleichen passierte, vermutete er, daß Irina ihre Arbeitspapiere nicht bei sich gehabt hatte, als sie verhaftet wurde. Jedenfalls wurde die Identität ihres Arbeitgebers nie bekannt.

Bachner fühlte sich ein wenig in seiner Eitelkeit gekränkt, als er von Irinas Partisanenaktivität erfuhr. Hatte ihr Interesse etwa gar nicht ihm selbst gegolten, sondern nur den Vorteilen, die sie aus dem Status als seine Geliebte für ihre Untergrundarbeit hätte ziehen können? Er würde es niemals erfahren. Gerda erzählte ihm, daß Irina aus ihrem Haß gegen die Nazis nie ein Geheimnis gemacht hatte; so hatte sie einmal gesagt: »Was Stalin in fünfundzwanzig Jahren nicht gelungen ist, das hat Hitler in einem Jahr geschafft«, nämlich die Ukraine vollkommen zu unterjochen.

Wenngleich Bachner froh war, daß die Situation bereinigt war, tat ihm Irinas Verschwinden doch leid. Er wußte, daß die junge Ukrainerin ein kleines Kind und eine Mutter hatte, die auf ihre Unterstützung angewiesen waren. Er ließ der Mutter die Nachricht zukommen, daß sie sich weiterhin Kellner-Essensmarken bei ihm abholen könne.

* * *

Nicht nur für Ukrainer und Polen war Kiew ein gefährliches Pflaster geworden. Aufgrund zunehmender Partisanenaktivität konnten auch die Deutschen ihres Lebens nicht mehr sicher sein. Bereits im Sommer 1942 hatten die Partisaneneinheiten eine Stärke erreicht, die sie zu einer echten Bedrohung für die Deutschen machte. Die Schlagkraft der Partisanen resultierte aus zwei Faktoren. Zum einen hatte Stalin, der die Untergrundkämpfer wegen ihrer Unabhängigkeit und Unkontrollierbarkeit nie unterstützt hatte, seine Meinung inzwischen revidiert und pries die Bewegung als »zweite Front im Rücken des Feindes«. Der Propagandawert von Geschichten über tapfere Sowjets, die hinter den faschistischen Linien festsaßen und dennoch nicht aufgaben, zählte für Stalin mindestens ebenso viel, wie der tatsächliche Schaden, den die Partisanen anrichteten. Die

offizielle Anerkennung hatte zur Folge, daß die Partisaneneinheiten Waffen, Munition und Direktiven aus Moskau erhielten.
Zum zweiten reagierten die Deutschen auf die massiver werdenden Anschläge mit brutaler Unterdrückung der ukrainischen Bevölkerung. Wegen angeblicher Unterstützung von Partisanen brannten sie ganze Dörfer ab und erschossen sämtliche Einwohner. Selbst Frauen und Kinder wurden nicht verschont. Hitlers Devise lautete, die Partisanenfrage könne nur mit Gewalt gelöst werden. Viele deutsche Beamte in der Zivilverwaltung der besetzten UdSSR hielten diese Politik für selbstmörderisch. Schließlich brauchte man die einheimische Bevölkerung als Nahrungsmittelproduzenten und Arbeitskräfte. Die deutsche Schreckensherrschaft verminderte die Ernte, erschwerte die Suche nach Arbeitern und verstärkte die Sympathien der Einheimischen für die Partisanen.
Diese beiden Kräfte – Partisanenkampf und deutsche Unterdrükkung – nährten sich gegenseitig. Je effektiver die Partisanen agierten, desto brutaler mißhandelten die Deutschen die örtliche Bevölkerung. Je mehr die Unzufriedenheit mit den Nazis wuchs, desto höher wurde für Stalin der Propagandawert der Guerillas. Die Einstellung der Einheimischen wandelte sich von nüchterner Akzeptanz der Naziherren zu aktiver Unterstützung der Partisanen.
Weit hinter der Front attackierten die Partisanen Versorgungslinien, deutsches Personal und ukrainische Kollaborateure. Für die Firma Kellner bedeutete dies, daß sie den größten Teil ihrer Zeit mit dem nutzlosen Versuch verbrachte, die Verbindungen Richtung Osten offen zu halten. Während sich die Lage an der Ostfront für die Deutschen kontinuierlich verschlechterte, saßen Züge mit Nachschub in Warschau fest, weil die Schienenwege in den Osten unterbrochen waren.
Die für Dampflokomotiven benötigten Wassertürme waren ein bevorzugtes Ziel der Partisanen. Die ungeschützten Türme waren leicht zu zerstören, und Heckenschützen deckten jeden mit einem Feuerregen ein, der sie zu reparieren versuchte. Die Instandsetzung dieser Wassertürme gehörte zu den Aufgaben der Firma Kellner. Die Tür-

me standen in der Regel in abgelegenen, schwer erreichbaren Gegenden, und die Fahrt dorthin war oft ein lebensgefährliches Abenteuer.

Entlang der Gleise gelegte Minen sprengten so viele Züge in die Luft, daß die Deutschen nur noch in den hinteren Waggons reisten und die polnischen und ukrainischen Arbeiter als Schutzschild in den vordersten Waggon setzten. Die Kellner-Arbeiter ließen sich meist nur zu der Fahrt überreden, wenn Bachner mitreiste. Die Züge krochen mit zehn Kilometern pro Stunde durch die Landschaft, wodurch sie ein ideales Ziel für Partisanen abgaben. Wenn Bachner mitfuhr, saß er mit unbeweglichem Gesicht, die Hände im Schoß gefaltet, auf der harten Bank und versuchte, das ängstliche Flüstern seiner Arbeiter zu ignorieren.

»Gott«, pflegte er zu beten, »wenn es dir gefällt, daß ich durch die Hand von Partisanen sterbe, nachdem ich die Nazis überlebt habe, dann laß wenigstens die deutschen Feiglinge am Zugende mit mir gehen.«

Bei einer Fahrt, bei der Bachner nicht dabei war, explodierte eine Mine; fünf Arbeiter wurden getötet. Bei einem der Opfer handelte es sich um einen Juden aus Lemberg, den Bachner in Schitomir untergebracht hatte. Das Begräbnis mußte natürlich christlich sein, was die Witwe fast ebenso grämte wie der Tod ihres Mannes selbst. Fast alle Firmenangestellten in Schitomir nahmen an der Beerdigung teil; Bachner hielt die Grabrede. Er fühlte das Gewicht aller toten Juden auf seinen Schultern lasten, als er sich bemühte, seine Trauer in christliche Worte zu fassen – Worte, die wie bittere, fremde Kräuter auf seiner Zunge schmeckten.

»O Herr«, begann er mit einem Psalm, »bis wann muß ich Trauer hegen in meiner Seele, Kummer in meiner Seele Tag für Tag?« Tränen schossen ihm in die Augen; er mußte sich räuspern, bevor er weitersprechen konnte. Die folgenden Worte kamen ihm wie von selbst über die Lippen; Worte, die für die anwesenden Juden eine ganz private Botschaft enthielten.

»Wieviele werden vergehn und wieviele entstehn? Wer wird leben, und wer wird sterben? Wer an seinem Ziel und wer vor seinem Ziel? Wer durch Feuer und wer durch Wasser? Wer durchs Schwert und wer durch Bestien?« Es waren die Worte, die sein Vater jedes Jahr an Jom Kippur sprach, und alle Anwesenden, Juden wie Christen, beugten ihr Haupt mit dem Bild der Nazi-Bestie vor Augen.

* * *

Reisen zwischen Kiew und den umliegenden Baustellen wurden immer mehr zu einer Geduldsprobe. Für eine Strecke, die man früher in einer Stunde bewältigte, brauchte man nun einen ganzen Tag. Gerda kam eines Nachmittags ins Büro in Kiew und beklagte sich über die Fahrt von Schitomir her. Der kurz zuvor aus Spola eingetroffene Kazaniecki konnte ihre Geschichten über abenteuerliche Reisen durch Partisanengebiet nur bestätigen.

»Sechs Stunden! Kannst du dir das vorstellen? Wir saßen eine geschlagene Stunde fest, während die Gleise repariert wurden.«

Bachner war überrascht, alle beide im Büro anzutreffen. Als Gerda und Tadek Willis Gesicht sahen, brachen sie sofort ihre Unterhaltung ab und warfen ihm fragende Blicke zu. Er winkte sie schweigend in sein Büro.

»Was ist passiert, Willi?«

»Heute morgen wurden Richard Schwalbe und Georg Neumann auf dem Markt festgenommen«, verkündete Bachner. »Von Frieda haben wir erfahren, daß Otto Feuereisen gestern abend verhaftet wurde.«

»Wo ist Frieda jetzt?«

»Bei Feuereisens Mutter.«

»Ich gehe sofort hin.«

»Gerda, du mußt vorsichtig sein. Die SS kann jede Minute hier auftauchen«, warnte Bachner.

Gerda nickte schweigend und verschwand.

»Meinst du, es war klug, sie einfach so gehen zu lassen?« fragte Kazaniecki.

»Klug? Wenn ich klug gewesen wäre, hätte ich niemals zulassen dürfen, daß sie sich mit Otto Feuereisen trifft. Wenn Gerda klug gewesen wäre, hätte sie sich nicht mit Leuten wie ihm herumgetrieben. Sie hätte keine Gesangsstunden am Konservatorium von Kiew genommen. Wenn wir alle klug gewesen wären, wären wir nach Palästina ausgewandert, bevor dieser verdammte Krieg überhaupt begonnen hat.« Er schwieg ein paar Sekunden und sagte dann zerknirscht zu seinem Freund: »Entschuldige bitte, Tadek. Ich sollte meinen Ärger nicht an dir auslassen. Manchmal halte ich mich für schlau genug, um die Nazis in jeder Situation zum Narren halten zu können. Dann wieder denke ich, sie warten nur darauf zuzuschlagen, und der Narr bin ich. Was ist mit dir, Tadek? Warum tust du das? Warum riskierst du dein Leben für uns?
Tadek lächelte. »Ich bin auch ein Narr. Ein Narr aus Liebe.«
»Es muß mehr als das sein«, hakte Bachner nach. »Du hast schließlich nicht nur Hania geholfen.«
»Ich weiß es nicht«, erwiderte Tadek achselzuckend. »Zuerst war es, um Hania zu helfen; danach, um ihrer Familie zu helfen. Dann habe ich dich getroffen, und auf einmal wart ihr alle sowas wie eine Familie.«
Willi legte die Hand auf Tadeks Schulter. »Ich hätte es ohne dich niemals geschafft, mein Freund. Hoffen wir, daß wir auch die gegenwärtige Krise überstehen.«
Eine plötzliche Aufregung im Vorzimmer unterbrach ihr Gespräch abrupt. Bachner schaute seinen Freund an; aus dessen Gesicht war jegliche Farbe verschwunden. Tadek setzte zum Sprechen an, doch Bachner legte einen Finger auf den Mund und bedeutete Kazaniecki per Kopfbewegung, ihm ins Vorzimmer zu folgen. Ein SS-Offizier und zwei Sturmleute standen in der Mitte des Raums. Die Sturmleute hielten ihre Gewehre vor der Brust, der Offizier hatte seine Pistole gezückt. Bachner fühlte sich, als habe ihm jemand nach einem schweren Mahl die Faust in den Magen geschlagen.
»Wer von Ihnen ist Wilhelm Bachner?« fragte der Offizier im Befehlston.

»Ich. Was wünschen Sie? Sie brauchen hier doch nicht mit ihren Waffen herumzuhantieren und meine Angestellten zu erschrecken.«
»Und ich brauche keinen kleinen Polen, um mir sagen zu lassen, was ich zu tun oder zu lassen habe. Kennen Sie einen Richard Strojnowski?«
»Ich glaube, das ist einer meiner Angestellten«, antwortete Bachner äußerlich gelassen.
»Sie glauben?« bellte der Offizier.
»Ja, er ist ein Angestellter. Wieso? Hat er etwas ausgefressen?« fragte Bachner unschuldig. Die Sekretärinnen und Kazaniecki rührten sich nicht, während sie gespannt auf die Antwort des Deutschen warteten.
»Er ist Jude! Und er lebt. Das ist sein Verbrechen. Was ist mit Georg Müller?«
»Ebenfalls ein Angestellter.«
»Und Jude! Wie steht es mit Otto Feuereisen?«
»Nein, kenne ich nicht. Er gehört nicht zur Firma. Ist er etwa auch Jude?«
»Werden Sie nicht frech, Bachner.« Der Deutsche hob drohend seine Pistole. »Wir wissen, daß Sie hier Juden verstecken, und wir sind gekommen, um sie alle auszurotten.«
Dies war also ihr Wissensstand. Bachner dachte krampfhaft nach. Sie wußten offenbar nicht, wer er war. Also hatte bis jetzt keiner der Verhafteten geredet; oder sie waren erschossen worden, bevor sie Gelegenheit dazu hatten.
»Kommen Sie doch bitte in mein Büro, und lassen Sie uns die Sache wie unter Ehrenmännern besprechen. Es gibt keinen Grund, diese Frauen zu ängstigen.« Mit einem flüchtigen Blick durchs Zimmer stellte Bachner fest, daß Kazaniecki nicht mehr da war. Die Deutschen schienen sein Verschwinden nicht bemerkt zu haben. Der Offizier und einer seiner Männer folgten Bachner ins Büro, während der andere vor der Tür Stellung bezog. Bachner bot dem Offizier höflich einen Stuhl an und nahm hinter seinem Schreibtisch Platz. Der Deutsche legte seine Pistole demonstrativ mit dem Lauf Rich-

tung Bachner auf den Schreibtisch. Willi zwang sich, seine Hände ruhig auf dem Tisch liegen zu lassen und so zu tun, als bemerke er die Waffe nicht.

»Also«, begann er mit ruhiger, tiefer Stimme. »Ich bin dieses Thema schon einmal mit der SS durchgegangen. Mit einem Obersturmführer Müller. Kennen Sie ihn? Wie ich ihm bereits erklärte, habe ich über achthundert Angestellte, die auf zwölf verschiedenen Baustellen in der Ukraine arbeiten. Sie wissen, wie das ist: Die Leute kommen, arbeiten ein paar Wochen und verschwinden wieder. Wo kommen sie her? Wo gehen sie hin?« Innerlich sprach er ein Stoßgebet – *Lieber Gott, bitte nicht jetzt, nachdem wir so weit gekommen sind.* »Sie haben also entdeckt, daß zwei von ihnen Juden sind. Was erwarten Sie von mir? Die Männer sahen nicht jüdisch aus; sie hatten keine jüdischen Namen; ihre Papiere waren in Ordnung. Was soll ich machen? Ich brauche Arbeiter.«

»Ihre Entschuldigungen interessieren mich nicht.« Der Offizier legte seinen Finger an den Abzug der Pistole; seine Augen verengten sich zu schmalen Schlitzen. »Wir wissen, daß Sie Juden verstecken.«

Bachner sammelte all seine Energie, seine Wut und seinen Mut und sprang auf. »Wenn Sie meinen, daß ich Juden verstecke, dann finden Sie sie. Wo sind sie? Unter meinem Schreibtisch?« Er bückte sich mit theatralischer Geste unter den Tisch und eilte danach zum Schrank hinüber. »Vielleicht hier drin? Vielleicht sitzen zehn Juden in meinem Schrank!«

Er ging zum Schreibtisch zurück hob einen Stapel Papier hoch und warf ihn auf die Tischplatte zurück, wobei die Blätter über die Pistole fielen; einige landeten auf dem Schoß des Offiziers, andere auf dem Fußboden.

»Was glauben Sie, was das ist?« fragte Bachner scharf. Das sind Arbeitsaufträge für mich und meine Leute: Eisenbahnschienen, Wassertürme, Brücken, Versorgungsdepots. Alle müssen dringend erledigt werden. An der Front stehen hungrige Soldaten, die kein Essen bekommen. Schlachten werden verloren, weil Treibstoff für die Panzer und Munition fehlen. Und was mache ich hier? Ich be-

antworte Fragen über nicht existierende Juden! Hat die SS nichts Besseres zu tun?«
»Der Führer persönlich hat die Vernichtung des jüdischen Ungeziefers angeordnet«, verteidigte sich der Offizier schon etwas kleinlauter. »Es ist unsere Pflicht.«
»Und meine Pflicht ist es, dafür zu sorgen, daß die Züge an die Ostfront rollen«, konterte Bachner. »Tun Sie Ihre Pflicht, aber lassen Sie mich, um Gottes willen, meine tun!«
Die beiden Männer starrten sich schweigend an; Bachner kam es wie eine Ewigkeit vor. Endlich zog der Offizier seine Pistole unter den Papieren hervor, steckte sie ins Halfter und erhob sich.
»Ich werde Sie im Auge behalten, Bachner. Tun Sie Ihre Pflicht, aber denken Sie daran, ich werde Sie dabei genau beobachten. Heil Hitler!« Sein Arm schoß steif in die Höhe. Er machte auf dem Absatz kehrt und verließ mit den beiden Sturmleuten im Schlepptau hastig das Büro.
Bachner sank in seinen Stuhl und legte den Kopf auf den Schreibtisch. Sämtliche Energie wich aus seinem Körper; er hatte ein Gefühl, als ob er nie wieder aufstehen könnte. Nach einer Weile hörte er ein Flüstern und hob den Kopf. Die beiden ukrainischen Sekretärinnen spähten vorsichtig durch die Tür.
»Gehen Sie nach Hause«, sagte er leise. »Es sieht nicht so aus, als ob wir heute noch viel erledigt bekämen.« Er ging nach oben und fand Cesia zusammengekauert im Bett.
»Oh Willi!« Sie setzte sich auf und streckte die Hand nach ihm aus. Ich habe den Krach gehört. Aber ich wußte nicht, was ich machen sollte.«
Er tätschelte ihre Hand; sie war vor Angst eiskalt. »Es ist alles in Ordnung«, beruhigte er sie, »im Augenblick zumindest. Aber sollten sie mich jemals erwischen ...«
Cesia keuchte und preßte seine Hand. »Willi, ich ...«
Er legte einen Finger auf seine Lippen. »Sollten sie mich jemals erwischen, mußt du versuchen, zu Onkel Fabisch nach Nowograd-Wolynsky zu gelangen.«

Sie nippten den ganzen Nachmittag schweigend an ihrem Tee, während sie auf Nachricht von den anderen warteten. Kazaniecki kehrte als erster zurück und berichtete stolz von seiner Flucht aus dem Kellner-Büro. Er hatte alle Baustellen in der Umgebung von Kiew abgeklappert und die wenigen dort noch verbliebenen Juden aufgefordert, bis auf weiteres unterzutauchen.

Gerda kam am frühen Abend in düsterer Stimmung vorbei. Sie erzählte von ihrem Besuch bei den Müttern der vermißten jungen Männer.

»Frieda fing mich an der Tür ab, um mir sagen, daß Ottos Mutter noch nichts von der Verhaftung wisse. Die arme Frau ist in einem so schlechten gesundheitlichen Zustand, daß Frieda befürchtete, die Nachricht werde sie umbringen. Arme Frieda! Erst ihr Mann, dann ihr ältester Sohn und jetzt Georg.«

»Gerda«, mahnte Bachner, »ich will, daß du mit dem nächsten Zug nach Schitomir zurückfährst. Halte dich von Kiew fern. Ich weiß nicht, wer die Männer denunziert hat, aber du hast mit allen dreien eine Menge Zeit verbracht. Vielleicht sucht die SS bereits nach dir.«

Gerda nickte, Tränen stiegen ihr in die Augen. »Es war Strelzow«, ergänzte sie sachlich.

»Was?«

»Ich kann es nicht beweisen, aber ich bin mir sicher, daß es Juri Strelzow war, der sie verraten hat.«

»Wer ist dieser Strelzow?« fragte Kazaniecki alarmiert.

»Ich habe ihm nie getraut«, sagte Gerda. »Ich habe mich immer gewundert, wieso ein ehemaliger Polizist nicht in der Roten Armee oder bei der Miliz ist. Er schien mir immer etwas zu interessiert an Ottos Aktivitäten zu sein. Wahrscheinlich haben sie ihn mit Schwarzmarktwaren erwischt, und er hat sich zu retten versucht, indem er Otto, Georg und Richard denunzierte.«

»Aber wieso dich nicht?« rätselte Bachner.

»Wer weiß«, erwiderte Gerda müde. »Aber eines kannst du dir ganz sicher sein, Willi. Du brauchst mich nicht zu überreden, aus Kiew wegzubleiben. Ich hoffe, daß ich die Stadt nie wiedersehe.«

Am nächsten Morgen kehrten Gerda und Tadek auf ihre jeweilige Baustelle zurück. Bachner wartete nervös auf einen Wiederholungsbesuch der SS. Doch mit jedem ereignislos verstrichenen Tag glaubte er fester daran, daß es ihm ein weiteres Mal mit Glück und Verstand gelungen war, die Deutschen zum Narren zu halten.
Gegen Ende des Sommers erhielt Bachner gute Nachrichten. Kellner kam nach Kiew, um die Baustellen zu inspizieren, und äußerte sich vor seiner Rückkehr nach Warschau sehr optimistisch über die Zukunftsperspektiven. Die Firma war dabei, ihr Einsatzgebiet auf andere besetzte Regionen auszudehnen, unter anderem Norwegen. Vielleicht hatte Kellner zwischen den Zeilen der gefilterten Nachrichten Anzeichen dafür entdeckt, daß die Zeit der Deutschen in der UdSSR begrenzt war. Zumindest deutete er Bachner gegenüber Entsprechendes an.
Gute Nachrichten trafen auch aus Nowograd-Wolynsky ein. Leon und Mila Finder waren in Begleitung der sechsjährigen Nina sicher dort angekommen. Mania Bachner und Jadwiga Finder hielten sich noch versteckt, wollten jedoch in ein paar Wochen folgen. Mila lobte Ninas Betragen während der Reise.
»Solche Klugheit bei einem so kleinen Mädchen«, wunderte sie sich. »Wir mußten den Zug von Krakau nach Warschau nehmen und dort umsteigen. Keine Fragen, keine Klagen. Einmal haben ihr Deutsche Schokolade angeboten. Nina hat sie angelächelt und sich in perfektem Deutsch höflich bedankt.«
»Manieren lernt man nirgendwo besser als im Ghetto«, bemerkte Vater Bachner sarkastisch.
»Aber mit Isador haben wir Probleme, Willi«, wechselte Mila das Thema. »Sein Polnisch ist so schlecht. Ich glaube nicht, daß er durchkommt mit seinem Akzent.«
»Wo ist er jetzt?« fragte Bachner.
»Er hält sich gemeinsam mit Jadwiga im Haus einer Polin versteckt. Es hat Isadors und Manias letztes Geld gekostet, die Frau zu bezahlen. Deshalb konnten sie auch nicht mit uns kommen. Mania ist gar nicht glücklich darüber, ihren Mann dort zurückzulassen; aber

es ist die einzige Möglichkeit. Er wird im Versteck bleiben müssen.«
»Wir werden sehen«, erwiderte Bachner; er wußte, welche Kräfte seine Cousine Mania entwickeln konnte, wenn sie sich etwas in den Kopf gesetzt hatte.
Leon und Mila wurden in die Kellner-Belegschaft in Nowograd-Wolynsky integriert; Mila als Köchin, Leon als Bauarbeiter unter der Aufsicht von Onkel Fabisch.
Nach Monaten des isolierten Versterktseins schien Nina glücklich zu sein, mit den Kindern anderer Firmenangestellten spielen zu können. Sie sprach zwar kein Russisch und ihre Spielgefährten kein Polnisch, doch die Kinder fanden schnell einen Weg der Verständigung. Mit ihren blauen Augen und blonden Zöpfen kam niemand auf die Idee, Ninas Herkunft anzuzweifeln; und sie selbst achtete trotz ihrer erst sechs Jahre peinlich genau darauf, sich nicht zu verraten.
Etwa zwei Wochen nach den Finders trafen Mania und Jadwiga nach langer, gefährlicher Fahrt von Krakau über Warschau in Nowograd-Wolynsky ein. Wie Bachner befürchtet hatte, lag ihm seine Cousine ständig in den Ohren, er solle ihren Mann nachholen. Nach ein paar Wochen hatte sie Willi so weit, daß er einen jungen Juden namens Ludwig losschickte, um Isador abzuholen. Ludwig stammte aus Krakau, war blond und blauäugig und sprach ausgezeichnet Polnisch. Er instruierte Isador, unterwegs die Rolle seines vertrottelten alten Onkels zu spielen, den Mund zu halten und strikt seinen Anweisungen zu folgen. Mit dieser Strategie sowie erstklassigen falschen Papieren aus dem Warschauer Kellner-Büro überstanden Ludwig und Isador problemlos die Reise nach Nowograd-Wolynsky.
Ungeachtet seines starken Akzents und seines jüdischen Aussehens besaß Isador eine Fähigkeit, die ihn auf der Baustelle sehr willkommen machte: Der ausgebildete Zahnarzt war stets zur Stelle, wenn ein Arbeiter Erste Hilfe benötigte. Trotz der dauernden Sorgen war Bachner froh, so viele Mitglieder seiner weitläufigen Familie um sich versammelt zu haben. Manchmal konnte er es kaum glauben, daß

seine Glückssträhne immer noch anhielt. Gott schien nichts anderes zu tun zu haben, als über Willi Bachner und dessen jüdische Freunde zu wachen.

* * *

Für die Deutschen entwickelten sich die Dinge alles andere als positiv. Die optimistische »Endsieg«-Propaganda konnte über die nüchternen Tatsachen nicht mehr hinwegtäuschen. Wenn Stalingrad auch die Wende an der Ostfront eingeleitet hatte, so war damit das militärische Tauziehen um die Macht doch noch nicht endgültig entschieden. Bedingt durch strategische Fehler der sowjetischen wie der deutschen Befehlshaber geriet der Krieg im Osten in eine Sackgasse. Im Sommer 1943 trat kurzfristig eine Art Patt-Situation ein: Deutschland konnte nicht gewinnen, Rußland nicht mehr verlieren.

Als Reaktion befahl Hitler seinen Generälen, sich auf eine Schlacht vorzubereiten, die Deutschlands Überlegenheit ein für allemal beweisen sollte. Der geplante Sturmangriff mit dem Decknamen »Unternehmen Zitadelle« sollte der Roten Armee den vernichtenden Schlag versetzen. Sein Ziel: die russische Stadt Kursk.

Auch von anderen Kriegsschauplätzen sickerten Nachrichten über deutsche Niederlagen durch. Nach Beginn der Gegenoffensive bei El Alamein unter dem britischen Oberbefehlshaber Montgomery waren die Alliierten im November 1942 völlig überraschend im Rücken von Rommels Afrikaarmee in Algerien und Marokko gelandet. Am 13. Mai 1943 kapitulierten die Achsenmächte in Nordafrika. Wie die Rückeroberung von Stalingrad die Niederlage der Deutschen in der UdSSR einleitete, so markierte die Schlacht um El Alamein das Ende deutscher Vorherrschaft in Nordafrika. Mit der Landung der Amerikaner auf Sizilien im Juli 1943 begann die Befreiung Europas. Gleichzeitig flogen die Alliierten massive Luftangriffe gegen strategisch wichtige Ziele innerhalb des Reichs und deckten deutsche Städte mit einem tödlichen Bombenregen ein. Der Niedergang des Dritten Reichs war auch in der Ukraine unübersehbar:

Verwundete füllten die Bahnhöfe; Partisanenanschläge legten das Streckennetz lahm; und im wachsenden Chaos von Kiew kochte die Gerüchteküche. Je aussichtsloser ihre Position wurde, desto skrupelloser griffen die Nazis Einheimische auf, um sie nach Westen zu deportieren. Angesichts der drückenden Überlegenheit des Gegners wurden in der deutschen Rüstungsindustrie zur Beschleunigung der Produktion dringend mehr Ostarbeiter benötigt. Hitler hatte dem Kriegseintritt der Vereinigten Staaten Ende 1941 zunächst keine große Bedeutung beigemessen, da er offenbar nicht einkalkulierte, daß die Position der Alliierten mit Hilfe amerikanischer Ausrüstung, Waffen und Munition entscheidend gestärkt würde.

Zuerst gingen die Ukrainer in der Hoffnung auf bessere Löhne und regelmäßiges Essen noch freiwillig nach Deutschland. Als jedoch vermehrt Nachrichten von Mißhandlungen in die Heimat durchdrangen, meldeten sich immer weniger Freiwillige. Laut Anweisung des Generalbevollmächtigten für den Arbeitseinsatz Fritz Sauckel begann man 1942 mit der Zwangsrekrutierung von Arbeitern aus den besetzten Gebieten Osteuropas. Polen, Russen, Ukrainer wurden in ungeheizten Viehwaggons nach Deutschland deportiert, wo sie unter menschenunwürdigen Bedingungen arbeiten mußten. Im Sommer 1943 gab es in Deutschland zwei Millionen sogenannter Ostarbeiter, und der Bedarf stieg ständig.

Wie im Fall der Partisanenbekämpfung, versuchten leitende Beamte der Zivilverwaltung, ihre Dienstherren in Berlin davon zu überzeugen, daß solche Praktiken kontraproduktiv seien, nur den Zulauf zu den Partisanen förderten und den Versorgungsfluß an die Front gefährdeten. Doch Hitler erklärte die Produktion neuer Waffen und Munition zum vorrangigsten Ziel, um den Krieg zu gewinnen.

Unter der Bezeichnung »Unternehmen Sauckel« begann im Sommer 1943 eine neue Welle von Zwangsrekrutierungen, die im August auch das ukrainische Schitomir traf. Hitlers Sonderkommandos durchkämmten jeden Winkel der Stadt nach arbeitsfähigen Männern. Halbwüchsige wurden aus der Schule geholt, Handwerker von ihrer Arbeit weggezerrt.

Als der Leiter der Kellner-Baustelle in Schitomir, Nieczajuk, erfuhr, daß seine gesamte Arbeiterschaft bei einer solchen Razzia aufgegriffen worden war, wandte er sich an seine perfekt Deutsch sprechende Sekretärin Gerda Ferenc um Hilfe.

»Fräulein Ferenc, ich muß Sie bitten, sich um die Freilassung unserer Arbeiter zu kümmern. Ich würde ja selbst gehen«, ergänzte er entschuldigend, »aber Sie wissen ja, die SS ... Ich fürchte mich vor ihnen.« Er schauderte bei dem Gedanken. »Ich verliere meine Beherrschung in ihrer Gegenwart. Außerdem ist mein Deutsch so schlecht. Ich hasse es, Sie um diesen Gefallen bitten zu müssen. Aber Sie sind unsere einzige Hoffnung.«

»Natürlich«, willigte Gerda ohne Zögern ein. »Besorgen Sie mir Dokumente, aus denen eindeutig hervorgeht, daß unsere Firma kriegswichtig ist – mit so vielen offiziellen Stempeln, wie Sie auftreiben können: Reichsbahn, Zivilverwaltung, Wehrmacht. Kleistern Sie sie mit Reichsadlern und Hakenkreuzen voll. Ich werde dann sehen, was sich machen läßt.«

Nachdem Nieczajuk die gewünschten Papiere beschafft hatte, machte sich Gerda auf den Weg zum Bahnhof. Dort bot sich ihr eine Szene, die den schrecklichen Selektionen auf dem Umschlagplatz in Warschau ähnelte. Hunderte standen unter scharfer Bewachung hinter Stacheldraht, manche erst fünfzehn oder sechzehn Jahre alt. Mit Tränenspuren in den schmutzigen Gesichtern drängten sie sich gegen den Zaun und riefen nach ihren Eltern, die ungeachtet der in die Haut eindringenden Stacheln ihre Hände durch den Draht steckten, um ihre Kinder ein letztes Mal zu berühren.

Verzweifelte Mütter flehten Wachposten an, Brot, Käse und eilig zusammengetragene Kleidungsstücke weiterzugeben. Gerda hätte sich am liebsten Augen und Ohren zugehalten, um das Wehklagen der Kinder und die angstverzerrten Gesichter ihrer Eltern zu verbannen. Die deutschen Soldaten standen teilnahmslos dabei und rührten sich nur, um besonders renitente Drängler beidseits des Zauns mit dem Gewehrkolben niederzuschlagen.

Gerda preßte sich die Hand vor den Mund. Sie konnte die Unmenschlichkeit um sich herum kaum glauben. Sie kannte die Zustände im Ghetto nur aus Berichten. Solche Grausamkeit, solche Mißachtung von Menschenleben! Wenn es noch eine Gerechtigkeit gab, dann mußten die Deutschen den Krieg verlieren; sie verdienten es, alles zu verlieren, dachte Gerda haßerfüllt.

Auf dem Bahnsteig führten die Nazis eine »Selektion« durch. Jede Person wurde von einem Arzt einer oberflächlichen Untersuchung unterzogen; angesichts des akuten Personalmangels wurden fast alle für arbeitsfähig erklärt.

Gerda zeigte ihre mit beeindruckenden Stempeln versehenen Papiere jedem deutschen Offiziellen, den sie auftreiben konnte. In einem alptraumhaften Kreislauf wurde sie von einem zum anderen verwiesen, bis ein nervöser Beamter sie schließlich zu dem untersuchenden Offizier auf dem Bahnsteig schickte. Nach genauer Prüfung der Dokumente und hitziger Diskussion mit zwei skeptischen Kollegen forderte dieser Gerda auf, sich neben ihn zu stellen und genau zuzuhören, wenn die Arbeiter ihre Namen nannten. Wer eine Kellner-Arbeitskarte vorlegen konnte, sollte entlassen werden. Die Prozedur dauerte fast den ganzen Tag, doch am Ende hatte Gerda fast fünfzig ukrainische und polnische Arbeiter aus den Fängen der Nazis gerettet. Völlig erschöpft und von Übelkeit geplagt kehrte sie in ihre Wohnung zurück.

Nieczajuk war voll des Lobes über Gerdas Erfolg und entschuldigte sich noch einmal ausdrücklich dafür, daß er eine so schreckliche Aufgabe auf sie abgewälzt habe. Und obwohl die Zwangsrekrutierungen in Schitomir unvermindert fortgesetzt wurden, blieben Kellner-Arbeiter in Zukunft unbehelligt.

Eines Abends Ende August 1943 ging Gerda nach einem anstrengenden Arbeitstag müde nach Hause. Die letzten Nachrichten aus dem Osten klangen – zumindest in ihren Ohren – ermutigend: Die deutsche Offensive »Unternehmen Zitadelle« war gescheitert. Kursk war am 22. August von der Roten Armee befreit worden. Die Deutschen hatten 70 000 Mann, fast 3 000 Panzer und 5 000 Lastwagen verloren. Die Wehrmacht zog sich Richtung Ukraine zurück, wäh-

rend die Rote Armee an allen Frontabschnitten nach Westen vorstieß. Unter den Deutschen in der Ukraine war bereits überall von Evakuierung die Rede. Es war längst keine Frage mehr, wie man das Land am effektivsten ausbeutete, sondern wie man es verlassen konnte, ohne alles zu verlieren.
Als Gerda Leute vor ihrer Haustür stehen sah, stöhnte sie innerlich. Das letzte, was sie sich heute abend wünschte, waren Besucher. Als sie jedoch Willi und Cesia erkannte, verschwand ihre Müdigkeit.
»Hallo, Gerda, würde es dir etwas ausmachen, ein paar Gäste zu beherbergen?« fragte Willi wie beiläufig. »Kiew ist im Augenblick ein zu heißes Pflaster. Ich muß für ein paar Tage verschwinden.«
Gerda drängte die beiden in die Wohnung. Bevor sie die inzwischen vertraute Frage »Was ist passiert?« stellen konnte, lieferte Bachner die Erklärung.
»Es geht um Hania«, seufzte er. »Ostrowski kam mich heute morgen informieren. Hania ist in Spola denunziert worden.«

Den Frevlern wird heimgezahlt

Nicht mußt du vor dem Nachtgraus dich fürchten,
vor dem Pfeil, der am Tage fliegt.
Mit deinen Augen nur blickst du,
siehst, wie den Frevlern heimgezahlt wird.
PSALM 91:5,8

Bachner, Cesia und Gerda saßen bis spät in der Nacht rauchend und Tee trinkend um den Tisch herum und sprachen über die neueste lebensbedrohliche Entwicklung.

»Es ist gestern nachmittag passiert«, begann Bachner. »Genia ist gleich danach zu Lonia gegangen. Sie hatte tags zuvor in der Küche gehört, wie über das jüdische Aussehen der Chefsekretärin getuschelt wurde, und hat ihre Schwester an jenem Morgen auf der Baustelle gewarnt.« Willi schüttelte den Kopf. »Aber es war schon zu spät. Die arme Hania stand gerade bei Tadek im Büro und erzählte ihm davon, als die beiden eine Polin in Begleitung von zwei Soldaten auf sich zukommen sahen.«

»War die Polin eine unserer Angestellten?« fragte Gerda.

»Leider ja«, antwortete Bachner. »Man kann niemandem mehr trauen; nicht mal Leuten, die von unserem Lohn abhängig sind. Als Tadek und Hania die Soldaten entdeckten, gerieten sie in Panik und flohen in ein Kornfeld hinter dem Bahnhof. Sie duckten sich zwischen die Halme. Aber als die Soldaten zu schießen anfingen, sprang Tadek auf. Der Kerl ist verrückt!« Bachner mußte unwillkürlich lächeln.

»Verrückt nach Hania!« ergänzte Cesia. »Er würde alles tun, um sie zu beschützen.«

»Ja. Er fuchtelte mit den Armen und schrie: ›Hierher! Los, kriegt mich doch, ihr verdammten Nazi-Bastarde!‹ Und dann rannte er im Kugelhagel der Deutschen im Zickzack durch das Feld.«

»O mein Gott«, stöhnte Gerda. »Hat er es geschafft?«

Bachner nickte. »Laut Lonias Auskunft sind sowohl Tadek als auch Hania unversehrt bei Genia eingetroffen. Vorher hat Hania in ihrer eigenen Wohnung noch in aller Eile ein paar Sachen zusammengepackt. Sie hat alle persönlichen Dinge, die sie über die Jahre gerettet hat, ihrer Schwester gegeben, darunter auch den letzten Rest von dem Gold, das sie von ihrem Bruder vor dem Verlassen des Ghettos bekommen hatte. Sie hat Genia erzählt, daß Tadek und sie nach Warschau zurückgehen wollten.«
»Warum denn ausgerechnet Warschau?«
»Tadek hielt das für den besten Ausweg, weil er dort noch Freunde und Verwandte hat«, erklärte Willi achselzuckend und ließ müde die Schultern hängen, als er zum Schluß der Geschichte kam. »Das Tragische ist: Wie mir Lonia erzählt hat, haben die Soldaten Hanias Zimmer durchsucht und ihre Papiere gefunden; ihr wißt schon, die auf den Namen Bronka Kazaniecka. Die Soldaten waren wütend auf die Polin, weil die mit ihren falschen Verdächtigungen nur ihre Zeit vergeudet habe. Wenn Hania nicht in Panik geraten wäre, wäre sie vielleicht damit durchgekommen.«
»Vielleicht ja; vielleicht auch nicht.« Gerda blies den über dem Tisch schwebenden Zigarettenrauch weg. »Aber wenn Hania tatsächlich so in Panik war, wie du gesagt hast, hätte sie einem Verhör niemals standgehalten.«
Bachner stimmte ihr zu. »Die entscheidende Frage ist jetzt: Welche Konsequenzen wird der Vorfall für uns haben? Meine letzte Auseinandersetzung mit der SS war haarscharf an der Grenze, zu haarscharf. Falls sie nun aus Spola erfahren, daß mein Baustellenleiter und seine Sekretärin, die laut ihrer Papiere seine Frau ist, geflohen sind, nachdem man sie als Juden denunziert hat, dann läuten bei der SS hier natürlich die Alarmglocken!«
»Deshalb sind wir zu dir gekommen«, ergänzte Cesia leise und berührte schüchtern Gerdas Hand. »Ich hoffe, wir machen dir nicht zu viele Umstände.«
»Unsinn!« Gerda nahm Cesias Hand und drückte sie fest. »Nach allem, was ihr für mich getan habt, ist es ja wohl mehr als selbstver-

ständlich, daß ich euch Unterschlupf gewähre; das ist das mindeste, was ich tun kann. Wie steht es mit Nieczajuk? Soll ich ihn einweihen?«

»Nein«, erwiderte Bachner bestimmt. »Nicht daß ich etwa befürchte, daß er uns anzeigt. Aber so sehr ich den Mann auch schätze, ich glaube nicht, daß er ein Geheimnis für sich behalten könnte, das die SS unbedingt aus ihm herausholen will. Je weniger er weiß, desto besser.«

Vor seiner Abreise aus Kiew hatte Bachner seinen Angestellten mitgeteilt, daß er in nächster Zeit verschiedene Baustellen inspizieren werde. Er hatte jedoch verschwiegen, wo er zu erreichen sei. Nach ein paar Tagen in Gerdas Wohnung rief er unter einem Vorwand im Kiewer Büro an; seine beiläufige Frage nach dem allgemeinen Stand der Dinge ergab keinerlei Hinweis darauf, daß sich die SS für ihn interessierte. Nachdem auch in den folgenden Tagen alles ruhig blieb, kehrte er nach Kiew zurück und nahm seine Arbeit wieder auf.

Anfang September erhielt Bachner von Schwalbe die Nachricht, daß Tadek und Hania sicher in Warschau eingetroffen waren. Sie hatten die Stadt auf Umwegen per Bahn und per Anhalter auf westwärts fahrenden Wehrmachtslastwagen erreicht und hielten sich nun bei Verwandten von Tadek im Warschauer Vorort Praga versteckt.

Bachner mußte schlechte Nachrichten nach Warschau schicken. Adolf Stambergers Bruder Moritz hatte in Spola Selbstmord begangen. Bachner erfuhr bei einem Besuch der dortigen Baustelle von Moritz' Schicksal. Ostrowski erzählte ihm, wie es zu dem tragischen Vorfall gekommen war.

In Spola gab es einen alten Wehrmachtssoldaten, der gerne zum Kartenspielen in die Baracke der Kellner-Arbeiter ging. Je vertrauter er mit den Arbeitern wurde, desto mehr Fragen stellte er – besonders an Moritz, der etwa sein Alter hatte. Moritz fand es immer schwieriger, seine Nervosität zu verbergen, wenn er mit dem Deutschen redete. Nachdem Hania denunziert worden war, bildete er sich ein, jeden Moment entdeckt zu werden. Er aß und schlief nicht mehr; er lief die ganze Nacht vor sich hinmurmelnd in der Baracke herum und steigerte sich immer tiefer in einen Verfolgungswahn. Schließlich ertrug er es nicht mehr. Genia Tiefeld fand ihn mit aufgeschnittenen Pulsadern in einem kleinen Abstellraum neben der Baracke. Seine Ärmel waren blutgetränkt. Er lehnte zusammengesackt an der Wand und atmete kaum noch.

»Warum?« fragte Genia. »Warum ausgerechnet jetzt, wo das Ende so nah ist?«

Moritz konnte ihr nicht mehr antworten. Er starrte sie an und bewegte kaum wahrnehmbar die Lippen; in seinen flackernden dunklen Augen spukten all die quälenden Fragen herum, die niemand beantworten konnte: Warum? Warum dieser Krieg? Warum dieser Haß? Warum dieses Abschlachten von Menschen? Ungeachtet des zwischen ihren Fingern gerinnenden dicken Blutes hielt Genia die schlaffe Hand des Sterbenden, bis dieser von allen Fragen erlöst war.

* * *

Die Baustelle in Nowograd-Wolynsky hatte sich zur zweitgrößten nach Kiew entwickelt. Als Zentrum weit ausgedehnter Reparaturarbeiten am Streckennetz beherbergte sie inzwischen die größte Gruppe von Juden innerhalb der Firma Kellner. Und noch stets fanden Juden den Weg zu Bachner, sei es durch Zufall oder durch Vermittlung. Wenngleich Wilhelm froh um jeden war, dem er Asyl gewähren konnte, wuchs doch auch seine Sorge, daß der eine Flüchtling mehr ihrer aller Untergang einleiten könne. Als er eines Tages die Lohnauszahlung beaufsichtigte, beging einer der Neuankömmlinge direkt unter den Augen eines Reichsbahninspektors einen fatalen Fehler. Wie üblich traten die Arbeiter am Zahltag der Reihe nach vor den Ingenieur und nannten ihren Namen. Bachner verglich diesen mit seiner Liste und ließ den Arbeiter unterschreiben, bevor er ihm Lohn und Essensmarken aushändigte. Als der Neue an der Reihe war, trat er vor und sagte wie selbstverständlich »Grossmann«. Bachner schaute verwundert auf. Der Mann hatte ihm statt des Decknamens seinen echten jüdischen Namen genannt. Als

Grossmann seinen Fehler bemerkte, wich ihm das Blut aus dem Gesicht.

Mit einem Seitenblick auf den schläfrig wirkenden Reichsbahninspektor sagte Bachner mit ruhiger Stimme: »Guten Tag, Wolniak, unterschreiben Sie bitte hier.«

Grossmann kritzelte mit zitternden Fingern »Wolniak« auf die Liste. Bachner übergab ihm die Lohntüte mit einem leichten Händedruck, um dem Mann zu signalisieren: »Beruhige dich, es hat niemand bemerkt.«

An einem anderen Zahltag war es Heniek, der in Panik geriet. Er ging zum Schreibtisch und nannte seinen Decknamen »Kwiatkowski«. Als er danach zum Unterschreiben auf die Angestelltenliste hinunterschaute, entdeckte er plötzlich seinen eigenen richtigen Namen: »Buchführer«.

Um Atem ringend, flüsterte er Bachner zu: »Willi, mein Name! Wie haben sie meinen Namen herausgefunden?« Er hatte die Berufsbezeichnung »Buchführer« hinter dem Namen eines Angestellten gelesen und irrtümlich für seinen Namen gehalten. Wie gelähmt starrte er seinen Vetter an.

»Los jetzt, Kwiatkowski«, forderte der ihn in ruhigem Ton auf. »Wir haben nicht den ganzen Tag Zeit. Unterschreiben Sie bitte.«

Als Heniek Willis gelassene Miene sah, entspannte er sich und erkannte eine Sekunde später seinen Fehler.

»Natürlich, Chef, sofort.« Er setzte hastig seine Unterschrift auf den Bogen und entfernte sich kopfschüttelnd, wobei er sich über seine eigene Dummheit ärgerte.

Die größten Kopfschmerzen bereitete Willi sein Vater, der der Baustellenkantine in Nowograd-Wolynsky als Küchenhilfe zugeteilt war. Als typischem Familienpatriarchen widerstrebte es ihm, auf das Kommando seiner Nichten Mania und Mila hören zu müssen. Dementsprechend häufig verweigerte er seine Mitarbeit. Manchmal ging er auch einfach auf seinen Sohn zu und bat diesen ungeachtet etwaiger Mithörer lässig um eine Zigarette, worauf ihm Willi gewöhnlich wütend die ganze Packung zusteckte.

»Bitte, Papa«, flehte er seinen Vater jedesmal mit Engelszungen an, »du darfst so etwas nicht tun«, worauf sein Vater einfach bissig konterte: »Wenn ein Vater nicht mal mehr seinen Sohn um eine Zigarette bitten darf, wen soll er dann noch fragen?«

Eines Tages reiste Bachner zu einem seiner Routinebesuche nach Nowograd-Wolynsky. Nachdem er mit Onkel Fabisch geschäftliche Dinge besprochen hatte, begab er sich auf die Suche nach seinem Vater. Das Küchenpersonal erzählte ihm, er könne den alten Mann hinter dem Gebäude finden. Hinter der Kantine gab es eine friedliche, von Bäumen umgebene Lichtung, die an den Fluß grenzte, aus dem das Trinkwasser geholt wurde. Als sich Bachner der Lichtung näherte, sah er durch die dünnen Äste eine Gestalt am Ufer sitzen. Er ging auf seinen Vater zu, blieb jedoch wie angewurzelt stehen, als er erkannte, was dieser tat. Der alte Bachner hielt ein Gebetbuch in den Händen und murmelte hebräische Worte, wobei er seinen Oberkörper vor und zurück wiegte.

»Papa, was tust du da!« zischte Willi ärgerlich.

Der alte Bachner hielt inne und warf seinem Sohn einen bissigen Blick über die Schulter zu.

»Was glaubst du wohl?« Er wandte sich wieder seinem Buch zu. »Ich spreche meine Gebete.«

Bachner stellte sich vor seinen Vater und streckte die Hand nach dem Gebetbuch aus. »Du kannst das nicht machen. Du bringst uns alle in Gefahr. Wie lange trägst du das Gebetbuch schon mit dir herum?«

»Seit 1928«, antwortete Heinrich boshaft und drückte das Buch an sich.

Willi sah, daß sein Vater braunes Packpapier um den geprägten Ledereinband des zerlesenen, vergilbten Buches geklebt hatte.

»Es ist doch nur ein ganz kleines Gebetbuch«, argumentierte Vater Bachner. »Sieh mal, es paßt genau in meinen Mantel.« Er ließ das Buch in der Tasche verschwinden.

»Es ist mir gleich, wie klein es ist«, erwiderte Willi mit immer noch ausgestreckter Hand. »Wenn es jemand entdeckt oder dich damit beobachtet, bist du tot. Um Himmels willen, Papa, sei doch vernünftig!«

»Wilhelm, weder du noch diese beiden nörgelnden Nichten da hinten« – er zog verächtlich die grauen Brauen hoch – »und nicht mal Hitler persönlich werden mich daran hindern, mich auf Jom Kippur vorzubereiten.«

»Jom Kippur!« Willi ließ die Hand sinken. »Ich habe dieses Jahr Rosh Hashana völlig verpaßt.«

»Das wundert mich nicht bei deiner Einstellung zum Beten!« konterte der Alte streitlustig.

»Sieh mal, Papa«, sagte Willi in versöhnlichem Ton, »ich weiß ja, wie wichtig dir deine Gebete sind. Aber etwas mehr Diskretion, bitte! Gott hört dich auch, wenn du flüsterst. Bete in deinem Zimmer und nicht hier draußen, wo dich jeder sehen kann.«

Er begleitete seinen Vater zur Küche zurück, wobei er sich besorgt fragte, ob seine Worte die geringste Wirkung gezeigt hatten.

Wenn überhaupt, so war diese Wirkung bald verflogen. Kurze Zeit später nämlich berichtete Heniek seinem Vetter von einem Zwischenfall, in den Vater Bachner verwickelt war. Der Alte hatte sich eines Nachmittags während der Arbeitszeit in die Wohnbaracke zurückgezogen. Er setzte sich mit dem geliebten Gebetbuch in der Hand aufs Bett und begann, leise zu beten. Plötzlich bewegte sich jemand in dem Stockbett über ihm. Heinrich hielt inne und schwieg.

»Laß dich von mir nicht stören. Du kannst ruhig weiterbeten«, sagte eine Stimme von oben. Die Stimme gehörte einem älteren Polen namens Stanislaw, der wie Vater Bachner leichtere Hilfsarbeiten auf der Baustelle verrichtete. Nachdem Vater Bachner seinem Neffen von dem Vorfall berichtet hatte, sprach Heniek Stanislaw bei der Arbeit an. Er wollte herausfinden, ob sein Onkel diesmal zu weit gegangen war. Ohne ihn direkt auf das Thema anzusprechen, horchte Heniek den Polen aus. Es ergaben sich keinerlei Anhaltspunkte dafür, daß der Mann ihnen gefährlich werden würde; Heniek versprach Willi, dennoch auch in Zukunft ein wachsames Auge auf Stanislaw und seinen Onkel Heinrich zu werfen.

Willis Vater war nicht der einzige, der sich in dieser heimtückischen Zeit verdächtig benahm. Jadwiga Finder erregte das Mißtrauen einer Kollegin in der Küche, als sie am Jom Kippur fastete. Sie erzählte Bachner, daß sie von einer Ukrainerin darauf angesprochen worden sei. Jadwiga hatte sich damit herausgeredet, daß sie eine Magenverstimmung habe. »Was für ein Zufall, wenn man bedenkt, daß heute der Tag des Gerichts ist«, hatte die Frau spitz bemerkt. Jadwiga hatte so getan, als wisse sie nicht, was gemeint sei. Bachner hielt die Frau für zu mißtrauisch, um mit vier Jüdinnen in der Küche zu arbeiten. Also erzählte er ihr, daß die Baustelle in Schitomir dringend eine Köchin suche; mit dem Angebot einer Lohnerhöhung machte er der Frau den Wechsel so schmackhaft, so daß sie bereitwillig ging.

* * *

Die für die Deutschen niederschmetternden Nachrichten von der Front wurden von den Juden und der Bevölkerung in den besetzten Gebieten mit Freude aufgenommen. Die Rote Armee drängte die Wehrmacht auf systematische, blutige Weise Richtung Westen zurück. Ende September lag die Ukraine nicht mehr hinter der Front. Aus Dnjepropetrowsk hörte man Artilleriefeuer. Im Norden war die Rote Armee bereits noch weiter nach Westen vorgestoßen: Das etwa fünfhundert Kilometer nördlich von Kiew gelegene Smolensk wurde von den Sowjets am 25. September zurückerobert.

Im vergangenen Sommer hatten die Deutschen halbherzig mit der Idee gespielt, die Ukrainer zu ihren Verbündeten im Kampf gegen den Kommunismus zu machen. Mit dem gleichen Ziel hatten sie erwogen, einen übergelaufenen sowjetischen General als Propagandawerkzeug zu nutzen.

Andrej Wlassow war im Juli 1942 von den Deutschen gefangengenommen worden. In Gefangenschaft gelangte er zu der Überzeugung, daß die Deutschen dem russischen Volk beim Sturz von Stalin helfen könnten. Nazipropagandisten proklamierten die Gründung der Russischen Befreiungsbewegung mit Wlassow an der Spitze.

Doch der innere Kreis um den Führer und vor allem Hitler selbst sahen Wlassow als eine Gefahr. Ihrer Ansicht nach sollten die Slawen ausgebeutet, nicht befreit werden. Hitler meinte, die Propagierung eines russischen Nationalismus würde nur zu Problemen in den besetzten Gebieten führen. Die Kontrolle mußte fest in der Hand der »Herrenrasse« bleiben.
Im Herbst 1943 allerdings konnten die Deutschen nicht mehr allein die Zügel in der Hand halten. Selbst die SS mußte sich den durch Kräfteverlust bedingten Änderungen fügen. Nachdem zahlreiche SS-Angehörige entweder gefallen oder in andere Regionen versetzt waren, litt die SS in der Ukraine unter akutem Personalmangel. Die von den Nazis als »Arier« eingestuften Esten und Letten durften schon früher dem militärischen Flügel der Organisation – der Waffen-SS – beitreten. Mitte 1943 war geplant, 3 500 Ukrainer zu rekrutieren, um sie im Kampf gegen die Rote Armee einzusetzen.
Hitler, der inzwischen alle Militärexperten mundtot gemacht hatte und mehr denn je von seiner Größe als Feldherr überzeugt schien, war zuversichtlich, daß die Sowjets vor Wintereinbruch gestoppt werden könnten. Er erteilte den Befehl, um jeden Zentimeter russischen Boden zu kämpfen. Die Sowjets stießen weiter nach Westen vor und überquerten nördlich und südöstlich von Kiew den Dnjepr. Der Krieg dauerte inzwischen bereits vier Jahre. Die Deutschen waren in Nordafrika geschlagen worden und verloren sowohl in Italien als auch in Rußland immer mehr an Boden. Tag und Nacht bombardierten amerikanische und britische Streitkräfte deutsche Städte, was im gesamten Reich Panik unter der Bevölkerung auslöste. Deutschland hatte auch die Kontrolle über die atlantischen Schiffahrtswege verloren. In Vorbereitung einer alliierten Landung auf dem europäischen Festland strömte auf dem Seeweg amerikanisches Kriegsmaterial nach Großbritannien.
Für die Deutschen bestand praktisch keine Chance mehr, Kiew oder auch nur einen Teil der Ukraine zu halten. In der Stadt herrschte unbeschreibliches Chaos. Auf den Bahnsteigen kämpften Zivilbeamte, Geschäftsleute und verwundete Soldaten um einen Platz in

einem Zug Richtung Westen. Die vollgestopften Züge krochen im Schneckentempo aus dem Bahnhof. Wenn sie die Stadt verlassen hatten, wurden sie zur Zielscheibe der Partisanen, die inzwischen große Teile des Landes kontrollierten.

Johannes Kellner war nach Kiew gekommen, um die Schließung des Büros und dessen Verlegung nach Westen zu beaufsichtigen. Die Kellner-Baustellen in Dnjepropetrowsk, Spola, Nikolajew, Odessa und Poltawa waren bereits aufgegeben und Angestellte und Material evakuiert worden. Die ukrainischen Arbeiter blieben in Erwartung der Befreiung zurück, ebenso einige Polen und Juden, die sich zum Bleiben entschlossen hatten.

Der in Rußland geborene Lonia Ostrowski glaubte, daß er mal seine Frau Käthe in der Ukraine eine bessere Überlebenschance besäßen. Auch Hania Tiefelds Schwester Genia entschied sich zu bleiben. Auch wenn Bachner ihre Einschätzung teilte, trennte er sich doch nur äußerst ungern von denen, die so lange unter seinem Schutz gestanden hatten.

Kellner beschloß, Bachner mit dem größten Teil der Büroausrüstung nach Nowograd-Wolynsky zu schicken. Er selbst wollte seine restlichen Projekte in der Ukraine von Lemberg aus leiten. Sämtliche Akten aus dem Kiewer Büro wurden eiligst verpackt und dorthin versandt.

Die aus Kiew evakuierten Angestellten verließen in Nowograd-Wolynsky den Zug, der mit Heerscharen ihrer Armee vorauseilenden Möchtegernkolonialisten Richtung Westen weiterfuhr. Auf der Baustelle in Nowograd-Wolynsky wurde nur noch mit halber Kraft gearbeitet. Es standen keine neuen Bauvorhaben mehr an, sondern nur noch Reparaturen von Schäden, die von Partisanen verursacht wurden. Die Deutschen wirkten verunsichert, die Ukrainer und Polen zuversichtlich.

Aus langer Gewohnheit verschmolzen die Juden einfach mit der Menge und versuchten, nicht aufzufallen; sie durften noch nicht in ihrer Wachsamkeit nachlassen. Der Personalmangel bei der SS hatte dazu geführt, daß zuvor ausschließlich »Ariern« vorbehaltene Rän-

ge nun auch Ukrainern offenstanden. Die neuen Rekruten demonstrierten ihre Loyalität, indem sie verbissen nach Juden suchten, die der Vernichtung bisher entgangen waren.
Nieczajuk und Gerda verhalfen einem der davon Bertroffenen zur Flucht aus Schitomir. Gerda aß gerade ihr Frühstücksbrot in einem Park neben dem Kellner-Büro, als sie sah, wie zwei Gestapo-Leute einen Buchhalter der Firma abholten. Sie wußte, daß der Mann Jude war und die Gestapo auf irgendeine Weise dahintergekommen sein mußte. Sie eilte ins Büro zurück, um mit Nieczajuk zu sprechen, der die Szene beobachtet hatte. Während sie noch beratschlagten, was zu tun sei, kehrte der Angestellte zurück. Er hatte die drohende Haft fürs erste zwar abwenden können, sagte jedoch, er müsse dringend verschwinden. Nieczajuk und Gerda stellten ihm einen Marschbefehl aus und rieten ihm, Richtung Osten zu ziehen, um dort die Befreiung abzuwarten. Bachner wurde klar, daß Nieczajuk zweifellos wußte, daß sich unter den Arbeitern versteckte Juden befanden, obwohl er mit dem ukrainischen Ingenieur nie über das Geheimnis gesprochen hatte.
Grossmann hatte weniger Glück als Nieczajuks Buchhalter. Er, Heniek und ein ukrainischer Maurer waren bei der Arbeit, als ein Auto mit zwei Gestapo-Beamten in Zivil und einem riesigen Ukrainer vorfuhr.
»Du da!« Einer der Deutschen deutete aus dem Wagenfenster auf Heniek. »Wie heißt du?« fragte er auf deutsch.
»Henryk Kwiatkowski«, antwortete Heniek mit bemüht freundlichem Grinsen.
»Wo kommst du her?« forschte der Deutsche.
»Aus Krakau, mein Herr«, antwortete Heniek mit gefrorenem Grinsen.
»Was ist mit dir?« wandte sich der Gestapo-Mann an Grossmann.
»Wolniak, Janusz Wolniak, aus Warschau«, stammelte Grossmann mit angstvoll aufgerissenen Augen.
Der riesige Ukrainer stieg aus dem Auto und baute sich vor Grossmann auf.

»Los, ins Auto«, befahl er auf ukrainisch.
»Aber das geht nicht«, protestierte Grossmann mit sich überschlagender Stimme. »Ich bin bei der Arbeit. Ich darf meinen Platz nicht verlassen.«
Der Ukrainer zückte seine Pistole. »Los, sofort in den Wagen jetzt!«
Grossmann schlich zum Auto und wurde von dem Ukrainer hineingestoßen; mit rasender Geschwindigkeit fuhr der Gestapo-Wagen davon.
»Du warst weiß wie eine Wand, als sie ihn weggeschleppt haben«, sagte der ukrainische Maurer lauernd zu Heniek. Wovor hast du Angst, Kwiatkowski? Was versteckst du.«
»Du Bastard! Du bist genauso weiß geworden wie ich. Und was versteckst du?« konterte Heniek.
Der Ukrainer spuckte verächtlich auf den Boden und wandte sich wieder seiner Arbeit zu.
Grossmann wurde nie wieder gesehen. Fabischs Nachforschungen ergaben, daß man ihn ein paar Kilometer außerhalb der Stadt erschossen hatte. Fabisch erzählte Bachner, er sei davon überzeugt, daß der Maurer den Juden bei der ukrainischen SS denunziert habe. Bachner konnte nicht viel unternehmen; da die Arbeiter nur noch auf zwei Baustellen verteilt waren, besaß er nicht mehr die Flexibilität, um die Leute zum Schutz der Juden von einem Ort zum anderen zu schicken.
Am Tag nach Grossmanns Verschwinden wurde Heniek in der Pause von einem jungen Mann angesprochen.
»Ich habe gehört, was mit Grossmann passiert ist«, begann der Junge. Er schaute Heniek mit verschränkten Armen erwartungsvoll an.
Heniek trank weiter schweigend seinen Kaffee.
»Ich weiß, daß du Jude bist.«
Henieks Tasse stoppte auf halbem Wege zum Mund.
»Aber weißt du, ich bin auch Jude«, fuhr der Junge fort.
Heniek hatte nichts davon gewußt, zog es allerdings vor, auf die Enthüllung nicht zu reagieren.
Als keine Antwort kam, ergänzte der junge Mann nach kurzer Pau-

se: »Also, ich bleibe nicht hier. Ich werde mich den Partisanen anschließen. Ich habe gehört, daß sie hier in der Nähe in den Wäldern sind. Ich sterbe lieber kämpfend.«

Heniek schaute den Jungen nicht an, sondern starrte in die Luft. »Hör zu, ich bin kein Jude«, erklärte er schließlich. »Aber tu, was du für richtig hältst.«

Als Heniek nichts weiter sagte, ging der Junge weg. Am nächsten Morgen war er verschwunden.

Auch Cesia geriet in Verdacht, obwohl sie sich meist im Hintergrund hielt und kaum Kontakt zu den Arbeitern hatte; allerdings half sie ihrem Mann am Zahltag. Heniek berichtete Willi eines Tages von einem Gespräch zwischen zwei Arbeitern, das er in der Mittagspause zufällig mitgehört hatte.

Einer der beiden Arbeiter hatte gesagt: »Kennst du die Frau, die am Zahltag aushilft? Ich wette, sie ist Jüdin.«

»Unmöglich«, hatte der andere erwidert, »sie ist die Geliebte vom Chefingenieur. Warum sollte er das Risiko eingehen, eine Jüdin im Bett zu haben?«

»Wer weiß«, sagte der erste achselzuckend. »Vielleicht ist sie gut im Bett. Aber ich erkenne eine Jüdin, wenn ich eine sehe.«

In diesem Fall konnte Bachner etwas unternehmen. Beide Männer waren Polen und wollten sicher, wie viele ihrer Landsleute, so schnell wie möglich nach Warschau zurückkehren. Er bestellte die beiden Arbeiter am nächsten Morgen ins Büro.

»Hier.« Er händigte jedem eine Zugfahrkarte und verschiedene Papiere aus. »Diese Reisedokumente werden euch nach Warschau zurückbringen.«

Der mißtrauische Pole grinste seinen Chef verschwörerisch an, doch Bachner ignorierte ihn. Für Bachners Ohren bestimmt, raunte der andere beim Verlassen des Büros seinem Kollegen zu: »Siehst du, ich habe es dir ja gesagt: Sie hat großes Talent.«

Bachner erhob sich halb, beherrschte sich dann aber. Sollten die Männer doch denken, was sie wollten; Hauptsache sie vergaßen die »jüdische Geliebte«, wenn sie wieder in Warschau waren.

Die durch die zurückweichende Armee verursachte Unruhe hielt an. Soldaten benötigten Unterkünfte hinter der Front; in Nowograd-Wolynsky herrschte akuter Wohnraummangel. Die von den Kellner-Arbeitern genutzten Baracken wurden von der Wehrmacht konfisziert. Die Reichsbahn brachte die ausquartierten Arbeiter in sogenannten Bauzügen unter; diese Züge waren mit Werkstätten, kompletter Küche und Schlafwagen ausgestattet.

Seit der Erfindung der Eisenbahn spielten Züge eine wichtige logistische Rolle bei der Kriegsführung; die Art und Weise, wie sich die Nazis die Bahn zunutze machten, war allerdings beispiellos. Züge als mobile Reparaturwerkstätten und Baueinheiten einzusetzen war ein absolutes Novum. Die von verschiedenen Firmen durchgeführten Bauprojekte standen unter der Leitung der Reichsbahn und wurden von Berlin aus vom Chef des Transportwesens koordiniert. Die Reichsbahn übertrug die Verantwortung für Großprojekte wie den Wiederaufbau des Kiewer Bahnhofs der Organisation Todt, die wiederum Privatbetriebe wie die Firma Kellner als Subunternehmer verpflichtete.

Die Reichsbahn setzte Bauzüge seit Kriegsbeginn ein. Ehemalige Viehwaggons wurden in Werkstätten, Schlafquartiere, Küchen und Kantinen verwandelt. Ursprünglich wurden mit den Zügen komplette Bautrupps in entlegene Gebiete transportiert, um dort Lokomotiven, Gleisanlagen und kriegswichtige Ausrüstung zu reparieren. Die Flexibiltät der mobilen Bautrupps steigerte die Funktionsfähigkeit der Armee in Gegenden mit schwacher Infrastruktur, in denen noch keine Zivilverwaltung etabliert war. In der ersten Phase der Besatzung fuhren in regelmäßigen Abständen Transporte mit bis zu dreißig Waggons aus Berlin ab, die Nachschub und frische Arbeitskräfte in den Osten brachten.

Ende 1943 stand der großartige Plan allerdings aufgrund des Mangels an Vorräten und Ersatzteilen sowie der Partisanenanschläge auf das Schienennetz kurz vor dem Scheitern. Die zu jener Zeit noch im Einsatz befindlichen einhundertfünfzig mobilen Werkstätten der Reichsbahn fochten einen aussichtslosen Kampf gegen die von Partisanen verursachten Schäden. Bachner und seine Leute kannten die Bauzüge, hatten selbst jedoch überwiegend an festen Standorten gelebt und gearbeitet. Der Umzug in Eisenbahnwaggons bedeutete, daß sie in Zukunft nie lange an einem Ort bleiben würden. Ihre neue Heimat war der Bauzug 1001. Angesichts der Nachrichten von der Front war zu erwarten, daß ihr Aufenthalt in Nowograd-Wolynsky nur noch von begrenzter Dauer sein würde. Die restlichen Angestellten der Firma Kellner – einschließlich der dort noch beschäftigten Juden – mußten sich entscheiden, ob sie in der Ukraine bleiben oder nach Polen zurückkehren wollten. Obwohl er inzwischen mit einer Ukrainerin verheiratet war, entschloß sich Onkel Fabisch, mit seinen Verwandten Richtung Westen zu ziehen. Nieczajuk dagegen kündigte bei Kellner, um in Schitomir zu bleiben.

Gerda und ihrer Schwester Halina bot sich eine andere Chance. Da Kellner Gerdas Tüchtigkeit als Sekretärin und Buchhalterin schon immer imponiert hatte, schlug er ihr vor, mit ihm nach Lemberg zu gehen; dort lagerten unausgepackt und unsortiert sämtliche Geschäftsunterlagen. Die Reichsbahn schuldete der Firma noch große Summen Geldes, die man ohne korrekte Schreibarbeit niemals würde eintreiben können. Gerda nahm die Stelle an und verließ Schitomir, als der Lärm der vorrückenden Artillerie immer lauter wurde.

Heniek konnte sich nicht entscheiden, was er machen sollte. Er wäre am liebsten mit Bachner und den anderen gefahren, doch sein Vetter versuchte, ihn zum Bleiben zu überreden.

»Sieh mal, Heniek«, argumentierte Bachner, »wenn der Krieg vorbei ist, werde ich dich finden. Oder du findest mich. Du brauchst nur nach Bielsko zurückzugehen. Aber wer weiß, was passiert, wenn du jetzt mit nach Westen kommst. Wir müssen jeden Tag mit dem Tod rechnen.«

»Aber, Willi, du brauchst mich doch«, protestierte Heniek. »Ich halte für dich meine Augen und Ohren in den Baracken offen. Wie willst du denn erfahren, was die Arbeiter sagen? Sie vertrauen mir. Ich bin einer von ihnen.«

»Eben darum.« Bachner klopfte seinem Vetter aufmunternd auf die

Schulter. »Sie mögen dich. Du arbeitest mit ihnen, du trinkst mit ihnen. Glaub mir, Heniek, du bist sicherer hier. Es kann nur noch Tage dauern, bis die Russen da sind.«
»Wo soll ich denn wohnen?« fragte Heniek zweifelnd.
»Wie ich gehört habe, gibt es da jemanden, der dich mehr als bereitwillig aufnehmen würde.« Bachner grinste hintergründig.
»Wer hat dir das erzählt?« brauste Heniek mit hochrotem Kopf auf.
»Es kursiert das Gerücht, daß es da eine Frau auf dem Markt gibt, die ein Auge auf dich geworfen hat.«
Heniek wirkte verlegen. »Ich habe aber kein Auge auf sie geworfen. Mein Gott, Willi, sie ist mindestens zehn Jahre älter als ich und wiegt gut und gern hundert Kilo. Mir graust schon davor, auf den Markt zu gehen. Sie steht an ihrem Stand und ruft mir hinterher: ›Komm zu mir, mein hübscher Junge‹.« Heniek verdrehte die Augen. »Sie ist verheiratet. Ihr Mann kämpft an der Front gegen die Deutschen, und sie lädt mich in ihr Haus ein!«
Bachner lachte über die Tirade seines Vetters. »Sie wird dich wenigstens nicht bitten, sie zu heiraten, Heniek. Es geht doch nicht um Monate oder Wochen. Die Russen werden in wenigen Tagen hier sein. Dann bist du ein freier Mann. Jeder Tag, den wir unter den Deutschen verbringen, ist ein Tag, an dem wir unser Leben riskieren. Ist es die Freiheit denn nicht wert, sich für ein paar Tage zum Objekt der Begierde einer üppigen Frau zu machen?«
Heniek mußte notgedrungen zugeben, daß sein Vetter recht hatte. »Aber wie soll ich es anstellen?«
»Das nächste Mal, wenn du auf den Markt gehst«, riet Bachner nach einem Moment des Nachdenkens, »lächle der Frau zu, mach ihr Komplimente.«
Heniek zog ein langes Gesicht. »Bitte, Willi. Ich tu' ja, was sein muß, aber laß es mich so lange rauszögern, bis es absolut nötig ist.«
Er brauchte nicht lange zu warten. Am 26. November stand die Front bei Korosten, knapp zwanzig Kilometer von Nowograd-Wolynsky entfernt. Die Kellner-Truppe erhielt am Morgen die Order, die Stadt vor zwölf Uhr mittags zu verlassen. Obwohl jeder mit der Evakuie-

rung rechnete, hatte sie doch niemand so plötzlich erwartet. Da nicht genügend Zeit blieb, um sämtliche Ausrüstung zu laden, wurde nur das Nötigste im Zug verstaut.
Die Ukrainer und Weißrussen unter der Belegschaft entschieden sich zu bleiben. Heniek war der einzige »Pole«, der sich ihnen anschloß. Er suchte unter den Abreisenden nach seinem Vetter. Als Bachner den aus der Menge herausragenden Heniek entdeckte, winkte er ihm zu. Er hoffte, daß sein Vetter mit der getroffenen Wahl so zufrieden war wie er selbst. Mit traurigen Augen blickte der großgewachsene, breitschultrige junge Mann dem abfahrenden Zug nach. Da Bachner wußte, daß Heniek ihn als Lebensretter betrachtete, schickte er ein stilles Gebet nach oben, daß Gott seinen Vetter davor bewahren möge, sich unter all den Fremden einsam und verloren zu fühlen.
Am Nachmittag ging Heniek zum Markt und erzählte der Ukrainerin von seinen Lebensumständen. Diesmal nahm er ihre Einladung nach Hause an. Mit der Evakuierung des Bauzugs war Henieks Arbeitskarte ungültig geworden. Aber seine Bewunderin hatte auch dafür eine Lösung parat. Sie kannte den Besitzer eines Sägewerks in der Nähe des Bahnhofs und bat diesen, Heniek einzustellen. Auf diese Weise erhielt er neue Arbeitspapiere und fand sich als Gefangener der Liebe einer vollbusigen Ukrainerin wieder. Die Dame hatte eine vierjährige Tochter, der sie innerhalb von wenigen Tagen beibrachte, den neuen Hausbewohner »Papa« zu nennen. Nach knapp einer Woche erwähnte sie zum ersten Mal das Thema Heiraten. Sie leide darunter, in Sünde zu leben, behauptete sie. Sie sei sich sicher, daß ihr Mann tot sei; warum sollten sie also nicht einfach heiraten? Heniek schreckte die Vorstellung. Er lauschte Tag und Nacht auf das Artilleriefeuer, um aus dem Geräusch auf die Nähe der Front zu schließen. Der Vormarsch der Roten Armee war bei Korosten zum Stillstand gekommen. Die Tage zogen sich endlos dahin. Heniek plagte sich den ganzen Tag mit dem Sägen von Holz und die ganze Nacht mit der Abwehr der amourösen Avancen der Ukrainerin. Doch alle Mühe war vergeblich.
Zehn Tage nach der Räumung von Nowograd-Wolynsky fuhr eine

Lokomotive mit sechs Waggons im Bahnhof der Stadt ein. In dem aus dem Westen kommenden Zug befanden sich Reichsbahninspektor Pichelmeyer und eine Reihe von Kellner-Angestellten, darunter Mania Bachner und ihr Mann Isador. Heniek hatte das Pech, sich bei der Ankunft des Zuges am Bahnhof aufzuhalten und von dem deutschen Reichsbahnbeamten erkannt zu werden.
»Du da!« rief er Heniek hinterher, als dieser sich verdrücken wollte. »Wir haben nach dir gesucht. Warum hast du die Stadt nicht mit dem Rest von uns verlassen?«
Heniek senkte schamhaft den Kopf und antwortete in bewußt fehlerhaftem Deutsch, seine Freundin sei daran schuld. Sie habe alle seine Sachen versteckt, um ihn am Gehen zu hindern. Als er sein Eigentum endlich wiedergefunden habe, sei der Zug bereits abgefahren gewesen.
Der Reichsbahninspektor schüttelte seufzend den Kopf. »Eine verrückte Geschichte! Wie dem auch sei, jetzt haben wir dich ja wiedergefunden. Also los an die Arbeit! Wir haben nur zwei Tage Zeit, um aus diesem verdammten Bahnhof alles von Wert rauszuholen. Beeil dich, schließ dich den anderen an!«
Heniek gesellte sich pflichtbewußt zu den übrigen Polen. Er wurde mit Fragen über den Grund seines verlängerten Aufenthalts in der Stadt bombardiert. Warum sollte jemand freiwillig bei Ukrainern und Weißrussen bleiben? Wollte er nicht in die Heimat zurückkehren? Seine Notlüge brachte ihm einen Haufen Gelächter und Spott ein, besonders von denen, die die betreffende Dame kannten.
Zwei Tage später stand der arme Heniek zum zweiten Mal vor der Wahl, zu gehen oder bei der Ukrainerin zu bleiben und auf die Befreiung zu warten. Er suchte Rat bei seiner Cousine Mania.
»Ich kann dir nicht sagen, was du tun sollst«, sagte sie zerstreut beim Einpacken der Küchenutensilien. »Du mußt deine eigene Entscheidung treffen. So ist das Leben.«
Schließlich nahmen ihm seine Arbeitskollegen die Entscheidung ab. Sie griffen Henieks Koffer und verfrachteten ihn in ihren Waggon, als sich der Zug langsam in Bewegung setzte. Heniek stand unschlüs-

sig auf dem Bahnsteig, als der Pfiff zur Abfahrt ertönte. Plötzlich übertönte ein schriller Schrei das Pfeifsignal.

»Henryk!«

Heniek wandte sich um und sah die Ukrainerin mit ihrem Kind auf dem Arm auf ihn zulaufen. Ohne auch nur eine Sekunde zu zögern, hechtete er in die offene Tür des letzten Waggons.

Die Frau rannte hinter dem Zug her und erklärte ihrer Tochter: »Dein Vater verläßt uns.«

Das kleine Mädchen begann zu weinen und nach ihm zu rufen. Als der Zug an Geschwindigkeit gewann, vergrößerte sich der Abstand. Henieks letztes Bild von den beiden war, wie sie immer kleiner werdend weinend mitten auf den Gleisen standen. Er fühlte sich elend. Er wollte die Gefühle von niemandem verletzten, schon gar nicht die eines kleinen Kindes.

Auf der gesamten Fahrt nach Kowel mußte sich Heniek die Sticheleien seiner Kollegen anhören. Nach der Ankunft folgte die Schelte seines Vetters. Heniek ließ sie widerspruchslos über sich ergehen. Bachner merkte schnell, daß der Junge völlig ausgelaugt war; angesichts der niedergeschlagenen Stimmung seines Vetters ließ er das Thema fallen. Er legte den Arm um Henieks Schulter und riet ihm, sich im Bauzug einen Schlafplatz zu suchen. Müde zog sich Heniek in den für die polnischen Arbeiter reservierten Schlafwagen zurück.

Zwei Tage später traf die Nachricht ein, daß Nowograd-Wolynsky befreit worden war.

Der Bauzug 1001 blieb bis Januar 1944 in Kowel. Die Arbeiter waren mit dem halbherzigen Versuch beschäftigt, den Bahnhof wiederaufzubauen, der kurz zuvor bombardiert worden war. Die Deutschen richteten ihr Hauptaugenmerk allerdings auf die Entwicklung im Osten, um den rechten Augenblick zum Rückzug nicht zu verpassen. Zusammen mit dem Kommando zum Aufbruch kam eine Lokomotive, die die Kellner-Truppe nach Minsk brachte.

* * *

In Weißrußland boten sich den Partisanen noch günstigere äußere Bedingungen für den Guerillakampf als in der Ukraine. Die ausgedehnten Wälder eigneten sich ideal als Ausgangspunkt für Angriffe und Sabotageakte; außerdem erschwerten sie den Deutschen die Verfolgung von Partisanen.

Bachner und seine Freunde wußten nichts über das Schicksal der Juden in Weißrußland, hatten jedoch Gerüchte über in den Wäldern lebende jüdische Partisanen gehört. Zwischen Juli 1941 und Oktober 1943 hatte die gut organisierte Untergrundbewegung über fünftausend Juden aus dem Ghetto Minsk geschleust und zur Flucht in die umliegenden Wälder verholfen. Ein Großteil der Flüchtlinge war allerdings unterwegs oder bei deutschen Suchaktionen in den Wäldern getötet worden. Anderen war es gelungen, sich sowjetischen Partisaneneinheiten anzuschließen. Eine dieser Gruppen unter dem Kommando von Shlomo Zorin setzte sich ausschließlich aus jüdischen Partisanen zusammen, die aktiv gegen die Deutschen kämpften und gleichzeitig in einem versteckten Waldlager fast sechshundert Frauen und Kinder beschützten.

Die endgültige Liquidierung des Ghettos von Minsk erfolgte im Oktober 1943, als die letzten zweitausend Juden aus dem angegliederten Arbeitslager zusammengetrieben und in Gräben außerhalb der Stadt erschossen wurden. Einige, die selbst dieser letzten Vernichtungsaktion entkamen, wurden von sympathisierenden Russen versteckt.

Der Bauzug 1001 war auf dem Bahnhof von Minsk stationiert. Die von der Lokomotive abgekuppelten Waggons wurden auf einem Nebengleis abgestellt. Von der Suche nach einem festen Quartier war keine Rede mehr. Wenngleich die Ukraine bereits unter der Kontrolle der Roten Arme stand, hielt die Front bei Smolensk noch. Die Reparatur von Gleisen und Wassertürmen erschien zwar sowohl den Arbeitern als auch deren Vorgesetzten als immer überflüssiger, wurde jedoch mit einem Einsatz betrieben, der, wenn auch nicht hundertprozentig, so doch effizient war.

Bachner nutzte seine Verbindung zu Julek in Warschau, um Infor-

mationen über diejenigen zu bekommen, die nicht mehr bei ihnen waren. Tadek und Hania hielten sich noch immer versteckt. Gerda hatte in Lemberg die Bilanzen der ukrainischen Firmenprojekte erfolgreich abgeschlossen und für Kellner einen einträglichen Gewinn herausgeholt. Kellner hatte ihr daraufhin angeboten, die Buchhaltung in der Firmenfiliale in Norwegen zu übernehmen. Gerda und ihre Schwester hatten Polen bereits verlassen.
Im Februar 1944 schickte Julek mit einem Materialtransport neue Flüchtlinge zu Bachner: den jüdischen Rechtsanwalt Jakub Filinski, dessen Frau und die siebzehnjährige Tochter Stefania. Die Familie hatte seit der Gründung des Ghettos unter falschem Namen im »arischen« Teil Warschaus gelebt. Die Tochter war Anfang 1944 auf der Straße von einem polnischen Polizisten als Jüdin erkannt worden. Zu jener Zeit lebten nur noch sehr wenige Juden in Warschau; wer entdeckt wurde, wurde in der Regel auf der Stelle erschossen. Die Polizei verlangte fünftausend Zloty, um von einer Auslieferung Stefanias und ihrer Eltern an die Gestapo abzusehen. Julek und sein Schwiegervater kratzten das Geld zusammen und schickten die Familie mit dem nächsten Transport nach Minsk. Unter sorgfältiger Vermeidung der wachsamen Augen von Reichsbahninspektor Pichelmeyer integrierte Bachner die Filinskis in seine Mannschaft.
Allmählich gewöhnten sich alle an das Leben im Bauzug. Kellner und Pichelmeyer bewohnten jeder einer ganzen Waggon, in dem sie, umsorgt von ihren polnischen Geliebten, in relativem Luxus lebten. Bachner und Cesia hatten einen halben Waggon zur Verfügung; in der anderen Hälfte standen dreistöckige Betten für die Arbeiter. Familien und weibliche Angestellte teilten sich einen weiteren Waggon. Essen wurde nicht direkt von der Reichsbahn geliefert. Die Arbeiter erhielten von der Bauzugküche Lebensmittelmarken. Heniek übernahm im Lauf der Zeit die Verantwortung für die gesamte Vorratsbeschaffung, da er sich als der geschickteste Einkäufer erwiesen hatte. Die herangeschafften Lebensmittel wurden in der Gemeinschaftsküche zubereitet, die von Mania, Mila und Jadwiga mit Vater Bachner als Küchenhilfe betrieben wurde. Cesia kümmer-

te sich meist um Jadwigas Tochter Nina, half ihrem Mann aber weiterhin am Zahltag. Insgesamt gestaltete sich das Leben recht angenehm. Ein Funke Vorfreude machte sich unter den Juden und den Weißrussen breit, während die Zuversicht der Deutschen mit jedem Tag schwand.

* * *

Anfang April 1944 ließ der inzwischen nach Warschau zurückgekehrte Johannes Kellner seinen Angestellten die Nachricht zukommen, daß sie demnächst erneut weiter Richtung Westen evakuiert würden. Ihr Ziel war die nordwestlich von Warschau gelegene Stadt Bydgoszcz, besser bekannt unter ihrem deutschen Namen Bromberg. Die Polen jubelten, endlich in die Heimat zurückkehren zu können; bei den Juden löste die Nachricht eher gemischte Gefühle aus. Nur Bachner erkannte wirklich, welch tödliche Gefahr mit dem Umzug verbunden war.

Er wußte, daß alle aus dem besetzten Osten kommenden Züge über Warschau fahren mußten, wo die Passagiere einer medizinischen Untersuchung und einer Entlausung unterzogen wurden. Eine gründliche Untersuchung aber würde zwangsläufig enthüllen, daß sich unter seiner Belegschaft mehr als dreißig Juden befanden. Wenn entdeckt wurde, daß die Männer beschnitten waren, würde auch die Herkunft der Frauen nicht mehr zu verheimlichen sein. Also mußten sie Warschau unter allen Umständen meiden, wenn sie überleben wollten.

Bachners erster Schritt war ein Gespräch mit Pichelmeyer.

»Herr Inspektor«, begann er, »wissen Sie, was passiert, wenn wir über Warschau fahren? Wir werden fast jeden Warschauer in diesem Zug verlieren. Sie werden zu ihren Frauen und Freundinnen zurückkehren. Sie und ich werden die einzigen Passagiere in diesem Zug sein, wenn wir in Bromberg ankommen. Wenn wir auf direktem Weg dort hinfahren würden, könnten wir uns den Ärger sparen.«

»Herr Ingenieur«, erwiderte Pichelmeyer, »was soll das? Sie kennen das Gesetz. Jeder, der aus dem Osten zurückkehrt, muß sich in Warschau untersuchen und behandeln lassen, bevor er ins Reich weiterfahren darf. Außerdem übertreiben Sie. Wir werden vielleicht eine Handvoll Arbeiter verlieren, aber die können wir in Bromberg problemlos ersetzen.« Für den Inspektor war die Unterhaltung damit beendet.

Nach dem Scheitern seines ersten Anlaufs zog sich Bachner ein paar Stunden lang zum Nachdenken zurück, bevor ihm ein neuer Plan einfiel. Er ging ins Reichsbahnbüro auf dem Bahnhof, ließ sich eine Telefonverbindung zur Zentrale in Warschau herstellen und verlangte, den für die Bauzüge zuständigen Oberbaurat zu sprechen. Als der betreffende Beamte an den Apparat kam, deckte ihn Bachner mit einem Wortschwall seines besten Amtsdeutschs ein.

»Hier spricht Bauzugführer Wilhelm Bachner, Standort Minsk. Wir haben Order, uns sofort nach Bromberg zu begeben, um ein kriegswichtiges Bauprojekt durchzuführen. Nun habe ich erfahren, daß wir zuvor nach Warschau kommen sollen. Wissen Sie, was passiert, wenn ich diese polnischen Arbeiter nach Warschau bringe? Nein? Dann will ich es Ihnen sagen.« Er ließ den Beamten am anderen Ende der Leitung erst gar nicht zu Wort kommen, sondern fuhr im gleichen Atemzug fort: »Sie werden verschwinden; das wird passieren. Fast die Hälfte meiner Männer stammt aus Warschau. Sie haben nur eins im Kopf, und das hat mit Bauen nicht das geringste zu tun. Selbst wenn sie zurückkehren, werden sie so verkatert sein, daß ich keinerlei Leistung aus ihnen herausholen kann. Wollen Sie die Verantwortung dafür übernehmen, daß unser Bauzug dies wichtige Projekt wegen Personalmangels nicht vollenden kann?«

Bachner hielt den Atem an; am anderen Ende der Leitung herrschte sekundenlang Funkstille.

»In Ordnung«, sagte der Oberbaurat endlich. »Ich werde mich um die Angelegenheit kümmern. Aber versprechen kann ich nichts. Ist das klar?«

Bachner legte den Hörer auf und stürmte unter den verwunderten

Blicken der Angestellten aus dem Büro. Die Unerschrockenheit, die er am Telefon demonstriert hatte, verschwand, sobald er nach draußen trat. Seine Beine fühlten sich wie Gummi an, und ihm wurde plötzlich so schwindlig, daß er sich an einer Mauer abstützen mußte.

Den ganzen Nachmittag über warfen ihm die jüdischen Arbeiter beim Beladen des Zuges besorgte Blicke zu. Die meisten hatten inzwischen begriffen, welche Folgen eine Fahrt über Warschau haben konnte. Er versuchte, ihnen durch seine Haltung den Eindruck zu vermitteln, daß Willi Bachner wie gewohnt alles im Griff habe. Innerlich war er alles andere als zuversichtlich; er fühlte sich, als habe er bereits einen Zug bestiegen, der in den sicheren Tod fahre. Er sehnte sich nach jemandem, dem er sich hätte anvertrauen können, wollte seine Frau jedoch nicht unnötig ängstigen.

Am nächsten Morgen versammelten sich die Arbeiter zu einem letzten Appell und stiegen anschließend in den Zug. Eine Lokomotive wurde an den Bauzug angekoppelt, und Pichelmeyer gab das Signal zur Abfahrt. Bevor er Bachner verließ, um sich in seinen eigenen Waggon zu begeben, starrte der Inspektor den Ingenieur mit einem Blick an, der diesen zu der Frage verleitete, ob etwas nicht stimme.

»Nein. Alles in Ordnung, Herr Bachner.« Pichelmeyer zog ein Telegramm aus der Tasche. »Ich dachte gerade an unser gestriges Gespräch. Was für ein Zufall! Ich habe heute morgen Weisung erhalten, auf direktem Weg nach Bromberg durchzufahren. Wir lassen Warschau nördlich von uns liegen.« Er warf Bachner einen wissenden Blick zu und zog sich in sein Abteil zurück, um seiner Geliebten bei der Reise nach Westen Gesellschaft zu leisten.

Die Geretteten vom Hause Juda

Denn die Geretteten vom Hause Juda und die übrigbleiben
werden wiederum unter sich wurzeln
und über sich Frucht tragen.
Denn von Jerusalem werden noch ausgehen,
die übriggeblieben sind,
und von dem Berge Zion die Erretteten.

Jesaja 37:31-32

Der Bauzug 1001 überquerte bei Bromberg ohne Zwischenfall die Grenze des Deutschen Reichs. Aufregung über die geänderte Reiseroute war entstanden, als der Zug an dem kleinen polnischen Eisenbahnknotenpunkt Pilawa nicht nach Nordwesten Richtung Warschau abgezweigt, sondern auf direktem Westkurs an der polnischen Hauptstadt vorbei nach Żyrardów weitergefahren war. Arbeiter stürmten Bachners Waggonhälfte und verlangten eine Erklärung dafür, warum man nicht in Warschau gehalten habe.

»Ich habe keine Ahnung«, erklärte dieser mit unschuldiger Miene. »Ich hatte auch angenommen, daß wir dorthin fahren. Ihr müßt beim nächsten Aufenthalt Inspektor Pichelmeyer fragen.«

Es war unwahrscheinlich, daß die Arbeiter einen uniformierten Deutschen zur Rede stellen würden, schon gar nicht, wenn dieser ständig eine geladene Pistole bei sich trug. Die Arbeiter murrten, kehrten jedoch in ihr Abteil zurück. Bachner war sich sicher, daß viele von ihnen ohnehin verschwinden würden, sobald sie einen Fuß auf polnischen Boden gesetzt hatten; doch das kümmerte ihn wenig. Entscheidend war, daß sie der Entlausung entgangen waren.

Der ins Reich eingegliederte Teil Polens kam ihnen fremd vor. Alle ehemals polnischen Schilder waren durch deutsche ersetzt worden. Die Anwesenheit des Eindringlings war hier wesentlich deutlicher spürbar als in der besetzten UdSSR.

Der Kellner-Bauzug wurde auf einem Nebengleis außerhalb von Bromberg abgestellt. Um sie herum erstreckte sich eine eintönige Ebene, die gerade aus dem Winterschlaf erwachte.

Ihre Arbeit in Bromberg glich der früherer Zeiten: Sie sollten eine Kaserne für deutsche Wehrmachtseinheiten bauen, die aus dem Osten zurückkehrten. Es schien, als ob sich die Deutschen mit dem Verlust ihres »Kolonialreichs« abgefunden hätten und dafür um so verbissener ihre Landesgrenzen verteidigten. Der annektierte Teil Polens wurde als rechtmäßiges Eigentum des Deutschen Reichs betrachtet. Der Bau militärischer Anlagen in Zentralpolen sollte diese Tatsache unterstreichen.

Die Bauarbeiten wurden nicht in dem Maße von Partisanen gestört, wie dies im Osten der Fall gewesen war. Die beiden rivalisierenden Lager innerhalb der polnischen Untergrundbewegung – die von der polnischen Exilregierung in London anerkannte *Armia Krajowa* (»Heimatarmee«) und die von den Sowjets unterstützte *Armia Ludowa (»Volksarmee«)* – verbrachten fast ebenso viel Zeit mit dem Kampf gegeneinander wie mit dem gegen die Deutschen.

Da es wochenlang keinerlei Zwischenfälle gab, ging die Arbeit wie geplant voran. Einheimische ließen sich nur selten auf der Baustelle blicken, und die Kellner-Arbeiter gingen kaum in die Stadt. Sie lebten in einer Art geschlossener Gesellschaft.

Heniek übernahm wieder die Verantwortung für die Vorratsbeschaffung. Vater Bachner war weiterhin seinen Nichten als Küchenhilfe zugeteilt. Er war inzwischen sechzig Jahre alt. Die Härten des Krieges hatten deutliche Spuren bei ihm hinterlassen; er verbrachte sehr wenig Zeit mit Arbeiten, dafür um so mehr mit der Belehrung von anderen. Mania, Mila und Jadwiga wagten nicht, ihn zurechtzuweisen, sondern erledigten Dinge lieber selbst, als ihn zur Mitarbeit aufzufordern.

Der mutigere Heniek erinnerte den Onkel gelegentlich dezent an seine Pflichten, indem er ihn zum Beispiel fragte: »Väterchen Godewski, was ist mit dem Wasser?«

Für den alten Bachner brachte dies das Faß zum Überlaufen. Er baute

sich gewöhnlich vor Heniek auf und schnauzte ihn an: »Halt den Mund, oder es setzt eine Ohrfeige!«
Die Situation wurde besonders peinlich, wenn andere Arbeiter die Szene beobachteten.
»Was läßt du dich mit dem Alten ein, Kwiatkowski?« wurde Heniek öfter gefragt. »Warum sagst du ihm nicht, er soll sich verziehen?« Heniek tat das Ganze dann mit einem Kommentar wie »harmloser alter Mann« ab. Doch Vater Bachner erwarb sich bei den Arbeitern allmählich den Ruf eines zänkischen Alten.
Ende Mai 1944 war die Kaserne in Bromberg fertiggestellt. Die Reichsbahn schickte den Bauzug 1001 als nächstes in das nördlich von Danzig gelegene Gdynia, wo eine ähnliche Anlage gebaut werden sollte. Johannes Kellner kam kurz vor ihrer Abfahrt aus Warschau, um das Projekt mit Bachner und dem allgegenwärtigen Inspektor Pichelmeyer durchzusprechen. Nachdem sie die Baupläne geprüft hatten, bat Kellner Bachner um ein Gespräch unter vier Augen. Die beiden Männer zogen sich in den für Kellner reservierten Waggon zurück.
»Herr Ingenieur«, begann der Firmenchef, »ein Ortswechsel wie dieser scheint mir ein guter Zeitpunkt zu sein, um uns von einigen unserer weniger leistungsfähigen Arbeiter zu trennen. Ich denke, Sie wissen, welche Personen ich meine.«
»Herr Kellner, ich glaube nicht, daß das nötig ist«, protestierte Bachner. Von ihm aus konnten die Leute den ganzen Tag auf der faulen Haut liegen, solange sie keine Gefahr für ihn und seine Schützlinge darstellten; aber das durfte er seinem Arbeitgeber natürlich nicht sagen.
»Kommen Sie, Bachner! Ich weiß, daß Sie ein weiches Herz haben; glauben Sie nicht, daß mir das entgangen wäre. Wie war das zum Beispiel mit meiner Familie? Meine Kinder haben sich bei mir für das Lebensmittelpaket bedankt, das sie zu Weihnachten aus der Ukraine geschickt bekamen.« Etwas verlegen ergänzte Kellner: »Sie sorgen besser für meine Familie als ich.«
»Ich wußte doch, wie beschäftigt Sie waren, Herr Architekt«, be-

merkte Bachner bescheiden. »Ich wußte, daß Sie ihnen etwas geschickt hätten, wenn Sie nicht so viele geschäftliche Dinge im Kopf gehabt hätten.«

»Ja, sicher.« Kellner räusperte sich. »Ich weiß Ihre Aufmerksamkeit für diese Dinge zu schätzen.« Er zog ein silbernes Zigarettenetui aus der Tasche und bot Bachner eine Zigarette an. Als dieser ablehnte, fuhr Kellner fort.

»Zurück zur Sache. Wir sind hier kein Wohltätigkeitsverein. Der alte Mann in der Küche, wie ist sein Name?«

Bachner blieb fast das Herz stehen. »Sie meinen Godewski?«

»Ja genau. Der Mann ist nicht mal zum Wasserholen zu gebrauchen. Es ist Zeit, ihn zu entlassen.«

Bachner protestierte, doch Kellner blieb hart. In Bachners Kopf überschlugen sich die Gedanken. In Sekundenschnelle versuchte er sich auszumalen, wie Kellner wohl auf die Wahrheit reagieren würde. Er kam zu dem Schluß, daß er keine andere Wahl hatte.

»Godewski ist mein Vater«, sagte er sachlich. Die Worte hingen wie ein Damoklesschwert in der Luft. Kellner starrte ihn fassungslos an.

»Ihr Vater. Nun ... das ist lächerlich. Warum, zum Teufel, verstecken Sie Ihren eigenen Vater unter einem falschen Namen? Oder ist Ihr Name der falsche?«

»Nein. Sein Name ist Heinrich Bachner.« Willi holte tief Luft, bevor er die Worte hervorstieß: »Er ist Jude.«

Kellner war sprachlos. In seinem Gesicht spiegelten sich abwechselnd Ärger, Überraschung, Angst und Ungläubigkeit.

Bachner beantwortete seine unausgesprochene Frage: »Ja, ich bin auch Jude. Als ich mich bei Ihnen im Büro vorgestellt habe, kam ich direkt aus dem Warschauer Ghetto. Ich hatte keine andere Wahl, Herr Kellner. Es war meine einzige Überlebenschance.«

Auf dem Schreibtisch tickte eine Uhr; von draußen drangen gedämpft Arbeitsgeräusche in den sonst stillen Waggon. Es dauerte eine Ewigkeit, bis Kellner wieder das Wort ergriff.

»Noch eine Frage, Herr Bachner: Wie viele meiner Angestellten sind eigentlich Juden?«

»Wollen Sie das wirklich wissen?«
»Nein.« Kellner drückte nervös seine Zigarette im Aschenbecher aus. »Ich will es nicht wissen. Sehen Sie, Bachner, ich bin immer sehr zufrieden mit Ihrer Arbeit gewesen. Ohne Sie hätte ich diese Firma niemals zu einem Erfolg machen können. Aber erwarten Sie keine Hilfe von mir, falls ihre Tarnung auffliegt.« Es schien, als würde er das gerade Gehörte am liebsten aus seinem Gedächtnis löschen. »Sie brauchen keine Angst zu haben, daß ich Sie anzeige. Es wäre auch für mich eine Katastrophe, wenn die dahinterkämen, daß sich unter meiner Belegschaft Juden befinden. Aber erwarten Sie nicht von mir, daß ich auch nur einen Finger krümme, um Ihnen oder Ihren Leuten zu helfen.«
»Das verstehe ich natürlich, Herr Kellner.« Bachner nickte und ergänzte vorsichtig: »Um nochmal auf meinen Vater zurückzukommen ...?«
Kellner stieß einen tiefen Seufzer aus. »Von mir aus kann der alte Mann bleiben.«
»Danke, mein Herr. Vielen, vielen Dank.« Mit einem zögernden Lächeln streckte Bachner seinem Arbeitgeber die Hand entgegen. Kellner verdrehte die Augen gen Himmel, ergriff die Hand und schüttelte sie.

* * *

Der Bauzug fuhr von Bromberg aus genau nach Norden über die Hafenstadt Gdansk, die von den Deutschen Danzig genannt wurde, nach Gdynia. Dort hörten die Kellner-Angestellten etwa Mitte Juni die Nachricht von der Landung der Alliierten in der Normandie. Zunächst glaubten sie, daß es sich dabei nur um ein weiteres der vielen von Wunschdenken geleiteten Gerüchte handelte, die der Krieg produzierte. Doch die Gerüchte hielten sich hartnäckig und wurden im Lauf der Tage immer konkreter.
Die lang ersehnte zweite Front hatte sich formiert und trieb die Deutschen von der Küste zurück. Deutschland war nun zwischen

den Sowjets im Osten und den anglo-amerikanischen Truppen im Westen eingekeilt. Im Süden waren die Alliierten zwei Tage vor der Landung in der Normandie in Rom einmarschiert.

Eine andere Nachricht drang ungetrübt von Gerüchten nach Gdynia durch: Am 20. Juli hatte eine Gruppe deutscher Offiziere ein Attentat auf Hitler verübt, um das ihrer Meinung nach sinnlose Abschlachten deutscher Soldaten zu beenden und Frieden mit den Alliierten zu schließen. Doch der Anschlag war gescheitert. Bei der Explosion der in Hitlers ostpreußischem Hauptquartier »Wolfsschanze« plazierten Bombe wurde der Führer nur leicht verletzt. Die Verschwörer wurden schnell gefaßt und erschossen. Einige Kellner-Arbeiter hörten die Radioansprache des Führers, in der er das Scheitern des Coups bekanntgab und sein Überleben als einen Beweis göttlicher Vorsehung bezeichnete.

Doch selbst die »göttliche« Fähigkeit des Führers, dem sicheren Tod zu entrinnen, konnte die aufkeimende Hoffnung der kleinen jüdischen Gemeinschaft in Gdynia nicht trüben. Sie konnten sich zwar niemals als Gruppe versammeln, doch die Spekulationen darüber, wie lange der Krieg maximal noch dauern könne und was man anschließend machen wolle, wanderten im Flüsterton von einem zum anderen.

Einige hatten Sehnsucht nach ihrer Heimat; andere sprachen von Auswanderung nach Palästina oder gar Amerika. Nach all den Jahren, in denen man niemals über den nächsten Tag hinaus planen konnte, schien endlich wieder eine Zukunft zu winken. Alltägliche, früher selbstverständliche Dinge, die zu einem unerschwinglichen Luxus geworden waren, rückten plötzlich wieder in Reichweite.

»Wißt ihr, was ich machen werde?« schwärmte Heniek. »Ich werde mir ein riesiges, weiches Bett mit sauberen Laken und einer dicken Daunendecke besorgen. Da krieche ich rein, ziehe mir die Decke bis unters Kinn hoch und schlafe eine Woche lang.«

»Machst du das bevor oder nachdem du sämtliche in Europa noch vorhandene Schokolade gegessen hast?« stichelte sein Onkel Heinrich.

»Ich weiß, was ich mir wünsche«, sagte Cesia träumerisch. »Eine Badewanne mit heißem Wasser und Schaum. Ich habe mich schon so lange nicht mehr richtig sauber gefühlt.«

Feste, Essen, Theater – jeder klammerte sich an seinen Nachkriegstraum wie an einen Glücksbringer, der helfen sollte, die letzten Kriegstage zu überstehen. Doch noch lag ein riesiges Stück deutschen Territoriums zwischen ihnen und den alliierten Streitkräften. Und ungeachtet allen Drängens seiner Generale weigerte sich Hitler weiter standhaft, eine Beendigung des Krieges auch nur in Betracht zu ziehen. Trotz der immer massiveren Bombardierungen deutscher Städte, trotz der erschreckend hohen Verluste und des Mangels an Nachschub für die Armee beharrte Hitler darauf, daß die Alliierten zu schlagen seien. Er setzte seine Hoffnung auf neu entwickelte Waffen wie die V1-Rakete, die zum ersten Mal gegen zivile Ziele in Großbritannien eingesetzt wurde.

Auch im Osten spitzte sich die Lage für die Deutschen immer mehr zu. Am 23. Juni 1944 startete die Rote Armee eine neue Großoffensive, um die Nazis endgültig von sowjetischem Boden zu vertreiben. Minsk fiel am 3. Juli, Wilna am 13. Juli, Lemberg am 27. Juli. Ende Juli 1944 stand die Rote Armee in Polen und begann ihren Vorstoß auf Warschau.

Am 1. August 1944 brach in Warschau ein zweiter Aufstand aus. Obwohl besser ausgerüstet als die jüdischen Ghettokämpfer, war die *Armia Krajowa* (AK) den deutschen Truppen doch hoffnungslos unterlegen. In der Annahme, die Rote Armee werde binnen kurzem von Osten her die Stadt angreifen, tauchten die Kämpfer der Heimatarmee aus Kellern und Hauseingängen auf und schwärmten wie Bienen in die zerstörten Straßen der Stadt aus. Doch die Taktik der AK beruhte auf einer fatalen Fehleinschätzung der Lage; ihre Führung hatte versäumt, mit der Roten Armee Kontakt aufzunehmen.

Hitler schickte SS-Obergruppenführer Erich von dem Bach-Zelewski, der zuvor die Partisanenbekämpfung an der Ostfront geleitet hatte, und gab ihm freie Hand bei der Niederschlagung des Aufstands. Von dem Bach-Zelewskis Einheiten gingen unglaublich brutal gegen die Warschauer Bevölkerung vor und richteten ein Blutbad unter polnischen Zivilisten an, unabhängig davon, ob diese Mitglied der AK waren oder nicht.

Inzwischen sah sich die Rote Armee starken deutschen Truppenverbänden gegenüber, die aus anderen Gebieten abgezogen und vor Warschau konzentriert worden waren, um die Stadt zu verteidigen. Zu der Zeit, als die AK um Unterstützung von außen rief, wurde der potentielle Helfer gerade immer weiter von Warschau weggetrieben.

Der polnische Untergrund und seine Repräsentanten in London und Moskau appellierten an die Alliierten, den belagerten AK-Streitkräften zu Hilfe zu kommen. Die einzig zählbare Unterstützung kam per Fallschirm aus der Luft; viele der abgeworfenen Güter gingen in den engen Straßen der Stadt an die Deutschen verloren. Die Rote Armee brauchte über einen Monat, um den südlichen Warschauer Vorort Praga einzunehmen. Viele behaupteten, die Sowjets ließen sich absichtlich Zeit, um die Zerschlagung der AK durch die Deutschen abzuwarten. Stalin hegte zwar tatsächlich keine Sympathien für die antikommunistische Heimatarmee, hielt seine Truppen jedoch auf Rat seiner Generäle zurück, die im Falle eines Angriffs auf Warschau hohe Verluste prophezeit hatten. Die Stadt wurde schließlich erst im Januar 1945 befreit, lange nachdem der AK-Aufstand niedergeschlagen war. Die Deutschen dezimierten die AK um mehr als die Hälfte; über zehntausend AK-Kämpfer fielen während des Aufstands.

Die Nachricht von der Revolte traf in Gdynia mit den Scharen polnischer Arbeiter ein, die aus der Stadt geflohen waren und anderswo einen Broterwerb suchten. Persönliche Neuigkeiten erfuhr Bachner aus einem Brief von Julek, den Johannes Kellner mitbrachte, als er Warschau im September endgültig verließ.

Juleks Brief war voller Hiobsbotschaften. Sein Schwiegervater Adolf Stamberger hatte eines Tages Anfang August die Wohnung verlassen und war nie zurückgekehrt. Hania war wenige Tage später völ-

lig aufgelöst im Büro erschienen. Sie und Tadek waren aus Praga geflohen und hatten bei Verwandten von Tadek in der Innenstadt Unterschlupf gefunden. Auch Tadek hatte eines Morgens die Wohnung verlassen, um Lebensmittel zu beschaffen, und war nie wieder aufgetaucht. Adolf und Tadek waren zwei von zweihunderttausend Zivilisten, die der gnadenlosen Unterdrückung durch die Deutschen zum Opfer fielen.
Julek schrieb, daß er nicht viel für Hania habe tun können. Sie war ein paar Tage lang im Büro geblieben; doch als dieses geschlossen wurde und er ihr nicht mehr weiterhelfen konnte, war sie in den rauchenden Trümmern der Stadt verschwunden. Juleks Brief schloß mit einem traurigen Abschiedsgruß und dem Versprechen, sich nach Kriegsende zu melden.
Die neuen Arbeiter aus Warschau erwiesen sich als ein roher Haufen. Unter ihnen befanden sich zahlreiche Kriminelle, die nicht nur vor den Deutschen, sondern auch vor der Polizei geflohen waren. Einige schienen sich noch besser als die meisten Polen darauf zu verstehen, Juden ausfindig zu machen. Mit der Ankündigung, daß der Bauzug weiter Richtung Westen geschickt werde, kam der Befehl, daß sich alle Arbeiter einer Entlausung zu unterziehen hätten. Nur leitende Angestellte wie Bachner oder Onkel Fabisch waren von dieser Maßnahme ausgenommen. Für die anderen gab es keine Chance, der Prozedur zu entgehen. Deutsche Soldaten kontrollierten, ob Wasser aus den Duschköpfen floß. Die Juden stellten sich in der Gemeinschaftsdusche so weit abseits von den anderen Arbeitern wie möglich. Sie hofften, daß ihre Hände nicht zitterten, wenn sie in vorgetäuschter Schamhaftigkeit ihr beschnittenes Geschlechtsteil zu bedecken versuchten. Wie Heniek sich auch drehte, immer starrte ihn ein Pole mit hinterhältigem Grinsen an.
»So, Kwiatkowski«, flüsterte ihm der Mann boshaft zu, »jetzt kannst du nicht mehr leugnen, daß du Jude bist.«
Heniek drehte sich zur Wand; Wasser tropfte von seinem Körper. Er wagte dem Mann nicht ins Gesicht zu sehen, der sein Geheimnis kannte.

»He, Kwiatkowski«, fuhr dieser fort, »mach dir keine Gedanken. Ich werde diesen Bastarden nichts erzählen. Warum sollte ich ihnen helfen? Solange mein Bauch voll und die Polizei mir vom Hals bleibt, bist du sicher.«

Allerdings fand der Pole großes Vergnügen daran, Heniek im Flüsterton zu hänseln. Jedesmal, wenn Heniek zu glauben begann, der Mann sei sein Freund, machte ihm der Pole unmißverständlich klar, daß er ihn in der Hand hatte. Als einer der Arbeiter vorschlug, gemeinsam schwimmen zu gehen, nahm ihn der Pole beiseite und raunte ihm zu: »Siehst du die Hügel dort, Kwiatkowski? Diese wunderschönen Hügel? Du solltest lieber weglaufen. Schwimmen ist nichts für dich. Du solltest besser in den Bergen Wandern gehen.« Dann lachte er hämisch und ließ Heniek mit seinen Sorgen allein.

* * *

Als der Bauzug im Oktober 1944 nach Stettin dirigiert wurde, blieben viele der polnischen Arbeiter zurück. Von Stettin ging es weiter nach Eberswalde, von dort nach Wittichenau südöstlich von Berlin und schließlich nach Cottbus. Als die Waggons vom Bahnhof zu dem angewiesenen Abstellgleis rangiert wurden, schaute die Bauzug-Belegschaft durch halbgeöffnete Türen hinaus. Sie bemerkten eine Gruppe Frauen, die Schutt von den Schienen räumte. Die Frauen trugen die gestreiften Sträflingsuniformen der Konzentrationslager auf ihren abgemagerten Körpern. Ein Raunen lief durch die Waggons: »Juden«. Heniek und die anderen wandten sich ab, weil sie den Anblick nicht ertragen konnten.

Ihre nächste Zwischenstation war das sächsische Bautzen. Kellner entschied, einen Teil der Waggons samt Belegschaft dort zurückzulassen, und übertrug Onkel Fabisch die Verantwortung für diesen Teil des Bauzugs. Auch Leon und Mila Finder blieben in Bautzen. Beim schmerzlichen Abschied von Freunden und Verwandten versprachen sich alle, sich nach dem Krieg in Bielsko zu treffen.

Kellner beobachtete, wie sich Bachner von Fabisch verabschiedete.

Er warf dem Ingenieur einen forschenden Blick zu, als wolle er fragen: »Der auch? Noch ein Verwandter?«
Bachner grinste verlegen und nickte. Kellner seufzte, schüttelte den Kopf und stieg in den abfahrtbereiten Zug.
Der verkürzte Bauzug 1001 irrte weiter durch Deutschland, von Lokomotiven gezogen, die ihn auf Nebengleisen abstellten und verschwanden. Zu jenem Zeitpunkt gab es abgesehen von gelegentlichen Reparaturen von Bombenschäden und Schuttbeseitigung entlang des Gleiskörpers kaum noch Arbeit. Manchmal saßen sie tatenlos an einem Ort herum, um dann plötzlich ohne ersichtlichen Grund an einen anderen dirigiert zu werden. Das Reich funktionierte weiterhin wie ein Automat, aber den meisten Aktionen fehlte der Zweck.
Am 16. Dezember 1944 startete die Wehrmacht auf Befehl des Führers eine Offensive in den Ardennen. Da diese die Alliierten unvorbereitet traf, gelang es Hitlers Truppen, die Front an mehreren Stellen zu durchbrechen. Der Vormarsch kam jedoch bereits nach wenigen Tagen zum Stehen. Eklatanter Nachschubmangel auf deutscher Seite und verbesserte Wetterbedingungen erlaubten es der weit überlegenen alliierten Luftwaffe, in der ersten Januarwoche 1945 Stellungen des Gegners anzugreifen. Mitte Januar – nur einen Monat nach Beginn der Offensive – war die deutsche Armee an ihren Ausgangspunkt zurückgedrängt. 75 000 deutsche Soldaten verloren bei der Ardennen-Offensive ihr Leben, darunter vierzehn-, fünfzehnjährige Jungen und alte Männer, die als letzte Reserve eingezogen worden waren.
Im Osten war die Lage für die Deutschen noch aussichtsloser. Am 12. Januar 1945 begann die Rote Armee ihren Sturm auf das Deutsche Reich. Warschau wurde am 17. Januar 1945 befreit, Krakau und Łódź folgten wenig später. Die Sowjets propagierten die Rückeroberungen polnischer Großstädte als wichtige historische Siege. Die größte strategische Bedeutung kam allerdings der Einnahme von Oberschlesien zu. Das in Südwestpolen gelegene Industriebecken hatte sechzig Prozent des deutschen Kohlebedarfs geliefert.

Die Lokomotiven, die den Bauzug 1001 gezogen hatten, mußten ihre Kohle in Zukunft für wichtigere Fahrten aufsparen. Ende Januar befand sich die Kellner-Belegschaft auf dem Weg ins thüringische Erfurt. Ihre Reiseroute führte entlang der südlichen Stadtgrenze von Berlin. Die Aussicht, so dicht an der Hauptstadt des Nazi-Staates vorbeizufahren, bereitete Bachner Unbehagen. Noch bekümmerter wurde er, als die Reichsbahndirektion beschloß, die Lokomotive anderweitig einzusetzen, und den Bauzug 1001 zum Bahnhof von Berlin dirigierte. Dort wurde er auf einem Rangiergleis abgestellt. Den Passagieren wurde erklärt, sie müßten warten, bis eine Lokomotive für die Weiterfahrt nach Erfurt zur Verfügung stehe. Kellner und Pichelmeyer verschwanden in die Stadt und ließen ihre Mannschaft – hauptsächlich Polen, aber auch einige äußerst nervöse Juden – auf dem Abstellgleis ein paar Meter außerhalb des Bahnhofs zurück. In jener Nacht gab es einen fürchterlichen Bombenangriff. Sirenen heulten, Lichter blitzten am Himmel.

Reichsbahnarbeiter liefen entlang der Gleise und forderten jeden auf, den Zug zu verlassen und sich in den Schutzraum des Hauptbahnhofs zu begeben. Die Kellner-Leute sprangen aus den Waggons und rannten über die Schienenstränge auf das Bahnhofsgebäude zu, während Bombeneinschläge das Gelände erschütterten.

Bachner nahm Cesia an die Hand, doch sie weigerte sich, den Zug zu verlassen. »Willi, ich kann nicht«, wimmerte sie.

Er wußte nicht, ob sie die Angst vor den Bomben lähmte oder die Aussicht, mehrere Stunden in einem mit Deutschen gefüllten Schutzraum verbringen zu müssen. Jedenfalls rührte sie sich nicht von der Stelle. Willi schnappte eine Bettdecke und redete mit Engelszungen auf Cesia ein: »Komm schon. Wir gehen nicht in den Schutzraum. Aber wir müssen den Zug verlassen, sonst werden wir getötet.«

Sie zögerte immer noch. Er überschrie den Explosionslärm: »Cesia, ich habe uns nicht so weit gebracht, um von den Amerikanern getötet zu werden. Los, komm jetzt!«

Einmal draußen, krochen sie unter den Zug. Bachner breitete die Decke auf den Schienen aus, und sie wickelten sich darin ein. Von dort unten aus beobachteten sie, wie die alliierten Bomber ihren Zorn auf die Stadt niederregnen ließen. Bei jedem Einschlag bebte die Erde unter ihnen. Sie bissen die Zähne zusammen und vergruben ihre Köpfe in der Decke. Es schien niemals enden zu wollen. Dann war es doch vorbei; nur das Heulen der Sirenen war noch zu hören.

Cesia klammerte sich weinend an Willi. »Es tut mir leid, Willi. Es tut mir leid, daß ich nicht so tapfer wie die anderen bin. Aber die Vorstellung, mit all diesen Deutschen in einem Raum zu sitzen ... Sie hätten mir bestimmt angesehen, was ich bin.«

Bachner murmelte ein paar beruhigende Worte und zog sie unter dem Waggon hervor. Nachdem das Entwarnungssignal ertönt war, trafen auch die anderen grüppchenweise wieder ein. Sie fanden die beiden neben dem Zug stehend mit der inzwischen schmutzigen Decke um die Schultern.

»Ihr wolltet wohl das Feuerwerk nicht verpassen?« bemerkte Vater Bachner grinsend.

»Es war wirklich beeindruckend. Ein Jammer, daß du es nicht gesehen hast«, konterte sein Sohn.

Die Gruppe verbrachte weitere bange vierundzwanzig Stunden in Berlin, bevor eine Lokomotive für die Weiterfahrt nach Erfurt bereitgestellt wurde. Sie rechneten von nun an zwar mit nächtlichen Bombenangriffen, doch gewöhnen konnten sie sich nie daran. Am 22. Februar begannen die anglo-amerikanischen Streitkräfte unter dem Decknamen »Operation Bugle« einen gezielten Luftkrieg gegen das deutsche Eisenbahnnetz. Zum Glück zielten die Alliierten überwiegend auf Hauptknotenpunkte; Der Bauzug 1001 wurde wegen seiner geringen Bedeutung in der Regel auf unwichtige Nebenstrecken zwischen Kleinstädten verbannt.

Eines Tages allerdings, als sie sich in offenem Gelände zwischen Leipzig und Weimar befanden, nahmen Jagdflieger den Zug unter Beschuß.

»Alles raus!« brüllte Bachner und trieb seine Arbeiter zu den Ausgängen. Sie stolperten die Eisenstufen hinunter und rannten sich gegenseitig um, als sie durch die Felder auf den angrenzenden Wald zustürmten. Ein Flugzeug stieß so tief herab, daß Bachner sehen konnte, wie der Pilot vom Cockpit aus auf ihn zielte. Willi rannte und sein Atem ging stoßweise, während er seine Frau vor sich her trieb. »Beeil dich, Cesia, lauf!«

Kurz bevor sie den Schutz der Bäume erreichten, warf Bachner einen Blick zurück. Er nahm einen Ausdruck des Erstaunens auf dem Gesicht des Piloten wahr. Gleich darauf brach das Flugzeug den Angriff ab und stieg mit aufheulendem Motor steil in den Himmel auf. Bachner schaute der Rauchspirale hinterher, während der Flieger an Höhe gewann.

»Willi, was ist passiert?« Cesia lehnte sich erschöpft an ihn.

»Der Pilot!« Bachner atmete tief durch. »Er hat die Frauen und Kinder gesehen ... und das Feuer eingestellt.«

Cesia sank von einem Weinkrampf geschüttelt zu Boden. Nach all der Brutalität, die sie im Osten erlebt hatte, wo die Nazis keinen Unterschied zwischen Soldaten und Zivilisten gemacht hatten, durchbrach dieser Akt der Menschlichkeit die Mauer der Gefühlskälte, die sie um sich aufgebaut hatte. Willi setzte sich neben sie und nahm sie in den Arm.

»Vielleicht«, sagte er sanft, »hat Gott sich endlich doch noch an die Juden erinnert.«

Sie erreichten ohne weitere Zwischenfälle Erfurt, wo sie ein paar Tage lang mit Aufräumungsarbeiten auf dem Bahnhof beschäftigt waren. Danach ging es wieder Richtung Osten, nach Gera. Hinter ihren Einsätzen war keinerlei System mehr zu erkennen. Es war unübersehbar, daß das Dritte Reich in den letzten Zügen lag.

Im Osten war die Rote Armee Anfang März 1945 bis zur Oder-Neisse-Linie vorgestoßen. Im Westen drängten die alliierten Streitkräfte unter Eisenhowers Kommando die Deutschen bis zum Rhein zurück. Hitlers Besessenheit, um jeden Meter Boden zu kämpfen, hatte die deutschen Divisionen im Westen entscheidend geschwächt. Noch standen die Deutschen am Rhein, doch es war klar, daß die Front fallen würde, wenn diese Linie erst mal durchbrochen war. Das Territorium des Deutschen Reichs schrumpfte.

Kriegsgefangene und Häftlinge aus Konzentrationslagern wurden zu Märschen vom Osten und Westen ins Innere des Reichs gezwungen, damit sie nicht von den vorrückenden Alliierten befreit werden konnten. Tausende, die bis dahin überlebt hatten, starben auf diesen Todesmärschen.

Der Bauzug 1001 war inzwischen in Plauen gelandet, aber es wurde nicht mal mehr zum Schein gearbeitet. Es gab nichts weiter zu tun, als auf das Ende zu warten. Mehrere Deutsche verschwanden, doch Kellner und Pichelmeyer entschlossen sich zu bleiben.

Kellner sprach mit Bachner über seine Entscheidung.

»Nun, Herr Bachner, es scheint, daß Sie es schaffen.«

»Ja, Herr Architekt.« Bachner erlaubte sich ein Lächeln. »So scheint es.«

»Und nun sagen Sie mir: Wer ist alles Jude?«

Nach kurzem Zögern begann Bachner, in fast beiläufigem Ton aufzuzählen: »Ich selbst natürlich, meine Frau.«

»Ihre Frau!« Kellner schnalzte mit der Zunge. Wie alle Außenstehenden hatte er das hübsche blauäugige Fräulein Dambrowska immer für Bachners Geliebte gehalten.

Wilhelm spürte, wie er errötete. »Ja, meine Frau. Ihr Name ist Cesia. Meinen Vater kennen Sie ja bereits. Onkel Fabisch, dem Sie die Leitung der Gruppe in Bautzen übertragen haben. Heniek, den Sie als Kwiatkowski kennen, der unsere Vorräte organisiert.«

Kellners buschige Brauen zogen sich höher und höher, als Bachner fortfuhr.

»Die Köchinnen Mania und Mila und deren Ehemänner. Jadwiga und ihre kleine Tochter ...«

»Sie meinen das blonde Mädchen mit den Zöpfen?« fragte Kellner staunend nach. »Darauf wäre ich nie gekommen. Machen Sie weiter!«

»Wen haben wir noch?« fuhr Bachner fort. »Gerda und ihre Schwester.«

»Gerda!« rief Kellner ungläubig. »Die beste Buchhalterin, die ich jemals hatte. Sie ist Jüdin?«

»Ja. Und Bronka Kazaniecka, die eigentlich Hania Tiefeld heißt. Es gab noch andere. Zu viele, um sie alle zu erwähnen. Die meisten leben noch, einige ...« Seine Stimme versagte, als seine Gedanken zu den Toten wanderten.
»Was für ein erstaunlicher Kerl Sie sind, Bachner.« Kellner rieb sich verlegen die Hände.
»Ohne Sie hätte ich es niemals geschafft, Herr Kellner, selbst wenn Sie nicht wußten, daß Sie mir geholfen haben.«
Mit einem leichten Kopfnicken nahm Kellner Bachners indirekten Dank an.
»Ich bin nur froh, daß es endlich vorbei ist«, bemerkte Kellner. »Gott, ist das lange her, daß die Zeiten normal waren. Dieser Nazi-Mist. Seit 1932 spielt dieses ganze Land verrückt. Nun, vielleicht können wir unser Leben wieder in Ordnung bringen.«
»Für einige von uns ist das nicht mehr möglich«, erwiderte Bachner leise. »Meine Mutter, mein Bruder, meine Schwestern – Hunderte von Verwandten und Freunden sind tot. Nur weil sie Juden waren.«
Zum ersten Mal trübten sich Kellners Augen. Er senkte den Kopf, beugte sich vor und stützte seine Ellbogen auf die Knie. Nach langem Schweigen sagte er schwermütig: »Es wäre mir eine Ehre, Herr Bachner, mit Ihnen befreit zu werden.«
Bachner nickte und entschuldigte sich.
In der dritten Aprilwoche wurde der Bauzug noch einmal verkürzt. Die Hälfte der Waggons wurde außerhalb von Plauen zurückgelassen. Jadwiga und Nina, Mania und Isador Bachner sowie Frieda Neumann blieben in diesem Teil des Zuges. Die übrigen Waggons mit den restlichen Juden sowie Pichelmeyer und Kellner wurden auf ein totes Gleis in einer bewaldeten Gegend bei dem Dorf Muldenberg gezogen. Am 11. April 1945 trafen Amerikaner und Rote Armee an der Elbe zusammen. Die Gegend um Plauen wurde von der US First Army kontrolliert, die am 25. April in die Stadt einmarschierte. Für den dort verbliebenen Teil von Bachners Gruppe war der lange Leidensweg zu Ende. Der weniger glückliche Teil mußte noch hinter den deutschen Linien ausharren.

Am 5. Mai traf Heniek vor dem Bauzug auf einen deutschen Offizier.
»Wer sind Sie?« fragte dieser ihn barsch. »Was tun Sie hier?«
Heniek erklärte nervös, daß sie zu einem Reichsbahntrupp gehörten und auf Weisungen für ihren nächsten Auftrag warteten.
Am folgenden Tag erteilte Willi seinem Vetter einen Auftrag, der seine letzte gefährliche Mission werden sollte. Sie hatten von einer Schuhfabrik aus dem nur wenige Kilometer von ihrem Standort entfernten Falkenstein ein Angebot für zweiundreißig Paar Lederstiefel erhalten. Bachner schickte Heniek mit einem polnischen und einem lettischen Arbeiter auf Fahrrädern los, um die Schuhe abzuholen. Wer weiß, wann sie wieder die Gelegenheit bekämen, an dringend benötigtes Schuhwerk heranzukommen. Die drei Männer erreichten Falkenberg ohne Zwischenfall. Sie holten die Schuhe ab und hängten sie über die Fahrradlenker. Als sie aus der Stadt radelten, brach plötzlich Kanonenfeuer aus.
»Hier lang!« dirigierte Heniek die anderen und trat so fest er konnte in die Pedale. Die Häuser rechts und links der Straße wurden von Explosionen erschüttert. In seiner Hast nahm Heniek eine falsche Abzweigung. Bald fanden sie sich mitten im Wald wieder. Plötzlich tauchten zwei bewaffnete Soldaten aus dem Unterholz auf.
»Halt! Stehenbleiben! Hände hoch!« rief der eine und zielte mit dem Gewehr auf Henieks Stirn.
Die drei Männer hoben gehorsam die Hände und glitten langsam von den Rädern. Mit ihren Gewehren deuteten die Soldaten Heniek und seinen Begleitern, in den Wald vorauszugehen. Die Drei wurden vor den deutschen Gebietskommandanten gebracht. Unterwegs trafen sie auf Soldaten in Schützengräben, die ihre Maschinengewehrläufe auf die Straße richteten. Heniek entdeckte ein paar Panzer und zwischen den Bäumen versteckte schwere Artillerie.
»Was machen Sie hier?« herrschte sie der Offizier an.
Heniek erklärte in absichtlich gebrochenem Deutsch, wer sie seien; zur Bestätigung zeigte er dem Offizier eine Kopie des Lieferscheins von der Schuhfabrik. Nachdem der Deutsche diese überflogen hat-

te, ordnete er an, die Drei zum Verhör ins Hauptquartier überführen zu lassen.
Samt Fahrrädern und Schuhen wurden sie mit einem Lastwagen ins Hauptquartier gefahren. Der Unteroffizier, der sie bewachte, fragte Heniek leutselig, wo er herstamme.
»Aus Krakau«, antwortete Heniek.
»Ich auch«, sagte der Unteroffizier. »Volksdeutscher.«
Zum Glück dauerte die Fahrt nicht lange, so daß Heniek weitere unangenehme Fragen erspart blieben. Sie wurden in ein Gebäude gebracht, in dem es von Soldaten wimmelte, die hinter Schreibtischen saßen und Befehle in Telefonhörer brüllten. Man ließ sie endlos warten; Heniek saß mit dem Polen und dem Letten auf einer Bank im Flur und trommelte nervös mit den Fingern auf seine Knie. Überall um sie herum unternahmen Deutsche hektische Anstrengungen, einen Krieg zu führen, den sie längst verloren hatten.
Es ist grotesk, dachte Heniek, so lange durchgehalten zu haben, um vielleicht in letzter Minute getötet zu werden. Womöglich war Hitler längst tot und der Krieg zu Ende. Aber diese Deutschen brachten es fertig, ihn wegen ein paar Schuhen zu erschießen.
Als sie endlich zum Verhör gerufen wurden, stellte sich heraus, daß der zuständige Offizier derselbe war, mit dem Heniek am Tag zuvor am Bauzug gesprochen hatte. Er erkannte Heniek auch sofort wieder. Der vorgelegte Lieferschein und die blauen Reichsbahnmützen mit dem roten Streifen, die Heniek und seine Begleiter trugen, genügten dem Offizier als Identitätsbeweis.
»Sie können gehen«, sagte er mit angedeuteter Verbeugung.
Doch die beiden Soldaten, die Fahrräder und Schuhe bewachten, hatten offenbar andere Pläne. Sobald sie außer Sichtweite ihres Vorgesetzten waren, verkündeten sie, Räder und Schuhe seien beschlagnahmt. Heniek protestierte. Auf die Schuhe hätte er zwar verzichten können, doch ohne Fahrräder würde der Rückweg sehr lang und gefährlich werden. Heniek beschloß, es mit Willis Methode zu versuchen. Er straffte die Schultern, baute sich in voller Größe vor den Soldaten auf und schaute selbstbewußt von einem zum anderen.

»Sie können diese Fahrräder nicht konfiszieren; sie sind Eigentum der Reichsbahn«, sagte er barsch.

Der Lette und der Pole warfen sich einen erschreckten Blick zu angesichts der Dreistigkeit ihres Kollegen. Ein Unteroffizier, der die Auseinandersetzung von drinnen gehört hatte, kam auf den Hof. Heniek ergriff das Wort, bevor die Soldaten den Mund aufmachen konnten.

»Ihr kommandierender Offizier hat diesen Männern befohlen, uns bedingungslos freizulassen, aber sie versuchen, Reichsbahneigentum zu konfiszieren.« Heniek verschränkte die Arme vor der Brust und schaute herausfordernd in die Runde. »Wer von Ihnen will mich nach drinnen begleiten, um diesen Vorgang zu melden?«

Der Unteroffizier erfaßte die Situation sofort.

»Lassen Sie diese Männer auf der Stelle frei«, schnauzte er die Soldaten an. »Und dann gehen Sie zurück auf Ihre Posten und warten dort, bis ich entschieden habe, welche Disziplinarmaßnahmen ergriffen werden.«

Die beiden Soldaten hasteten in das Gebäude zurück. Der Unteroffizier entließ Heniek und seine beiden Begleiter mit militärischem Gruß.

Die Drei zögerten keinen Moment, sprangen auf ihre Räder und radelten davon, als sei ihnen Hitler persönlich auf den Fersen. Unterwegs begegneten ihnen zahlreiche Deutsche in Uniform. Doch die einst mächtige Wehrmacht hatte Wichtigeres als Fahrräder und Schuhe im Kopf; für sie ging es nur noch darum, den vorrückenden Truppen zu entkommen.

Es war schon fast dunkel, als die Drei am Bauzug eintrafen. Dort wurden sie von Pichelmeyer erwartet, der eine Erklärung für ihr langes Ausbleiben verlangte. Während sie außer Atem ihr Abenteuer erzählten, kam Bachner dazu, umarmte seinen Vetter ungeachtet der Anwesenheit des Reichsbahninspektors und entschuldigte sich, ihn wegen einer solchen Nebensächlichkeit in Gefahr gebracht zu haben.

»Nicht der Rede wert«, wiegelte Heniek ab. »Und sieh dir doch mal diese herrlichen Schuhe an.« Es gelang ihm, ein schwaches Grinsen aufzusetzen; doch seine Hand zitterte, als er in Richtung Fahrräder zeigte. Willi legte den Arm um seinen Vetter und führte ihn nach drinnen.

»Ich glaube, wir können jetzt beide etwas zu trinken gebrauchen«, sagte er.

Der Krieg war tatsächlich vorbei, als Heniek zum Bauzug zurückkehrte. Die letzte Nachricht, die Hitler in seinem Berliner Bunker erhielt, war die, daß sein alter Verbündeter Mussolini in Rom erschossen worden war. Am folgenden Tag, dem 30. April 1945, beging der Führer Selbstmord.

Wie ein Zug, der nach dem Tod des Lokomotivführers nicht gestoppt werden kann, zog sich der Krieg noch sieben Tage lang hin. Am frühen Morgen des 7. Mai 1945 unterschrieb General Jodl im Hauptquartier General Eisenhowers die bedingungslose Kapitulation der Wehrmacht. Am folgenden Tag wurde die Kapitulation im sowjetischen Hauptquartier wiederholt. Sie trat am 9. Mai 1945 in Kraft.

Am Vormittag des 10. Mai zogen die Amerikaner mit ihren seltsam geformten, grünen Fahrzeugen in das Dorf Muldenberg ein. Sie wirkten zunächst sehr nervös, doch als die Bevölkerung sie mit tosendem Applaus empfing, lächelten sie und winkten der Menge zu. Die Bauzug-Bewohner gehörten zu denen, die am lautesten jubelten. Umgeben von Lachen und Freudentränen richteten die Amerikaner im Rathaus ihr Hauptquartier ein.

Die Kellner-Belegschaft kehrte in bester Stimmung zum Bauzug zurück. Es war ein sonniger Morgen; der schönste Morgen, den Gott ihnen je geschenkt hatte, dachte Bachner. Heniek ging Wasser zum Kaffeekochen holen. In der Küche begrüßte ihn ein strahlender Johannes Kellner, der seinen Arm um seine junge blonde Geliebte gelegt hatte.

»Gratuliere, Kwiatkowski! Oder wie soll ich Sie jetzt nennen?«

»Buchführer, Herr Kellner. Heniek Buchführer«, antwortete er mit stolzgeschwellter Brust.

Heniek war noch mehr überrascht, als der herrische Pichelmeyer in die Küche kam und ihm die Hand schüttelte. Auf Bachners Rat hin hatte der Inspektor seine Pistole weggeworfen und schien nun um Freundlichkeit gegenüber der Belegschaft bemüht zu sein.

Als sich ein ukrainischer Arbeiter, der den Amerikanern ins Ortszentrum gefolgt war, bei seiner Rückkehr darüber beschwerte, daß diese ihm seine Uhr abgenommen hätten, kam Bachner auf die Idee, einen offiziellen Botschafter des Bauzugs zur Begrüßung der Befreier ins Rathaus zu schicken. Er fragte, ob Kellner diese Aufgabe übernehmen wolle; doch der Architekt schien ebenso wenig darauf versessen zu sein, die Amerikaner zu treffen, wie in der Vergangenheit die SS. Auch Pichelmeyer lehnte ab; er hielt es für ratsamer, sich unauffällig im Hintergrund zu halten.

Bachner wandte sich an seinen Vetter, mit dem er so vieles gemeinsam durchgestanden hatte und dem es nie an Mut oder Einfallsreichtum gefehlt hatte.

»Komm, Heniek«, forderte er ihn auf. »Laß uns diese Amerikaner besuchen gehen.«

Im Hintergrund hörten sie, wie Vater Bachner den ungläubigen Arbeitern stolz verkündete: »Es ist wahr, der Ingenieur ist mein Sohn. Und der junge Kerl neben ihm ist mein Neffe. Mein Name ist Heinrich Bachner. Wir sind alle Juden!«

Mit einem zufriedenen Lächeln auf den Lippen machte sich Bachner auf den Weg zu den Amerikanern.

* * *

Während er durch die Straßen des Ortes lief, versuchte Willi, sich selbst zu überzeugen, daß es wirklich vorbei war. Es war schwierig, das Eintreten eines Ereignisses zu fassen, auf das man sehnsüchtig gewartet hatte, das einem eigentlich aber als unerreichbares Ziel erschienen war.

Die Häuser am Ortsrand wirkten verlassen. Die monatelang unbestellten Vorgärten zeigten kaum Spuren von Farbe, als wollten die

Pflanzen nicht aus dem Winterschlaf erwachen, bevor nicht wirklich sicher war, daß der Krieg vorbei war.

Als sich Bachner und Heniek dem Ortszentrum näherten, sahen sie erste Zeichen von Aktivität in den Straßen. Die Amerikaner standen mit vor der Brust hängenden Gewehren inmitten von Menschenmassen und versuchten, die Stimmung der neugierigen Dorfbewohner zu ergründen. Gruppen von gefangengenommenen deutschen Soldaten starrten durch den Stacheldrahtzaun, der in aller Eile um den Platz vor dem Rathaus gezogen worden war.

Bachner klopfte den Staub von seiner Reichsbahnuniform und glättete sein Haar. Er hatte sein Möglichstes getan, um gesellschaftsfähig zu wirken. Er hatte sich gründlich gewaschen, sich mit seiner letzten stumpfen Klinge rasiert und seine Stiefel poliert. Er wußte, daß er in seiner fleckigen blauen Reichsbahnuniform mit ihren fehlenden Knöpfen kein sonderlich beeindruckendes Bild abgab. Aber zumindest hatte er sich Mühe gegeben, und einer mußte ja schließlich Kontakt zu den Amerikanern aufnehmen.

Aus den Augenwinkeln sah Bachner, wie zwei Amerikaner einen gutgekleideten Bürger des Orts belästigten. Der größere der beiden Soldaten zeigte auf einen Goldring, den der Mann am Finger trug. Als der Deutsche den Kopf schüttelte und wegzugehen versuchte, zog einer der Amerikaner ein Messer aus seinem Gürtel und ließ seinen Daumen entlang der Klinge wandern. Bachner erstarrte, als der Deutsche langsam den Ring vom Finger zog und ihn dabei an der Lötstelle zerbrach. Der große Soldat schnappte sich den Ring und lachte, als der Deutsche davoneilte.

Heniek machte einen Schritt auf die Soldaten zu, doch Bachner hielt ihn am Ärmel fest. Er bat seinen Vetter, auf ihn zu warten, und ging auf das amerikanische Hauptquartier zu, wobei er sich besorgt fragte, ob nicht der eine Unterdrücker einfach nur durch einen anderen ersetzt worden war. Würden sich die Amerikaner ihre Kriegsbeute nur von den Deutschen holen? Würden sie zwischen Tätern und Opfern unterscheiden können?

Als er so in Gedanken die Stufen zum Rathaus hochging, übersah er

die am Eingang aufgestellte provisorische Barrikade mit dem Schild »Zutritt verboten«. Er erwachte erst aus seinen Tagträumen, als der Schatten eines riesigen amerikanischen Militärpolizisten auf ihn fiel. Der nur einen Meter sechzig große Bachner fand sich in Augenhöhe der Armbinde des Soldaten wieder. Er starrte auf die schwarzen Buchstaben auf weißem Grund. Er hatte in den vergangenen fünfeinhalb Jahren so viele Armbinden gesehen: die leuchtend roten mit schwarzem Hakenkreuz, die von der deutschen SS mit arrogantem Stolz getragen wurden; die mattgrauen der Reichsbahnarbeiter, mit Hilfe derer er und die Seinen überlebt hatten; und die erniedrigenden weißen mit dem blauen Davidstern, mit denen die Juden für ihre Vernichtung gekennzeichnet worden waren. Die Geschichte dieses Krieges konnte durch kleine Stücke Stoff erzählt werden.
Bachner schüttelte den Kopf, um die Bilder der Vergangenheit zu verscheuchen, als die kehligen Befehle des Soldaten durch den Nebel seiner Gedanken zu dringen begannen. Als er aufschaute, sah er nur Zentimeter von seiner Brust entfernt einen Gewehrlauf. Obwohl er die Worte des Militärpolizisten nicht verstand, traf ihn der darin liegende Haß wie ein körperlicher Schlag. Bachner schwankte und verlor auf der Treppe fast das Gleichgewicht, als ihm klar wurde, daß der Amerikaner ihn natürlich für einen Deutschen hielt. Habe ich es so weit geschafft, nur um erschossen zu werden, weil ich nicht erklären kann, wer ich bin? Zu jeder anderen Zeit hätte er angesichts der Ironie der Situation vermutlich gelacht, doch die von Entschlossenheit geprägte Stärke, die ihn durch den Krieg gebracht hatte, war plötzlich wie weggeblasen. Seine Beine trugen ihn nicht mehr, und er sank auf die Stufe zu Füßen des Militärpolizisten. Unkontrollierbar zitternd auf der Rathaustreppe sitzend, schossen ihm plötzlich auf wundersame Weise ausländische Wörter in den Kopf, die er vor Jahren in der Schule gelernt hatte.
»Ich bin kein Deutscher«, sagte er matt auf englisch. »Ich bin Jude.«
Einen Moment lang behielt der Amerikaner noch den Finger am Abzug seines Gewehrs und schaute irritiert auf die Gestalt zu seinen Füßen hinunter. Dann ließ er ungläubig die Waffe sinken und

riß sein Hemd auf. Eine Goldkette mit einem Davidstern erstrahlte neben der mattsilbernen Kette mit der Erkennungsmarke im Sonnenlicht. Bachner starrte den goldenen Stern an, überwältigt davon, unter den Befreiern einen Juden zu finden. Eine Welle von Gefühlen spülte über ihn hinweg; er spürte, wie die Schutzmauer, die er über die Jahre um sich aufgebaut hatte, abbröckelte. Gold und Silber blendeten Bachners Augen, bis er nur noch grau sah. Ein schriller Ton – wie das Jaulen fallender Bomben – marterte seinen Kopf, und das Gesicht des Soldaten begann, sich in Nebel aufzulösen. Bachner zwang sich, die hebräischen Worte zu sprechen, die alle Juden, unabhängig von ihrer Nationalität, erkannten: »*Shema Israel* ...« Er schnappte keuchend nach Luft und versuchte es noch einmal.

»*Shema Israel Adonai*«, murmelte er mit letzter Kraft. Als er zusammensackte, sah er die glänzenden schwarzen Stiefel des Militärpolizisten auf sich zurasen. Für Wilhelm Bachner war der Krieg endlich vorbei.

Epilog

Als Bachner zu sich kam, sah er sich von Soldaten umringt, die eine Mischung aus Englisch, Deutsch und – erstaunlicherweise – Jiddisch sprachen. Die Soldaten hörten staunend Bachners Geschichte an. Manche hatten die Lager nach deren Befreiung gesehen und konnten kaum glauben, daß so viele Juden direkt unter der Nase der Nazis überlebt hatten.

Bachner kehrte mit amerikanischen Medikamenten und Vorräten aus Armeebeständen zum Bauzug zurück. Dort fand gleich ein spontanes Befreiungsfest statt. Ein paar Tage später wurde eine Lokomotive geschickt, um den Zug nach Oelsnitz zu befördern, wo sich ein DP-Lager befand (*Displaced Persons Camp* = Auffanglager für heimatlose Flüchtlinge). Im Lager gab es ein Wiedersehen mit den Juden aus der in Plauen gebliebenen Hälfte des Bauzugs.

Bachner und seine Gruppe hatten geglaubt, daß sie die einzigen übriggebliebenen Juden seien. Als sie in dem DP-Lager so viele weitere Überlebende trafen, wollten sie unbedingt herausfinden, wer von ihren Angehörigen noch lebte. Listen mit Namen und Heimatorten von Überlebenden wurden weitergereicht. Europaweit wurden in Zeitungen Suchanzeigen aufgegeben in der Hoffnung, auf diese Weise Angehörige zu finden. Nur wenige meldeten sich.

Als die Gegend um Oelsnitz unter sowjetische Besatzung kam, gingen Bachner und seine Angehörigen nach Bielsko zurück. Dort gab es ein Wiedersehen mit Willis jüngster Schwester Hilde, die ebenfalls überlebt hatte.

Bald jedoch fanden Bachner und seine Familie die wachsende Unterdrückung durch das kommunistische Regime und den immer noch vorhandenen Antisemitismus in Polen unerträglich und siedelten in die unter amerikanischer Verwaltung stehende deutsche Stadt Bamberg um. 1951 wanderten Willi und Cesia in die Vereinigten Staaten

aus und ließen sich in Oakland, Kalifornien nieder. Ihre Ehe blieb kinderlos, da Cesia durch die Abtreibung unfruchtbar geworden war.
Willis Vater Heinrich Bachner starb 1948 in Bamberg.
Heniek Buchführer lebt heute in Ramat Gan, Israel.
Johannes Kellner ließ sich nach dem Krieg in München nieder. Während der schwierigen Nachkriegsjahre schickte ihm Wilhelm Bachner regelmäßig Lebensmittel und Geld.
Heinrich Fabiszkiewicz, »Onkel Fabisch«, wurde zusammen mit seiner ukrainischen Frau Luba in Bautzen befreit. Nach dem Krieg wanderten beide nach Brasilien aus.
Hania Tiefeld wurde im Dezember 1944 als Zwangsarbeiterin nach Deutschland deportiert. Sie überlebte und wurde im April 1945 von sowjetischen Truppen befreit. Sie wanderte zunächst nach Israel aus und von dort später in die Vereinigten Staaten. Hania lebt in Southfield, Michigan.
Genia Tiefeld traf ihre Schwester kurz nach Kriegsende wieder. Auch sie wanderte in die USA aus, und zwar nach Detroit, wo bereits eine weitere Schwester lebte.
Tadeusz Kazaniecki, »Tadek«, wurde nach dem Morgen seines Verschwindens nie wieder gesehen. Vermutlich wurde er während des Warschauer Aufstands von Deutschen getötet.
Gerda und Halina Reichenbaum erlebten das Kriegsende in Norwegen. Gerda wanderte anschließend nach Australien aus, wo sie heute noch lebt. Halina starb 1957 in Norwegen, kurz bevor sie ihrer Schwester nach Australien folgen wollte.
Leon und Mila Finder wurden in Bautzen befreit. Sie wanderten nach Mexiko aus und lebten bis zu ihrem Tod in Mexico City. Leon starb 1970, Mila 1974.
Isador und Mania Bachner ließen sich nach ihrer Befreiung in Plauen in Düsseldorf nieder. Isador starb 1975, Mania 1990.
Jadwiga Finder und ihre Tochter Nina wurden ebenfalls in Plauen befreit. Sie kehrten nach Bielsko zurück und wanderten von dort 1965 nach Israel aus. Nina Hudzik ist heute Ärztin und lebt in Afula, Israel. Ihre Mutter Jadwiga wohnt in Kiriat-Yam, Israel.

Julek und Ruth Schwalbe verbrachten den Rest des Krieges in Warschau. Nach dem Krieg ließen sie sich in Köln nieder, wo Ruth heute noch lebt. Julek starb 1991.
Jakob, Felicia und Stefania Filinski, die sich der Gruppe in Minsk anschlossen, wurden zusammen mit Bachner befreit und wanderten später nach Sao Paulo, Brasilien, aus.
Frieda Neumann, die in Plauen befreit wurde, heiratete nach dem Krieg wieder und zog nach Peterborough, England. Sie starb 1984.
Willi Bachner lebte zurückgezogen an der Bucht von San Francisco. Er arbeitete bis zum Eintritt in den Ruhestand als Ingenieur und blieb mit denen in Konatakt, die er gerettet hatte. Vielen von ihnen half er bei der Auswanderung und der Gründung eines neuen Heims fernab der schmerzlichen Erinnerungen. Gemeinsam mit einigen Überlebenden feierten Willi und Cesia 1989 ihre Goldene Hochzeit.
Cesia Bachner starb im November 1990. Ihr Mann Willi folgte ihr nur vier Monate später nach. Bis zu seinem Tod kümmerte sich Wilhelm Bachner um die Menschen in seiner Umgebung. Er betreute ehrenamtlich ältere Mitbürger und wachte unermüdlich über die, die mit seiner Hilfe den Holocaust überlebt hatten.

Nachwort

Ich begegnete den Bachners, als sie der Gemeinde *Temple Beth Abraham* in Oakland angehörten, deren Rabbiner ich damals war. Wer hätte vermutet, daß jenes schweigsame Ehepaar solch nimmer endende Alpträume durchlebt, solch einmaligen Mut bewiesen hätte? Heldentum spricht nicht mit lauter Stimme.

Ich möchte, daß meine Enkelkinder dieses Buch lesen, schon um der Weisheit willen, die Cicero so formulierte: «Nicht zu wissen, was vor unserer Geburt geschah, heißt, für immer Kind zu bleiben.« Kinder müssen erwachsen werden; sie in Unwissenheit großzuziehen bedeutet, sie zu verhängnisvoller Ignoranz zu verdammen.

Ich möchte, daß sie dieses Buch lesen, damit sie die Existenz des Bösen verstehen lernen, ohne die Existenz des Guten zu übersehen; damit sie begreifen, daß das Rätsel der Güte nicht weniger ehrfurchtgebietend ist als das des Bösen.

Ich möchte, daß sie dieses Buch lesen, damit sie die einseitigen Standpunkte, die von Callicles bis zu Nietzsche und Freud reichen, relativieren lernen – jene düstere These, daß der Mensch grundsätzlich ausbeuterisch und absolut egoistisch sei.

Die Menge empirischer Beweise, die Samuel und Pearl Oliner in ihrer bedeutenden Studie *The Altruistic Personality* vorlegten und die hier anhand der Heldentaten von Willi Bachner konkretisiert werden, kann die Nach-Holocaust-Generation eine Menge lehren. Diese Generation braucht dringend moralische Helden – keine Männer und Frauen mit stählernen Fäusten, deren Kühnheit sich in der Erniedrigung und der Peinigung der Schwachen äußert, sondern Menschen aus Fleisch und Blut, deren menschlicher Anstand unerschütterlich ist.

Es ist wichtig, daß diese Generation erfährt, was der Historiker Frederick Woodbridge mit folgenden Worten beschrieb: »Es gibt

Zeiten, in denen man mehr Angst vor dem Leben als vor dem Sterben haben sollte.« Hinter der Vielzahl von Statistiken, die die Holocaust-Forschung umgeben, verbirgt sich die Güte Zehntausender, die, wie Willi Bachner, »sich selbst zu Schlupfwinkeln vor dem Wind und Zufluchtsorten vor dem Sturm machten«. Um des Zeugnisses willen, um der Grundsätze und der geistigen Verfassung meiner Enkel willen, um Gottes willen sollte diese Geschichte gekannt werden.

Harold M. Schulweis
Gründungsvorsitzender der
Jewish Foundation for Christian Rescuers
(»Jüdische Stiftung für christliche Retter«)
New York

Danksagung

Dieses Buch wäre nicht möglich gewesen ohne die Hilfe zahlreicher Menschen, die uns ihre Zeit und ihr Wissen zur Verfügung stellten. Der größte Dank gebührt Wilhelm und Cecile Bachner, deren Mut, Mitgefühl und Handlungsweise so vielen das Leben retteten. Beide ließen uns vor ihrem Tod geduldig an ihrem ausführlichen Wissen über den Zweiten Weltkrieg, insbesondere über die Ereignisse an der Ostfront und die Tragödie der Juden dort teilhaben.

Ein besonderes Dankeschön geht an Wilhelm Bachners Schwester Hilde Bachner-Balhorn und ihren Mann Herbert Balhorn aus Moraga, Kalifornien, nicht nur für die stundenlangen Interviews und die Bereitstellung von Briefen, Fotos und Dokumenten, sondern auch für ihre liebenswerte Geduld und Aufmunterung während der langen Vorbereitungszeit und des Schreibens dieses Buches.

Anerkennenden Dank auch für die Beiträge von Gerda Reichenbach-Buchen, die während eines Besuchs aus Australien in Moraga, Kalifornien, interviewt wurde; von Hania Tiefeld-Shane aus Southfield, Michigan; von Jadwiga Finder-Bloch, Nina Lurie-Hudzik und Heniek Buchführer, die in Israel interviewt wurden. Unser Dank gilt ebenfalls Ruth Stamberger-Strojnowski aus Köln sowie Elsie Dunner aus Vancouver, Kanada. Alle diese Menschen, die den Holocaust mit Hilfe von Wilhelm Bachner überlebten, stellten sich uns viele Stunden lang für Interviews zur Verfügung und lieferten einen reichen Schatz an Informationen zur Bachner-Geschichte.

Bedanken möchten wir uns auch bei unseren Ehepartnern Dr. Chris Lee, dessen ungeahntes redaktionelles Talent uns unschätzbare Dienste erwies, und Dr. Pearl Oliner, die uns während des langen Prozesses des Forschens und Schreibens viele hilfreiche Vorschläge machte.

Dr. Lewis Bright, Dr. Jack Shaffer, Dr. Jerry Krause, Professor Jack

Norton und Shirley Ohrenstein lasen das Manuskript in seinen Anfangsstadien und erteilten uns wertvolle Ratschläge. Von Joanne Sullivan erhielten wir redaktionelle Unterstützung. Dr. Janusz Reykowski und Dr. Zuzanna Smolenska von der Polnischen Akademie der Wissenschaften in Warschau lieferten uns Informationen aus polnischer Perspektive und ermunterten uns, dieses ihrer Ansicht nach wichtige Buch zu schreiben.

Jerry Jacobs und Nancy Baker-Jacobs steuerten hilfreiche Vorschläge und konstruktive Kritik bei.

Kim T. Griswell überarbeitete das gesamte Buch redaktionell, schrieb einzelne Abschnitte um und verbesserte den Text dadurch wesentlich. Linda Hall-Martin gebührt Dank fürs Korrekturlesen.

Barbara Merker vom Bundesarchiv in Potsdam versorgte uns mit Material über die Reichsbahn und die Bauzüge im Zweiten Weltkrieg. Professor Steven Fox beriet uns bei den Studien über den Krieg an der Ostfront.

Erich Schimps, Dr. Mark Shaffer, Dr. Kay LaBahn, Ruth Neumann-Block und Ursula Osborne danken wir für ihre Hilfe beim Übersetzen aus dem Deutschen; Vasco de Sena, Melissa Peterson, Jonathan Mermis-Cava und Ian Oliner für die Transkription der Interviews und anderer für unsere Arbeit relevanter Materialien sowie für ihr erstklassiges Korrekturlesen.

Wir sind sicher, daß es noch viele andere Helfer gab, deren Erwähnung wir vergessen haben. Dies bedeutet jedoch keineswegs, daß wir ihnen etwa weniger dankbar wären.

Literaturverzeichnis

Ainsztein, Reuben: *Jewish Resistance in Nazi Occupied Eastern Europe* (New York, 1974)

Ambrose, Steven: *Eisenhower and Berlin, 1945: The Decision to Halt on the Elbe* (New York, 1986)

Dallin, Alexander: *German Rule in Russia 1941 – 1945: A Study in Occupational Policies* (New York, 1980)

Erickson, John: *The Road to Stalingrad: Stalin's War with Germany*, Bd.1 (New York, 1975)

Erickson, John: *The Road to Berlin: Continuing the History of Stalin' War with Germany* (Boulder, Col., 1983)

Gilbert, Martin: *The Holocaust: A History of the Jews in Europe During the Second World War* (New York, 1985)

Hilberg, Raul: *The Destruction of the European Jews* (New York, 1973)

Hilberg, Raul (Hrsg.): *The Warsaw Diary of Adam Czerniakow: Prelude to Doom* (New York, 1979)

Kreidler, Egon: *Railroads in the Sphere of Influence of the Axis Powers During the Second World War: Applications and Accomplishments for the Army and War Economy* (Frankfurt, 1975)

Lifton, Betty Jean: *The King of the Children* (New York, 1988)

Mogilanski, Roman (Hrsg.): *The Ghetto Anthology: A Comprehensive Chronicle of the Extermination of Jewry in Nazi Death Camps and Ghettos in Poland* (Los Angeles, 1985)

Oliner, Samuel P. & Pearl M.: *The Altruistic Personality: Rescuers of Jews in Nazi Occupied Europe* (New York, 1988)

Poltgiesser, Hans: *Die Deutsche Reichsbahn im Ostfeldzug: 1939 – 1944* (Potsdam, o.J.)

Pretzel, Marian: *Portrait of a Young Forger* (St. Lucia, 1989)

Rohde, von Horst: *Das Deutsche Wehrmachtstransportwesen im Zweiten Weltkrieg* (Stuttgart, 1971)
Rubenstein, Richard L. & John K. Roth: *Approaches to Auschwitz: The Holocaust and Its Legacy* (Atlanta, 1987)
Shirer, William: *The Rise and Fall of the Third Reich: A History of Nazi Germany* (New York, 1960)
Sloan, Jacob (Hrsg.): *Notes from the Warsaw Ghetto: The Journal of Emmanuel Ringleblum* (New York, 1974)

Im *Altruistic Personality and Prosocial Behavior Institute* in Arcata, Kalifornien, befinden sich Tonbandaufzeichnungen von Interviews mit folgenden Überlebenden:

Wilhelm und Cecile Bachner
Hilde Bachner
Heniek Buchführer
Jadwiga Finder und Nina Hudzik
Gerda Reichenbaum
Hania Tiefeld

Inhalt